T0268046

Hechos de tiempo

COLECCIÓN CONTRAPUNTO

Adolfo Chaparro Amaya · *Modernidades periféricas*
Laura Quintana · *Política de los cuerpos*
Luciana Cadahia y Ana Carrasco Conde (eds.) · *Fuera de sí mismas*
Macarena Marey (ed.) · *Teorías de la república y prácticas republicanas*
Laura Quintana · *Rabia*
Luciana Cadahia y Paula Biglieri · *Siete ensayos sobre populismo*
Gerardo Ávalos Tenorio · *La filosofía política de Marx*
Miguel Giusti (ed.) · *La actualidad del pensamiento de Hegel*
Flor Emilce Cely Ávila · *Mujeres, poder y conocimiento*
Luciana Martínez y Esteban Ponce (eds.) · *El genio en el siglo* XVIII
Alejandra Azuero Quijano · *El paro como teoría*
Laura Quintana con Damián Pachón · *Espacios afectivos*
Diana Aurenque · *Animal ancestral*

Zenia Yébenes Escardó

Hechos de tiempo

herder

Diseño de la cubierta: Toni Cabré

© 2023, *Zenia Yébenes Escardó*
© 2023, *Herder Editorial, S.L., Barcelona*

ISBN: 978-84-254-4913-0

Cualquier forma de reproducción, distribución, comunicación pública o transformación de esta obra solo puede ser realizada con la autorización de sus titulares, salvo excepción prevista por la ley. Diríjase a CEDRO (Centro de Derechos Reprográficos) si necesita reproducir algún fragmento de esta obra (www.conlicencia.com)

Imprenta: Qpprint
Depósito legal: B-242-2024

Impreso en España — Printed in Spain

herder

Índice

Escolio a Jorge Manrique

La mar
  no es el morir
    sino la eterna
      circulación de las
        transformaciones

JOSÉ EMILIO PACHECO

Introducción

¿Por qué no ven todos, como los niños, los puertos,
los portales, y las aberturas que hay bajo la tierra y
arriba, en el cielo?

Homero en *El cielo sobre Berlín*
Wim Wenders, 1987

Escribo desde un país cuyos desiertos son para algunos uno de
los observatorios de estrellas más grandes del mundo, y en los
que otros, y sobre todo otras, buscan bajo tierra los huesos de
sus familiares asesinados. El desierto, en sus múltiples estratos
y esferas de tiempo, es necrópolis y puerta de acceso al firma-
mento. «Estamos viviendo el apocalipsis», se dice. Lo hemos
oído antes, lo oímos todo el tiempo. ¿Heredamos el apocalipsis?
¿Heredamos el futuro y no solo el pasado? El Antropoceno, la
época geológica caracterizada por el impacto y la transformación acelerada de la Tierra por la actividad humana, ha vuelto
a la pregunta más acuciante por el final de nuestros días. En
algunas propuestas vinculadas al giro decolonial y ontológico,

la reflexión establece binarios Occidente y sus otros,[1] *Anthro-pocene/Anthropo-not-seen*.[2] Es curioso, la *purificación* es un afán de la modernidad occidental que desea (sin conseguirlo) establecer una separación clara y distinta entre lo Uno y lo Otro.[3] A diferencia de ciertos posicionamientos, no creo que

[1]   Astrid Ulloa sostiene que cuando a la luz del Antropoceno se concibe al cambio climático como un problema global que precisa respuestas globales, se borran la especificidad de relaciones históricas de poder y las desigualdades que lo han producido. Esto supone un reposicionamiento epistemológico anglo-eurocéntrico que estaría generando una «nueva configuración de las geopolíticas de producción del conocimiento en la que el pensamiento moderno aparece como centro de la causa, pero también de la solución al proponer su propia reconfiguración». Se produce así una omisión de otras formas de producción de conocimiento y de configuraciones locales de relaciones territoriales. De esta manera, se invisibilizan, una vez más en la historia, relaciones específicas y distintas entre lo humano y lo no-humano, constitutivas de «ontologías relacionales» desenvueltas en los territorios del subcontinente por pueblos indígenas, afrodescendientes y campesinos, que permitirían repensar las relaciones y acciones políticas para hacer frente al cambio climático. Cf. A. Ulloa, «Dinámicas ambientales y extractivas en el siglo XXI: ¿es la época del Antropoceno o del Capitaloceno en Latinoamérica?», *Desacatos* 54 (2017), pp. 58-73. Cf. también M. Svampa, «El Antropoceno como diagnóstico y paradigma. Lecturas globales desde el Sur», *Utopía y Praxis Latinoamericana* 24(84) (2019), pp. 33-53.

[2]   Marisol de la Cadena, por su parte, busca desocultar la existencia de lo que denomina el «Anthropo-not-seen»; un invisible antropológico que refiere al proceso de representación de «un mundo» en el que mundos heterogéneos no constituidos por la distinción humanos y no-humanos están ligados y exceden dicha distinción. En el original, nótese el juego fonético que hace De la Cadena entre el término «anthropo-not-seen», y el de «Anthropocene». El Anthropo-not-seen constituye el oculto proceso histórico de destrucción de estos mundos heterogéneos por parte de la «representación» universal de Occidente y, a la vez, es la resistencia a tal destrucción. Cf. M. de la Cadena, *Earth beings. Ecologies of practice across Andean worlds*, Durham, Duke University Press, 2015.

[3]   Un ejemplo fallido es la tentativa de establecer el binario Naturaleza/Cultura, tal y como señala Bruno Latour. Nada hay de dicho binario en las aproximaciones a las que aludo; sin embargo, no estoy segura de que no haya en ellas ciertos afanes de purificación que pueden llevar a la reificación

exista nada «incontaminado», replegado y completamente idéntico a sí mismo. Estamos hechos de tiempo, habitados por tiempos múltiples y heterogéneos que se cruzan, se interfieren, se entremezclan... Sin duda, la cronología permite a los científicos medir con relativa precisión la edad del universo y las fracciones de segundo de la vida de las partículas subatómicas. Es una herramienta analítica indispensable para construir imágenes globales. Sin embargo, es importante distinguir entre herramientas analíticas y categorías ontológicas. La construcción de una escala temporal global solo admite relaciones cuantificables y jerárquicas entre las cosas. Se basa en la hipótesis de un tiempo homogéneo que permite contar y comparar todas las duraciones. Para que todo sea conmensurable, todas las trayectorias deben cuantificarse y tratarse como equivalentes. El Antropoceno asume todos estos requisitos, para terminar con una nota de suspenso, ya que pone en primer plano finales como el colapso o la supervivencia. La maraña de procesos cósmicos, físicos, químicos y biológicos en curso que conforman la historia de la Tierra genera, sin embargo, un mapa siempre cambiante de líneas temporales interdependientes. Un paisaje de miles de millones de trayectorias enredadas que componen redes ramificadas. El tiempo unidimensional de la escala ignora la diversidad de ritmos y las complejas interacciones entre ellos. Desde un punto de vista ecológico, ignorar la particularidad de las cosas para construir una imagen global no es lo más atinado. No obstante —y he aquí parte del problema— las políticas de gestión de la biodiversidad o de las emisiones de gases de efecto invernadero exigen descontextualizarlo todo para poder cuantificarlo y conmensurarlo en un gesto afín a la monetización del mundo.[4]

de nuevos binarios. Cf. B. Latour, *Nunca fuimos modernos*, Buenos Aires, Siglo XXI, 2007.
4   Cf. C. Bouton y Huneman, P. (eds.), *Time of Nature and the Nature of Time. Philosophical Perspectives of Time in Natural Sciences*, Springer,

13

Más vale renunciar entonces a las grandes narraciones en favor de lo pequeño, lo habitualmente ninguneado. Lo pequeño aquí son las historias del cuerpo, los sentidos y las formas de aparición de las cosas y de nosotros mismos. ¿Puede esta experiencia pequeña decirnos algo sobre nuestra relación con el tiempo de la vida y con el tiempo de la Tierra? Quizá sí, si advertimos que nosotros, nuestra percepción y memoria, estamos hechos de lo que nos constituye y sobrepasa. Escribo desde un país que contempla, *aún*, en el petróleo la cifra de su emancipación y en el que las mareas rojas tienen el tinte de los malos presagios. Sin embargo, el carbono, el malo del Antropoceno —responsable del combustible fósil y del calentamiento global—, no solo invita a pensar en sus ritmos de tiempo, sino también a considerar su ensamblaje. El carbono se refiere típicamente al ciclo de tiempo iniciado por los seres vivos. A este se suma el controlado por la temperatura, así como un tercer ciclo, el geológico. Lo que la escala lineal de edades sucesivas borra es que estos ciclos temporales no son solo una secuencia de fases, sino que, como cada uno sigue su propio ritmo y *tempo*, tienen efectos antagónicos y no lineales en el sistema terrestre. Pero además, todo es *carbonoso*: primero la vida, luego los humanos, los animales, las plantas, la biodiversidad… y lo es en parte gracias al dióxido de carbono. ¿A qué nos referimos entonces con la *descarbonización* del planeta? El carbono se ensambla *espontáneamente*, y admite modos de existencia radicalmente diferentes en la materialización de distintos ritmos de tiempo.

Pensemos ahora en los microbios. Los microbios, en general, sacuden nuestra ontología y nos obligan a revisar la jerarquía que nos sitúa en la cúspide. Existen desde mucho antes que

Boston Studies in the Philosophy and History of Science, 2017; Vincent Devictor y B. Bensaude-Vincent, «From ecological records to big data: the invention of global biodiversity», *History and Philosophy of the Life Sciences*, 38(13) (2016) pp. 11-23.

nosotros. Las bacterias han sido actores clave en la formación de las rocas, del oxígeno. Gérmenes han hundido imperios y civilizaciones. Los microbios ocupan todos los entornos; colonizadores del espacio, mezclan todas las escalas temporales que nos esforzamos en distinguir. Indiferentes a nuestras categorías taxonómicas, pasan de una especie a otra. A través de sus comportamientos simbióticos o parasitarios inician una cohabitación de temporalidades muy diferentes, como la corta vida de las bacterias que componen la microbiota intestinal y la vida más larga de los mamíferos. Los fenómenos de simbiosis en general sugieren que la evolución incorpora el sistema genético de los microbios en las células vegetales y animales, en lugar de reinventar desde cero. En este proceso, la memoria —inscripción y transmisión de los tiempos— deviene crucial.

La crisis sanitaria mundial debida al SARS-COV-2 ejemplifica la necesidad de tener en cuenta múltiples regímenes de temporalidad. A lo largo del siglo XX la lucha contra los microbios con antibióticos ha sido el típico ejemplo a favor de la flecha del progreso. La invención de los antibióticos como prueba de la emancipación de los seres humanos de la naturaleza instanciaba el progreso a través de la disociación. Pero con la creciente resistencia a los antibióticos y la experiencia de una contaminación global de miles de millones de humanos, descubrimos una figura del tiempo bastante diferente: el contagio adelanta un tiempo de contingencia que no conduce a ninguna parte, ni a un futuro radiante ni a un colapso global. El coronavirus nos obliga a experimentar la alteridad. Este virus indeseable y «nocivo» tiene su propio tiempo, su propia trayectoria que utiliza al humano como huésped.[5] Lo pequeño no implica suavizar la textura para revelar una verdad oculta. La dificultad reside más bien en el hecho de que aquello que nos resulta más cercano,

5 Cf. B. Bensaude-Vincent, «Rethinking time in response to the Anthropocene: From timescales to timescapes», *The Anthropocene Review*, 9(2) (2021), pp. 1-14.

aquello de lo que estamos hechos, necesita a veces un camino arduo para llegar a hacerse visible. Me propongo ir de lo cercano a lo cósmico, de lo actual a lo virtual y viceversa. En la abisalidad y heterogeneidad del tiempo, las distinciones vida/no vida, orgánico/inorgánico, humano/no humano y la certeza sobre el ciclo nacimiento, reproducción, muerte, se verán severamente comprometidas. A este respecto, he de añadir lo siguiente.

El propósito de dar a la ciencia parte explícita en la conversación no es invocar el empirismo para formular juicios sobre la noción correcta del tiempo o de la realidad, sino hacer estallar la temporalidad de la concepción moderna de la ciencia, entendida como un proceso progresivo de acumulación de conocimientos, abrazado no solo como el epítome del progreso, sino como su propio ideal. Se trata de hacer saltar por los aires la noción de que la ciencia es un campo independiente de pensamiento impulsado únicamente por hallazgos empíricos desprovistos de cualquier compromiso político o metafísico (particularmente notorio al hablar de tiempo). En este sentido, la ciencia no es *el metadiscurso*, ni el baremo único de todas las cosas; forma parte de la conversación al igual que la vida del día a día. Se trata también de entender cómo —de manera fascinante— la ciencia deconstruye su propia autoridad: cómo sus propios hallazgos socavan las propias concepciones modernas sobre las que descansa esta narrativa progresista, por ejemplo la creencia científica en la inmutabilidad de la materia, la concepción newtoniana del tiempo como un parámetro externo que avanza sin interrupción, el determinismo, el dualismo naturaleza/cultura y el excepcionalismo humano (la deconstrucción del excepcionalismo humano, cabe señalar, no consiste en no preocuparse por los humanos, sino más bien en incluir en el análisis una comprensión de cómo está constituido lo «humano» y en contra de qué exterior constitutivo).

La politización de las prácticas científicas es un hilo conductor de cierta *praxis* feminista de la epistemología. Me interesa el planteamiento de autoras que, desde la física, la química y la biología, transitan estos caminos en la misma medida en que a) no estoy interesada en el feminismo que comprende la diferencia como identidad que orbita sobre sí misma y que coagula, a su vez, en diferencias cada vez más particulares y b) no estoy interesada en el feminismo que, al reducirse a una demanda de derechos valida el derecho y su lenguaje (parte del problema) como *el ámbito* de acceso a lo político. Me interesan los aportes que no desdeñan las pequeñas historias, que construyen formas distintas de sensibilidad, percepción y conocimiento; en este sentido, la aportación significativa y valiosa de la *praxis* feminista de la epistemología ni es la única, ni camina sola, pues se une a una serie de nuevos enfoques de la ciencia (históricos, sociológicos, filosóficos, antropológicos, etc.). La politización, sin embargo, no significa que todo en las ciencias sea una cuestión de poder e interés, o que la fiabilidad de las teorías esté determinada únicamente por el equilibrio de poder en el orden político de una sociedad dada. Al afirmar su voluntad de trabajar por «otro tipo» de fiabilidad científica, «sin tirar al bebé de las prácticas científicas con el agua del baño del cientificismo»,[6] hay que concebir la politización de las prácticas científicas de otra manera: en el sentido de una multiplicación de las posiciones, de una alianza de divergencias solidarias en torno a problemas de la *res publica*, que elegimos pensar juntos.

La flecha del progreso orientada hacia el porvenir que ha prevalecido en los dos últimos siglos señala ahora hacia un amenazador futuro oscuro debido al calentamiento global y los cataclismos. Sin embargo, las visiones opuestas de un futuro brillante y de una catástrofe ecológica hunden sus raíces en el mismo terreno: el orden moderno del tiempo en el que el futuro da sentido al presente y al pasado. La pregunta que hacía al inicio nos da indicios de algo distinto: «¿Heredamos el futuro?».

6 M. Puig de la Bellacasa, «Divergences solidaires autour des politiques féministes des savoirs situés», *Dans Multitudes* 2(12) (2003), p. 45.

Si lo heredamos, el futuro tiene que ver con el pasado y con la memoria (que no es ni solamente subjetiva, ni social, ni siquiera humana). No hablo de la veneración, la conservación a veces supersticiosa de los objetos, las ciudades y los edificios legados por el tiempo, que coexiste con la devoción de los fetiches tecnológicos bajo el aura de la nostalgia ante un futuro que se percibe inexistente. Hablo, como habremos de ver, de una «memoria de futuro».

Empezar por el cuerpo, los sentidos y las formas de aparición de las cosas supone advertir que el sistema nervioso no está contenido dentro de los límites del cuerpo. El sistema nervioso comienza y termina en el mundo porque, sin el mundo exterior, sus componentes degeneran. Esta condición señala que interna y externamente estamos hechos y vinculados por múltiples tiempos que se cruzan y se entrelazan. Por eso mi aseveración anterior de que no existe nada replegado y completamente idéntico a sí mismo. La imagen del sistema nervioso indica un sistema sinestésico, abierto y vibrante, signado por alternancias de miedo y fuerza, de temor, de vigor y receptividad. Los tiempos múltiples y heterogéneos que se interfieren y se entremezclan constituyen una resonancia nerviosa que hace y deshace con su exceso nuestras formas de vida; tienen que ver también con los niveles infra y supraindividuales, con procesos que van más allá de la mediación lingüística y social que involucran a lo humano y lo no humano, y que forman parte de los cuerpos mismos, pero no se agotan en ellos. Este *exceso de inmanencia* es lo que intentamos atrapar en circuitos (abiertos o cerrados) en nuestras formas de vida, en el mercado global —al servicio de la producción del valor— o en el Estado nación. *Montaje, imaginación, habitus, memoria-hábito, imagen-memoria, mana* o *archivo de la forma de vida*, son algunos de los vectores —entre concepto y percepto— que propongo para pensar la articulación entre el exceso de inmanencia de lo que está hecho de tiempo y los distintos modos en que se busca lidiar con él.

Para Marx, la mercancía es trabajo congelado; pues bien, el imaginario de deseo del mercado global de la modernidad es el tiempo como memoria social congelada (despojada de su tiempo concreto y de sus condiciones de producción) y debe su eficacia a los consentimientos y a las connivencias paradójicas de cuerpos e imaginaciones. ¿Qué articulación de tiempo y memoria produce la fascinación actual por «el activismo feminista de mercancías» o por los relegados, los que eran las categorías más oscuras de la jerarquía simbólica colonial y ahora brillan, como reclamo publicitario, en una suerte de luminiscencia poscolonial? El capital utiliza vestigios y fragmentos de memoria y de otros ritmos de tiempo (no solamente humano), pero no puede evitar que, aun cuando les da forma y los reorganiza, dejen huellas de su disyunción temporal. Hay rastros de «desajuste», de «anacronismos» o «asincronía» que, en fricción con el tiempo abstracto de la producción de valor, abren tránsitos tanto constructivos como destructivos.

Al hablar de los fragmentos de *memoria* del Estado nación que incorporan vestigios y distintas temporalidades, vemos que vivimos muchos mundos al mismo tiempo (el del «origen sin origen» de la ley y el género, el del mercado global, el de la colonia, el de la modernidad…). El territorio de la nación es un palimpsesto inagotable de temporalidades e historias, muchas de ellas soterradas y negadas por el poder. He prestado particular atención a los fragmentos de imágenes de memoria secreta del terror y del ejercicio del poder, que se actualizan en una *política de los cuerpos-que-matan*. Es necesario cuestionar el imaginario del Estado nación moderno y su relación con la violencia a partir de las trayectorias temporales de soberanías que se construyen de forma distinta al Estado weberiano y para las que la violencia, legítima o ilegitima, no es una anomalía sino un recurso político altamente valorado. La violencia de la nación se vincula a la violencia sexual y a la doméstica a partir de la articulación de lo que ha de esencializarse y dejarse *fuera del tiempo*, de modo que quede fuera del ámbito público de cuestionamiento. Las lagunas históricas son como los agujeros negros, los secretos y la ingente cantidad de silencios, como la materia oscura de la que se compone mayormente el universo.

He procurado, a la hora de hablar de la heterogeneidad del tiempo en relación con las políticas de vida y muerte, no mencionar dos palabras que se utilizan mucho a este respecto: *biopolítica* y *necropolítica*.[7] En primer lugar, porque la biopolítica ni siquiera concierne a la vida como tal, sino a la regulación de la población. Tampoco concierne estrictamente a la política. En términos generales, se refiere a modalidades de regulación, lógicas de control y formas de gobernar poblaciones. En segundo lugar, porque la necropolítica —el poder de dejar morir, la política de la muerte— se rige por lo que aquí llamo un determinismo de la crueldad; no hay temporalidad en sus sujetos. Para imaginar otro modo de política me parece ineludible contemplar formas de relacionarse con el tiempo que no son ni las del presente como nostalgia del origen de la que hay que desconfiar, ni la memoria como ejercicio deliberado y crítico, ni la memoria traumática. He acudido a las imágenes de la vida ordinaria en toda su ambigüedad, en su ambivalencia, en el asombro que suscitan, y la imposibilidad de domesticarlas asignándoles un carácter ejemplarizante. La imaginación política tiene que ver con la posibilidad de habitar y re-anudar la vida, y no proviene (o no principalmente) de los proyectos identitarios, la reconstrucción de la memoria pública, los imaginarios nacionales ni los rituales públicos de duelo y reparación. La posibilidad radica más bien en la vida de aquellos cuyo cuerpo soporta la carga de esta violencia. Hay quien ve la política, o la política más significativa, como agonística. Existe

7 Cf. M. Foucault, *El nacimiento de la biopolítica*, Buenos Aires, FCE, 2007; A. Mbembe, *Necropolítica*, Barcelona, Melusina, 2011. En México ha trabajado desde la necropolítica S. Valencia, *Capitalismo gore*, Barcelona, Melusina, 2010. De hecho, fue el libro de Valencia el que propició la publicación de Mbembe en castellano.

otro impulso político, llamémoslo «reparador» —el que me he
esforzado por dibujar aquí—, que nace en la devastación, animado por la pregunta de cómo podemos seguir viviendo juntos.
No considero que los primeros o los segundos reclamen una
primacía sobre el alma de lo político. Un acontecimiento (incluida una revolución, independientemente de cómo se defina)
crece a partir de lo cotidiano y debe volver a él.

Los tiempos múltiples y heterogéneos que se cruzan, se
interfieren y se entremezclan, no solo nos conducen *afuera*, sino
también al día a día, a lo ordinario. A sucesos que son tan
frágiles para muchos como para pasar desapercibidos y tan
extraordinarios para otros como para transfigurar el modo en
que la realidad se les presenta. No hablo aquí de lo que exige
la construcción paciente y rigurosa de un método capaz de
producir una *praxis* científica atenta al tiempo. Hablo de sucesos menores (salvo para quien los vive) —que tienen que ver
con la inquietante intimidad con los animales, con encender
una vela a los muertos o a los dioses, o con el posicionamiento
de un «yo» que se enuncia y expone—, sucesos que nos sitúan
más bien *ante el poder del tiempo*. Transfiguran la realidad,
quizá no en un dramático salto kierkegaardiano, sino en un
aligerar la zancada o en el detenerse, o en el caminar pausado.

Para mí, pensar es conectar cosas, para que *pasen* cosas
(en el sentido de «suceder» y también de «pasar de largo»).
En estas páginas lo he hecho de la manera más clara y sencilla
de la que he sido capaz. El oficio de la escritura filosófica, es
decir, el qué, el cómo y el por qué —las disquisiciones sobre
compatibilidades teóricas y sobre lo que se toma en cuenta y
lo que no, a partir de y gracias a quienes comparten su pensamiento—, aparece en las notas a pie de página como los hilos
que producen la urdimbre del texto y que a su vez pueden
deshilacharse y tejerse de otros modos. Los tres capítulos que
constituyen este libro han sido pensados para ser leídos unos
a través de otros, en lugar de unos contra otros, para poner
de manifiesto la imbricación de cada uno en su materialidad.

La diferencia entre unos y otros señala la heterogeneidad diferencial de sus ritmos y *tempos*. Es una diferencia interna, no una tipo «apartheid». La «memoria del futuro» que esbozan en su multiplicidad supone entender a la vez que siempre hay *herencia*, pero que es *más de una y está por hacerse*. En los tiempos del Gran Cuervo, escribe Roberto Calasso, «también lo invisible era visible y se transformaba continuamente».[8] Aguzar el oído, ampliar nuestros umbrales de percepción, quizá requiera templar los nervios o aprovechar sus terminaciones y conexiones. En cualquier caso, es una labor de hormigas, perseverante e intuitiva.

8 R. Calasso, *El cazador celeste*, Barcelona, Anagrama, 2020, p. 9.

1. *Geos* y *bios*: memoria de la Tierra

Los pueblos de México hacían espejos
dándole brillo a la obsidiana
llamada itztli en náhuatl, la lengua azteca [...]
El espejo de obsidiana,
llamado tezcatl [...]
permitía viajes a otros tiempos y lugares,
al mundo de los dioses y los antepasados.
El dios asociado a estos objetos [...]
se llamaba Tezcatlipoca.
Su nombre quiere decir:
espejo humeante [...]
Fue el dios de la noche y todas sus criaturas.
Solía aparecer con una franja negra en el rostro
un hueso expuesto donde debería estar el pie
y un espejo de obsidiana en el pecho,
donde veía todas las acciones y pensamientos
de la gente.
Después de la conquista española
este espejo fue llevado a Europa
y terminó en manos del matemático,
astrólogo y ocultista John Dee (1527-1608)
quien lo empleó para sus prácticas mágicas

con la ayuda del médium Edward Kelly
que alcanzaba a ver en el espejo
ángeles y espíritus que le comunicaban
misteriosos signos y mensajes [...]
Robert Smithson visitó las ruinas maya
en Chiapas y Yucatán, en 1969.
Aunque estaba viajando por territorio maya
Robert Smithson se veía
como la personificación de Tezcatlipoca
con quien, según él, hablaba.
Tezcatlipoca le decía a Robert Smithson
que abandonara su guía y creara
un arte que colapsara
el golfo de tiempo
entre los mundos Maya modernos
y los antiguos [...]
Yo creo que la tecnología del espejo
va para otro lado.
Si va de un tiempo a otro del mismo mundo,
lo fragmenta y destella
ayudándolo a dejar de ser tan mundo,
animándolo a ser
más y menos que un mundo.

María Isabel Rueda, *Al final del mundo*

Tiempo y vida

El tiempo de una tarea (la de retirar la ropa del tendedero de la terraza antes de la lluvia que se anuncia para esta noche), el tiempo de cultivar un jardín, el de criar a un hijo, el tiempo de delatar, el de firmar un armisticio, la caída de Tenochtitlán, la evolución de los pájaros, el nacimiento de una galaxia... Todo, absolutamente todo, parece tener que ver con el tiempo.

Para pensar la vida hay que pensar el tiempo. Parece simple, pero no lo es en absoluto.[1] Reúne asuntos, en primera instancia, bastante heterogéneos: conocimiento y experiencia, vida y muerte, ser y no ser. Ser, se dice a este respecto por lo menos desde Aristóteles, es estar *presente*. El ser parece estar unido a esa modalidad concreta de tiempo que el presente es. Es más, si lo pensamos, la presencia del presente es el principio de identidad del que se derivan, de hecho, todas las modificaciones del tiempo.[2] Así, el pasado se entiende como lo que *ha sido presente* y el futuro como lo que *será presente*. Sin embargo, Aristóteles, en su propio relato de la sucesión temporal, ya muestra, muy a su pesar, que para que un momento sea sucedido por otro, no puede primero estar *presente* en sí mismo y luego dejar de ser.[3]

Si pensamos el tiempo como una secuencia de «ahoras», para que el tiempo pase, el ahora precedente, presente en sí mismo, debe ser destruido por el siguiente «ahora». El problema es que este segundo «ahora» solo aparece cuando el primero ha cesado de ser. ¿Y cómo puede el segundo «ahora» destruir el primer «ahora» si este ya no es?[4] El tiempo tampoco es como

1 Bien lo dice San Agustín: «¿Qué es, pues, el tiempo? Si nadie me lo pregunta, lo sé; pero si quiero explicárselo al que me lo pregunta, no lo sé». Agustín de Hipona, «Confesiones», en *Obras completas*, t. II, Madrid, BAC, 1974.
2 Cf. § 6: «El problema de una destrucción de la historia de la ontología», en *El ser y el tiempo*. En esta obra, Heidegger advierte de la centralidad «inauténtica» del presente a la hora de pensar el tiempo, para apostar por una temporalidad extática y «auténtica» del *Dasein* como «Ser-para-la-muerte». Para Heidegger los animales, a diferencia de los humanos, son pobres de mundo. Su reflexión sobre el tiempo se ciñe así al tiempo humano y no al tiempo de la vida en general. M. Heidegger, *El ser y el tiempo*, México, FCE, 1993, pp. 30-37.
3 Aristóteles, *Física*, Madrid, Gredos, 1995. Especialmente el libro IV.
4 Mi interpretación del tiempo debe mucho a Bergson y a la lectura que Martin Hägglund hace de Derrida, aunque no sigo sus conclusiones. Cf. M. Hägglund, *Radical Atheism. Derrida and The Time of life*, Stanford, Stanford

una serie de imágenes fijas entre las que saltamos, como una presentación de diapositivas antiguas, ni como una animación de plastilina *stop-motion*. No puede concebirse como una transición de un estado discreto a otro. El movimiento de la

───────

University Press, 2008, p. 16. Esto se traduce en lo siguiente: Heidegger acusó al concepto de tiempo bergsoniano de incurrir en el mismo error de la tradición filosófica al tomar el tiempo como una sucesión espacial de «ahoras». Esta es una acusación injusta porque los conceptos de tiempo en Bergson, «duración» y «Élan vital», son precisamente opuestos a la concepción tradicional. Bergson fue criticado por Sartre o Merleau Ponty por no dar cuenta de la intencionalidad de la conciencia y abogar por un realismo prefenomenológico. Esto ha sido seriamente cuestionado. Bergson, más bien, tiene afinidades con las nociones posfenomenológicas de agencia y subjetividad que se encuentran en Derrida y Deleuze. Por ejemplo, su obra, especialmente *Materia y memoria*, contiene valiosos recursos para cuestionar la primacía del carácter unitario y transparente de la autoconciencia. Bergson no se alinea con la fenomenología y la inmediatez de la experiencia precisamente por el rol que le otorga a la memoria y la idea de «retraso temporal» muy cercana a la *différance* de Derrida. Ahora bien, el puente que establezco entre Derrida y Bergson pasa por no aludir a la *duración* bergsoniana: la *duración* se identifica con un pasado ontológico que conserva como memoria absolutamente todo el pasado sin mediación; sin embargo, siguiendo a Derrida y a Hägglund, yo retomo la negatividad y la espacialización del tiempo. Al rechazar la negatividad, me parece que Bergson niega, efectivamente, el tiempo. Si el pasado no ha dejado de ser, no es pasado, sino presente, y por lo mismo no hay paso del tiempo. Mi insistencia es entonces, contra Bergson, que lo que se preserva no es la totalidad del pasado, sino sus vestigios o huellas. Y contra la lectura que Hägglund hace de Derrida, creo que las huellas se conservan, no desaparecen. Se conservan las huellas de la borradura de las huellas, por ejemplo. La lectura derridiana que Karen Barad hace desde la física cuántica en esta misma dirección (lo veremos más adelante) ha sido para mí iluminadora. Para la relación entre Bergson, Bergson-Deleuze y Derrida, cf. G. Deleuze, *El bersognismo*, Madrid, Cátedra, 1987; P. Patton y J. Protevi (eds.), *Between Deleuze and Derrida*, Londres, Continuum International Publishing Group, 2003; D. Alipaz, «Bergson and Derrida: The Question of writing Time as Philosophy's Other», *Journal of French and Francophone Philosophy/Revue de la Philosophie Française et de Langue Française* XIX(2) (2011), pp. 96-120. Cf. asimismo las observaciones de Suzanne Guerlac en torno a la relación Bergson/Derrida en S. Guerlac, *Thinking in Time. An Introduction to Henri Bergson*, Ithaca, Cornell University Press, 2006, p. 186.

temporalización exige que cada momento presente, cada «ahora», deje de ser en cuanto es para dar paso a lo que todavía no es, de lo contrario no habría paso del tiempo, sino una *presencia presente*, es decir, fija, congelada, idéntica a sí misma. Hegel desarrolla esta idea en la *Enciclopedia* y afirma por eso que el tiempo no es más que negatividad. Se refiere a que el tiempo nunca puede ser una presencia presente a sí misma, sino que «es el ser que, mientras es, no es, y mientras no es, es».[5] El pasado ya no es, el futuro todavía no es y el presente solo puede existir dejando de ser. Sin embargo, insistir en la negatividad del tiempo dista de ser suficiente para dar cuenta de él. Si el tiempo no se inscribe espacialmente, no habría modo de dar cuenta de su paso.

Imaginemos una huella que registra el tiempo de mi paso por la playa. Para que ese paso pueda quedar registrado, la huella tiene que inscribirse *espacialmente* en la arena. El tiempo de mi paso por la playa se inscribe espacialmente, porque el espacio *permanece* a pesar de la sucesión temporal. Lo que la huella en la arena registra es el rastro de lo que *ya no es* (mi paso por la playa). La huella registra un rastro del *pasado*. Ahora bien, *el espacio a su vez deviene tiempo* porque mi huella, que se inscribe espacialmente, solo puede advertirse *después* de haberse inscrito y, por tanto, está marcada por una relación con el tiempo, por una relación con el *futuro*.[6] El tiempo de todo lo que es, no es el de la *presencia presente* de un aquí y de un ahora. Es el intervalo inquieto del retraso con respecto a lo que *ya no es* —el pasado, del que solo existen huellas— proyectándose para ser leído hacia el futuro, lo que por definición *aún no es*.

Hay que advertir algo más. La memoria del pasado, cuyos vestigios se proyectan al futuro, no es solo una capacidad sub-

5   G.W.F. Hegel, *Enciclopedia de las ciencias filosóficas*, Madrid, Alianza, 2005, pp. 315-319.
6   J. Derrida, *Márgenes de la filosofía*, Madrid, Cátedra, 1994, pp. 44-45. Cf. M. Hägglund, *Radical Atheism, op. cit.*, pp. 17-18.

jetiva de la mente humana, sino que «humana» y «mente» forman parte del paisaje terrestre-espacio-temporal-del mundo. La memoria está inscrita en la configuración de la Tierra que sedimenta las huellas del pasado. Una geo-biografía-material estratificada de huesos y cuerpos, cenizas y tierra, donde la muerte y la vida se encuentran: tierra, *humus*, forma parte de la etimología de *humano*, lo que desmiente —habremos de verlo— las afirmaciones de distinciones firmes entre *geos* y *bios*, entre lo *humano* y lo *no humano*. Las huellas del pasado inscritas en el paisaje, en el ADN biológico, en organismos vivos, en identidades humanas, etc., dan lugar a procesos complejos de materialidad, inscripción, semiosis y percepción, y se reconfiguran desde el futuro, dando cabida a lo nuevo. El ser que somos no viene de nosotros: nos fue transmitido por vestigios otros y de otros, por formas de vida y de materia del pasado que, inscritas en lo que existe, a su vez se transmitirán al futuro; a formas de vida y materia distintas a las que somos actualmente. Todos mis átomos, antes de la mía, han dado cuerpo a miles de vidas —humanas, vegetales, bacterianas, virales, animales… quién sabe a qué más darán lugar.

Sin embargo, la concepción habitual de tiempo no es esta; es la del *tiempo espacializado* que lo figura como un círculo o como una línea. El tiempo espacializado es el tiempo que se fija para poder medirlo. Es, entre otras cosas, el tiempo del reloj. Con el tictac del segundero, la vida se divide en pequeños segmentos. Este momento, ahora mismo, leyendo esta palabra: un tic. Si se mira un reloj durante el tiempo suficiente, la realidad puede parecer una serie de momentos discretos, una serie de «ahoras» perfectamente compartimentados. Para entender la emergencia del tiempo espacializado hay que sospechar de un supuesto general: que la realidad y la experiencia, como tales, están formadas por lo que llamamos «hechos». Lo que percibimos y nombramos como «hechos», es más, la forma misma en que los percibimos y nombramos, es *selectiva*. La percepción, la inteligencia y el lenguaje no son herramientas de conocimiento

i. Geo y bios: *memoria de la Tierra*

puro, sino facultades esencialmente pragmáticas destinadas a intentar responder a las necesidades de la vida animal y social.[7] Los sistemas cognitivos están orientados a la acción. La gama de capacidades de los sistemas neurológicos varía de una especie a otra y funciona proporcionando al organismo opciones sobre las que puede actuar. Lo que tomamos como descripciones puras de la realidad son formas de ordenar la experiencia para facilitar la acción y la comunicación.

El filólogo británico Herbert Jennings Rose, en su *Diccionario de la Antigüedad clásica*, y luego el italiano Giulio Guidorizzi advierten —cuenta Andrea Marcolongo— que Hesíodo inaugura su *Teogonía* señalando que «En el principio *llegó a ser* el caos (χάος)». Es decir, el caos no nace como condición eterna ni existe «desde siempre» por definición ontológica. Tampoco χάος indica el «vacío», la «ausencia total» de materia y, por tanto, de pensamiento. Por el contrario, todavía, según Guidorizzi en *Il mito greco*, el caos es «una especie de remolino oscuro que se traga todas las cosas en un abismo sin fin comparable con una negra boca abierta de par en par».[8] Marcolongo añade:

> Por traducir en otros términos las palabras de Hesíodo para nosotros [...] todo lo que, «en el principio», se reveló necesario no fue «la palabra» (esta llegaría inmediatamente después, trayendo consigo su poder creativo), sino la responsabilidad de poner orden en la gama de infinitas posibilidades que ofrecía la existencia.[9]

La razón pragmática es una adaptación especializada de la mente al servicio de la acción. Un modo de dar forma a partir

7 H. Bergson, *Materia y memoria. Ensayo sobre la relación del cuerpo con el espíritu*, Buenos Aires, Cactus, 2013, p. 189.
8 A. Marcolongo, *Etimologías para sobrevivir al caos*, Barcelona, Taurus, 2021, p. 11.
9 *Ibid.*

del todo procediendo no por medio de añadidura, sino por medio de sustracción. Esto no quiere decir que los modelos y hallazgos de la física, la química o la biología sean falsos. Son a lo real como una parte al todo, no tienen derecho a poseer su totalidad absoluta.[10] Debido a la forma en que la cognición orienta constantemente su atención hacia la acción, los humanos solemos creer en una narrativa metafísica evolutivamente práctica que entiende que la realidad se compone de una miríada de unidades discretas y homogéneas —unidades de espacio, tiempo, materia, etc.—, cuando en realidad se trata de una simplificación. Sin embargo, estas simplificaciones se ven a menudo desbordadas por aquello que intentan reducir. Efectivamente, los caminos que salen de nuestra puerta también pueden conducirnos a la región de lo *no humano*. Contemplamos las pirámides del Sol y de la Luna en Teotihuacán, cuyas formas repiten las de las montañas que las rodean, uniendo la placa continental y las luminarias del espacio exterior. Caminamos por la playa en la que se inscriben nuestras huellas sin objetivo ni meta y todo lo que hacemos es mirar la lejanía del mar —*mysterium tremendum*.

El fragmento de piedra volcánica, un leño torcido y blanqueado en las arenas, no son correlatos de nuestras manos a los que estas les imponen sus usos; son formas hechas por el crecimiento de un árbol hace mucho tiempo y pulidas por el mar, forjadas por trastornos geológicos, talladas por un sacerdote de un pueblo antiguo y desaparecido, suavizadas por la lluvia y el musgo. Vemos en ellos la descomposición y la transformación trabajadas incluso en la piedra más dura por lluvias tropicales, selva y líquenes. Tales cosas cristalizan como señuelos en los que la mirada, el tacto, la vida fluye hacia el exterior, afuera de nosotros mismos. Nos encontramos a la deriva, lejos del hogar,

10 Cf. H. Bergson, «Philosophical Intuition», en K.A. Pearson y J. Mullarkey (eds.), *Bergson. Key Writings*, Londres, Bloomsbury Academic, 2014, pp. 285-302.

hacia el tiempo de los dioses arcaicos de los pueblos perdidos, de las eras geológicas de los océanos y continentes.

Memoria-cuerpo

¿Cuál es la relación entre el tiempo y la percepción?, nos preguntamos. Si percibo el olor a café recién hecho, ¿qué es exactamente lo que percibo? ¿No lo percibo acaso aquí y ahora, en «tiempo presente»? En primer lugar, podemos afirmar que las cosas existen y podemos percibirlas porque *aparecen*, es decir, porque se vuelven sensibles. Una imagen es la forma que una cosa tiene de aparecer para entrar en relación con otras cosas, no solo con los humanos. Mi gato y yo percibimos la superficie de la mesa a través de las imágenes o las apariencias que la mesa reverbera de sí misma. Los humanos captamos las imágenes de las cosas a través de los sentidos y de lo que su alcance nos ayuda a amplificar; la imagen —hay que precisarlo— no es solo visual, las cosas aparecen también en forma de sonido, en forma de aroma, de sabor… Si lo pensamos bien, cuando decimos que la imagen de una cosa es «engañosa» es porque nos induce a un error en la acción. Si lo que parece ser un brillante charco de agua que aparece en la carretera ante nosotros, esta apariencia «engañosa» no es en ningún sentido «subjetiva», una imagen privada fabricada en la esfera cerrada de la mente del espectador. Todo el mundo en el coche lo ve y no puede evitar verlo. Es la propia carretera asfaltada la que engendra esta imagen de sí misma en medio de la capa de aire caliente empapada de luz solar.

Lo que se da en el mundo, pues, son imágenes, formas de aparición sensible que el mismo mundo emite de sí. Las imágenes no son una facultad humana, en el doble sentido de que no son necesariamente expresión de una capacidad humana ni son exclusivamente humanas. No deben considerarse meros dispositivos cognitivos ni cosas en sí mismas. Son, más bien, un tipo especial de ser, una esfera de lo real que está separada de las demás esferas; algo que existe en sí mismo y posee un modo particular de ser, cuya forma urge describir. Requieren una microontología capaz de plantear otro tipo de ser, el ser de las imágenes más allá del ser de las cosas, de la mente y de la conciencia.[11] Las imágenes son *menos* que las cosas (las cosas generan múltiples imágenes sin que ninguna las agote) y *más* que las representaciones mentales (las imágenes son *generadas* por las cosas mismas). Existir es responder a un flujo constante de imágenes comunicadas a nuestros cuerpos desde dentro y desde fuera.

Giordano Bruno, en un registro completamente diferente y rompiendo con el orden discursivo que hereda de los filósofos escolásticos, nos presenta otra visión de este flujo constante. Aludiendo a la imagen de Lucrecio de la aparición de la multitud del mundo y a la ruptura de Diógenes el Cínico con toda *doxa*, pone en escena un mundo de percepción que no es sino una apertura a las imágenes en sus múltiples *voces*. Lo evoca jugando con una imagen extraída de la alegoría de la caverna de Platón que conduce a una nueva imagen del mundo material. No se trata, sin embargo, ni del descubrimiento platónico de una verdad oculta tras el movimiento de las cosas, ni de un giro aristotélico hacia la abstracción, sino, desgarrando por igual el lenguaje de la ontología y de la ortodoxia, de la articulación

---

11 E. Coccia, *La vida sensible de las imágenes*, Buenos Aires, Cactus, 2011, p. 38. Chiara Bottici ha subrayado también la importancia de las imágenes que entiende vinculada con lo imaginal, que no se identifica aquí con la fantasía. Coincido con ella en esta forma de entender lo imaginal, que yo sigo refiriendo como imaginación (se verá más adelante); sin embargo, mi divergencia fundamental tiene que ver con su planteamiento. Soy escéptica respecto a que cualquier imagen, con independencia de su «realidad», pueda divorciarse de otros aspectos sensoriales del mundo o de algún tipo de cuerpo, incluso como estrategia metodológica. Quizá por eso Bottici se acerca más a Castoriadis y mi aproximación debe más a Bergson. Cf. C. Bottici, *Imaginal Politics. Beyond Imagination and the Imaginary*, Nueva York, Columbia University Press, 2019.

de una multitud de imágenes que alzan la voz, cada una de ellas un microcosmos que refleja el mundo entero.[12] La vida sensible que urden las imágenes «es el modo en que nos damos al mundo, la forma en la que somos en el mundo (para nosotros mismos y para los demás) y, a la vez, el medio en el que el mundo se hace cognoscible, factible y vivible».[13] Mi cuerpo, como todo lo que aparece en el mundo, es también una imagen que percibe y es percibida, también por mí.[14] No percibo mi cuerpo, percibo la imagen de mi cuerpo, es decir, la forma en que mi cuerpo se (me) aparece y vuelve sensible. Los otros, el médico que contempla mi radiografía, o el gato que me acompaña desde el inicio de estas páginas, perciben distintas imágenes que mi cuerpo emite. Ahora bien, la imagen de mi cuerpo, como mi cuerpo, tiene algo especial. Destaca de las demás por un par de razones. En primer lugar, la conozco tanto desde dentro, a través del afecto, como desde fuera. Mi cuerpo siente dolor y placer. Lleva consigo un «límite móvil» entre un mundo externo y un mundo interno.[15] Mi percepción está individualizada por la forma en que el cuerpo singular se constituye y se ve alterado en relación con imágenes que a su vez se constituyen y se ven alteradas en relación con él, cuya acción voluntaria las recorta:

> Mi cuerpo es, pues, en el conjunto del mundo material, una imagen que actúa como las demás imágenes, recibiendo y devolviendo movimiento [...] mi cuerpo parece elegir, en cierta medida, la manera de devolver lo que recibe.[16]

---

12 G. Bruno, *Cause, Principle, and Unity, and Essays on Magic*, Cambridge, Cambridge University Press, 2004, pp. 15-16.
13 E. Coccia, *La vida sensible*, op. cit., p. 10.
14 H. Bergson, *Materia y memoria*, op. cit., p. 33.
15 *Ibid.*, pp. 33-34.
16 *Ibid.*, p. 35.

Si la percepción no se corresponde con lo dado, no es porque represente mal lo real. La percepción no es ilusoria ni subjetiva. Simplemente es inferior a lo real. La percepción implica una especie de limitación o encuadramiento de lo real según criterios pragmáticos. Convierte las imágenes en algo así como un código, que se ajusta a la escala, el alcance y los intereses de la acción. El resto no desaparece, pero es editado, queda fuera.[17]

La aprehensión de las características y propiedades de las cosas se da en la *acción pragmática* que es la que favorecemos en aras de la supervivencia. Cuando nos situamos ante una cosa y la colocamos frente a nosotros de modo que sus superficies sean visibles en su totalidad, que sus colores y texturas sean observables y que su estructura general sea reconocible, la cosa parece ser una unidad que se mantiene unida. Este posicionamiento, esta *manipulación*, es una forma primaria de encuadramiento. La construcción de una representación científica del universo es heredera de este movimiento y procede de la acción de aislar sustancias y descubrir sus propiedades poniéndolas en reacción con otras sustancias.

Es predictiva; se traduce en transformaciones tecnológicas. Originalmente, especular significaba observar el cielo y los movimientos relativos de las estrellas con la ayuda de un espejo. De la palabra «sidus», que significa «estrella», viene la palabra «consideración», que significaba «mirar el conjunto de las estrellas». Estas dos palabras abstractas, que designan hoy operaciones intelectuales complicadas, están enraizadas en una *praxis* concreta que permitió el *cálculo* y el *calendario*: la del estudio de los astros reflejados en espejos.

Sin embargo, sea cual sea el grado de control que alcancemos sobre el medio sensible, este —por su propia condición— nos excede. El cuerpo no es una mera entidad diagramática; la percepción no se reduce a un control unificado del mundo,

___

17 *Ibid.*, p. 52.

como si pudiera garantizar que siempre se encontrará como un todo inteligible mientras mantenga la familiaridad de sus coordenadas espaciotemporales. No solo eso, alrededor de la comida del campesino se cierra la puerta a las urgencias de los caminos y el cuerpo viene no solo a alimentarse, también a descansar. A medida que el alebrije (la figura pintada de colores vivos que representa un animal imaginario) toma forma bajo las manos del artesano de Oaxaca, el espacio de trabajo se llena de virutas de madera, de herramientas desordenadas. Recorremos los caminos del huerto en busca de lechuga para nuestra comida o para recoger flores para un ramo, y nos marchamos, dejando el resto en reposo o a la deriva en lo indeterminado. Mis cosas, las cosas de las que me apropio, no solo existen como implementos para el trabajo. Existen como mobiliario de mis necesidades, subsistiendo como *naturaleza muerta*, exudando tranquilidad, proveyendo una zona de descanso. Descanso en la solidez de las cuatro paredes o de lo que me guarece. La *praxis* no establece los ejes, las determinaciones y las conexiones instrumentales del mundo. Delimita una zona, pero al habitarla, esta zona se transforma o se deforma en una densidad *no pragmática* en la que también reposamos, meditamos, soñamos, jugamos, reflexionamos...

El otro aspecto a considerar es que nunca hay percepción *inmediata* ni *instantánea*. La memoria corporal se mezcla con la percepción por la sencilla razón de que la percepción *toma tiempo*. Varios sentidos operan conjuntamente y aportan diferentes registros de información, que se producen a ritmos distintos y tienen que ser coordinados por el cerebro.[18] Algunos,

18 Posteriormente ahondaremos en esta memoria corporal y veremos que no es la única. Mi reflexión está inspirada por Henri Bergson en *Materia y memoria*. Para una mirada al asunto desde las neurociencias puede consultarse, además de la bibliografía que aparece más adelante, A.R. Damasio, «Descartes error and the future of human life», *Scientific American* 271 (1994), p. 144; *id.*, «The somatic marker hypothesis and the possible functions of the prefrontal cortex», *Biological Science* 351 (1996), pp. 1413-1420.

como los sentidos de la vista y el oído, pueden percibir a distancia, y la distancia introduce un factor temporal en forma de retraso entre la percepción del estímulo y su movimiento real. Veo y oigo el coche que se acerca antes de que me golpee. Esto me da tiempo para decidir hacia dónde saltar para apartarme. El tiempo necesario para coordinar los distintos registros de datos sensoriales (tacto, olfato, oído y vista), junto con el tiempo introducido por la distancia, produce una «zona de indeterminación» que me permite el margen de maniobra. La memoria se mezcla con la percepción por la sencilla razón de que esta última tarda en producirse.

La memoria corporal se define como la supervivencia de imágenes pasadas porque, como hemos visto, la percepción se individualiza en función de las necesidades y acciones de un cuerpo. Las imágenes que subsisten de mi percepción y sirven a mi acción voluntaria para saber que debo saltar y hacia dónde, cuando veo y oigo aproximarse el coche, son decididamente *mías*. Constituyen la transcripción-recuerdo del registro de mis interacciones con el mundo exterior. Es un registro del modo en el que mi cuerpo, como imagen que es también centro de acción, imprime las imágenes que lo rodean y a su vez las imprime desde un ángulo concreto. La memoria se mezcla con la percepción y esta se convierte en memoria, porque al convertirse la percepción en *mi* percepción, se convierte de inmediato en memoria de *mi* cuerpo. Estar ahí, despertar, saltar, erguirse, es absorber la memoria del cuerpo. Nuestro cuerpo se mueve y actúa recordando y al mismo tiempo olvidándose de sí mismo. Cuando tomamos conciencia de las partes de nuestro cuerpo nos desconectamos de la acción: mirar los pies es cojear para bailar; mirar los dedos es temblar para teclear. No existe la percepción absolutamente *inmediata o presente*. La *percepción* supone un retraso, la percepción no es sin la *memoria* del cuerpo.

Nos-otros y el tiempo

Los primates humanos desprenden algo —una piedra suelta, una rama— de la continuidad del entorno natural que los rodea. Se deshacen de su herramienta y cambian su punto de vista del entorno continuo a su cuerpo, a objetivos o resultados más allá de él. Los primates sienten miedo y se sienten vulnerables, perciben la inminencia del peligro y de la muerte. Este tiempo biológico se transforma para ellos en un campo de acción. Aprenden a ver, unos con otros, relaciones de correspondencia de medio y fin, causa y efecto. Así, aprenden que esta piedra, astillada, puede servir para cortar y picar, que esa piedra, desafilada, se parece pero no es igual y puede servir para moler. Aprenden que esto es hierro, aquello es azufre, comparándolos y poniéndolos sucesivamente en reacciones con otras sustancias. Conocer es *saber cómo*; no conocemos verdaderamente un objeto hasta que sabemos *cómo hacerlo*.

Trabajamos para mantener, asegurar o adquirir lo que consideramos un bien. Los bienes deben durar al menos el tiempo que se tarda en alcanzarlos o en tomar posesión de ellos. Algo adquiere valor prometiéndose en el futuro, en el tiempo, resistiendo, ayudándonos a soportar el paso del tiempo, perdurando. Las palabras designan cosas que no vemos pero que podríamos ver, cosas que solo son posibles, cosas que podríamos manipular o producir. Los primates humanos hacen de sí mismos una herramienta; se insertan en el campo del trabajo y la razón instrumental, como un medio que puede servir para alcanzar fines y como una causa que produce efectos. El orden de los medios y los resultados previstos, de las causas y los efectos, entra en ellos. El futuro se articula como campo de posibilidades *presentes*, el pasado como uno de recursos *presentes* y retenidos en conocimientos y habilidades. La muerte es un límite temporal que se aproxima progresivamente.

En el trabajo, imaginamos efectos y resultados. La medición marca equivalencias en los procesos y transiciones. Trabajar es medible como medio día de trabajo, o como un día de trabajo. Los movimientos inscritos en un orden congelan el tiempo en un sistema de medidas y equivalencias. Las equivalencias son prácticamente intercambiables. Un día, en cuanto que día, es intercambiable con otro día, una hora con otra hora. Esta equivalencia e intercambiabilidad de segmentos de tiempo mensurables hace que los acontecimientos que tienen lugar en ellos aparezcan como repetibles, reversibles, reparables. Inspeccionar el tiempo de la *praxis, el tiempo espacializado*, es ver hasta qué punto la sucesión de las cosas puede ser o será repetida, variada e invertida. El trabajo solo es posible en el tiempo inteligible. El tiempo se hizo inteligible a través del trabajo.

Hegel concibe toda la historia como un proceso en el que los seres humanos dotan al mundo material de significado y valor. El amo, que hace de la muerte su propio poder, impone su voluntad y sus concepciones a los esclavos. Los esclavos descubren que, al trabajar, moldean concepciones y voluntades humanas en materiales inertes. El destino histórico del planeta en el que evolucionan los humanos es apropiárselo en el espíritu y humanizar toda la naturaleza.[19] Marx contempla cómo los trabajadores se convierten en engranajes de las máquinas que manejan; cómo las mercancías llegan a determinar las concepciones y los deseos de los humanos.[20] Para que las mercancías puedan circular en el mercado, el trabajo es reducido en el momento de compra-venta a una *imagen estática*, a un *quantum intercambiable*, a un *promedio*.[21]

Tengo que admitir que a menudo me gusta la imagen de la historia que Hegel presenta, comenzando —en diálogo con Vico y desafiando la rearticulación crítica de Kant— con el análisis

19   Por ejemplo, en la lectura que se hace de la dialéctica entre el señor y el siervo en G.F.W. Hegel, *Fenomenología del espíritu*, México, FCE, 1966.
20   Cf. K. Marx, *Manuscritos. Economía y filosofía*, Madrid, Alianza, 1968.
21   *Id., El capital*, vol. I, t. I, México, Siglo XXI, 2008. Cf. las luminosas páginas dedicadas a la jornada laboral.

de imágenes, figuras y formas en movimiento, y ampliándolo al reconocimiento de que las figuras y la dinámica de asimilación se convierten en los medios que estructuran y producen la conciencia histórica en su propio despliegue. En este camino de la historia, sin embargo, y particularmente en la convergencia de libertad, negatividad y perfección del Espíritu, abandona las voces que Bruno intenta movilizar de modo tan prominente. En la forma del sistema, excluye y neutraliza nuestro intercambio y encuentro con ellas. También me gusta el gesto de inversión de Marx y su visión de una reconciliación material del mundo y la humanidad en una práctica revolucionaria que transforma el mundo después de que el capitalismo le haya arrancado toda su sustancia. Sin embargo, esta misma forma de los ejercicios y visiones filosóficas enfría el calor de lo concreto, de lo particular, y lo seca sustituyéndolo por el árido mundo del trabajo conceptual y, quiero añadir, por la melancolía que acompaña a la crítica y a la deconstrucción allí donde descubre su propia ambición vana.

La imagen en la que habitualmente percibimos el mundo de la *praxis* es una *imagen-movimiento*. Es decir, una imagen en la que el tiempo se conoce indirectamente a través de un movimiento que se produce por fuerzas *externas*. La *imagen-movimiento* favorece la linealidad y la relación causa y efecto. Es porque entendemos el cambio como desplazamiento de elementos, por lo que suponemos que, cuando una pieza está en una posición no hay nada, al menos en principio, que impida su vuelta a la posición anterior. Nuestra creencia, compartida por las actividades cotidianas de la vida y por la ciencia, supone que el tiempo no hinca el diente en las cosas.[22] No quiero decir que en la vida cotidiana neguemos la existencia del tiempo como Zenón de Elea. Lo que quiero decir es que nos cuesta reconocer el *poder del tiempo*. En la física newtoniana que aprendemos

---

[22]   La idea de que el tiempo «muerde» las cosas aparece en H. Bergson, *La evolución creadora. Obras escogidas*, Madrid, Aguilar, 1963, p. 477.

en el bachillerato, el tiempo es reversible. Es una variable en un eje de espacio y tiempo. Esta reversibilidad significa que podemos calcular trayectorias retrospectivas y predecir acontecimientos futuros con las variables correctas. Un ejemplo clásico es la trayectoria de las bolas de billar. Si conocemos determinadas variables, como las fuerzas y las distancias, podemos predecir qué bola será golpeada y el recorrido que seguirá. La física moderna de Kepler, Galileo y Newton ha planteado un programa, ha construido un problema ideal que se ha convertido en el paradigma de la ciencia como tal. Junto con el determinismo, el segundo supuesto principal que está en juego es la reversibilidad del tiempo. No se trata de un supuesto paradójico, si se entiende *imagen-movimiento* como el movimiento de un móvil sobre una trayectoria, si el tiempo no es más que «espacio recorrido», versión moderna de la idea de Aristóteles de que el tiempo es la medida del movimiento.

La ciencia es un arte de la medición. Requiere que la medición sea exacta y que se aplique a todas las propiedades de la materia. Implica el método objetivo y supone que el mundo natural debe poder conocerse mediante la observación. Implica determinismo. La mecánica cuántica confunde todos estos criterios. El principio de incertidumbre de Heisenberg y el principio de complementariedad de Bohr imponen una visión de indeterminismo.[23] Einstein insistía en que se trataba de una etapa provisional en la búsqueda de la verdad a largo plazo. El debate sigue abierto, a medida que se formulan nuevas versiones del determinismo (véase, por ejemplo, Daniel Dennett).[24]

23 Bergson estaba a favor del indeterminismo, lo que lo acerca a posturas actuales en torno a la termodinámica, la teoría del caos y diversos desarrollos de la mecánica cuántica. Para una reevaluación positiva de la teoría del tiempo de Bergson a la luz de la ciencia contemporánea, cf. I. Prigogine e I. Stengers, *Order out of Chaos*, Nueva York, Bantam Books, 1984; también K.A. Pearson, *Philosophy and the Adventure of the Virtual. Bergson and the time of life*, Londres, Routledge, 2002, pp. 43-69.
24 Sobre el debate entre Bergson y Einstein respecto al tiempo, cf. J. Canales,

Sin embargo, lo que me parece relevante es en qué medida, más allá de la ciencia, el apego al modelo del determinismo y la reversibilidad tiene que ver con la cognición orientada a la acción: *con las imágenes destinadas a fijar, medir y conservar, para poder intervenir.*

Efectivamente, se nos enseña, desde una edad temprana, a medir el tiempo como multiplicidad cuantitativa, una multiplicidad compuesta de unidades discretas, homogéneas y fungibles, idénticas en especie pero diferentes en grado, lo que significa que cada *quantum* es idéntico a cualquier otro en cuanto *quantum*, mientras que su cantidad (o número, si se mide con exactitud) puede diferir. Uno de mis primeros recuerdos del preescolar consiste en aprender a decir la hora junto con aprender a atarme los cordones de los zapatos, un hecho que dice mucho de su valor práctico. Esta idea del *tiempo espacializado* que permite medirlo es muy útil, pero no capta exhaustivamente toda la experiencia del tiempo. El tiempo puede ser fijado y segmentado, puede ser espacializado, pero porque es sucesión y devenir del espacio que a su vez deviene tiempo. Mientras que el enfoque analítico positivista de la *imagen-movimiento* ignora el corazón interior rítmicamente palpitante en el que está atrapado el objeto o lo que se ha de conocer, a veces captamos la *imagen-tiempo*, su unidad desde dentro, abrazando su confluencia única de devenir, su suceder irreversible.[25]

La importancia no se atribuye simplemente a las cosas en relación con nuestras necesidades, deseos y placeres; *la impor-*

El físico y el filósofo. Einstein, Bergson y el debate que cambió nuestra comprensión del tiempo, Barcelona, Arpa, 2005. Es importante tomar en cuenta la postura de Einstein a favor del determinismo para entender su desacuerdo con Bergson. El debate sigue abierto. Para una defensa del determinismo, cf. D.C. Dennett, *Freedom Evolves*, Nueva York, Viking, 2003.

25   Mi distinción *imagen-movimiento* e *imagen-tiempo* se inspira en la lectura que Gilles Deleuze hace de Bergson en *La imagen-movimiento. Estudios de cine i*, Barcelona, Paidós, 1984, y en *La imagen-tiempo. Estudios sobre cine ii*, Barcelona, Paidós, 2004.

tancia también está en las cosas. Estar en la casa no es simplemente estar en reposo en algún lugar, en medio de las cosas. Es cuidar activamente de las cosas apropiadas. Tenemos que resguardarlas de las inclemencias del tiempo y de nuestras propias necesidades y de los choques descuidados o imprudentes de otros con ellas. Cuando vemos las cosas, vemos cómo hay que protegerlas, repararlas, rescatarlas. Cuando vemos lo que es importante, la urgencia de sus necesidades, que estamos ahí y que tenemos los recursos, entonces nuestras múltiples capacidades mentales y físicas se activan y se integran en una ruptura con nuestro tiempo estratificado para entrar en el suyo. No hay preparación de una comida, reparación de un automóvil, enfermería, observación científica, sin discernir, asimismo, lo importante de lo accesorio.

En trance y en delirio, un chamán se convierte en lobo, leopardo o águila, no adquiriendo las estructuras y órganos de otros organismos, sino contrayendo en su propia existencia temporal el propio tiempo del animal. Los animales vienen en manadas y rebaños, e inducen multiplicidad en los movimientos del animal humano que entra en simbiosis con ellos. Lo que el chamán o el animal humano contrae en sí, son las formas en que los animales se mueven en manadas, se mueven en relación con los demás y se afectan entre sí y a otras especies. Un cazador adquiere la visión aguda, la cautela, el movimiento sigiloso, la velocidad, la disposición para la primavera y la carrera, y la euforia de la bestia que caza, no solo para acechar presas, sino también para brincar cuesta abajo hacia el río, en un alarde de competencia sexual. Una recolectora está inclinada sobre la tierra, ella misma está imbuida de la humedad y el olor de la tierra, y adquiere la paciencia de las plantas. El animal de presa contrae la velocidad y dirección del movimiento del cazador, y las plantas se protegen con espinas y toxinas de los recolectores y se recuperan después de su paso.

Podemos comprar una copia de la partitura de las *Variaciones Goldberg* de Bach para aprenderla de memoria, obsesionarnos con el veteado de la madera y la tensión de las cuerdas del clavicordio utilizado para tocar la pieza, e incluso comprender perfectamente las longitudes de onda de cada nota al tocarla. Sin embargo, también podemos simplemente escucharla y apreciarla como un acontecimiento temporal irreversible y vivido que nunca escuchamos igual aunque la repitamos una y otra vez. A medida que cada nota fluye hacia la siguiente, crea una armonía melódica que arrastra al oyente y lo sumerge en un movimiento arremolinado de sentimientos y sensaciones. Podemos hacer observaciones similares cuando se trata de la escritura de ficción. Podemos trazar una plétora de datos sobre la vida de los personajes: nacieron en un año concreto, se criaron en un lugar específico, tuvieron tal o cual educación, etc., y podemos llegar al núcleo de cómo el personaje experimenta su propio ritmo de vida. En cada ejemplo, el contenido debe abordarse *desde dentro*, a medida que se desarrolla temporalmente: la particular sucesión secuencial y ordenada de notas y su confluencia con respecto a Bach, el desarrollo único del personaje a medida que actúa sobre su mundo y el mundo actúa sobre él.

Esta experiencia de la *imagen-tiempo* es la experiencia del tiempo como un proceso constante de alteración de sí mismo, si es que puede hablarse con razón de una identidad original de la que difiere en primer lugar. El pasar del tiempo, recordemos, consiste en un presente fugaz que en todo momento está pasando al pasado cuyas huellas se conservan. Cada momento difiere del siguiente aunque solo sea por el hecho de que cada momento que pasa se convierte en conocimiento del pasado cuyas huellas aportan un *novum* a cada momento de un futuro que todavía no es. Por ejemplo, el simple hecho de recordar haber hecho algo antes convierte una experiencia idéntica en algo completamente nuevo. Aunque ya me haya preparado muchas veces una taza de café, el recordar haberlo hecho *ayer*, transforma y colorea cualitativamente mi experiencia de prepararme una taza de café *hoy*. Si estoy memorizando un poema, lo repito un número indefinido de veces. Cada vez que lo repito, mejoro mi recitación. Pero, pase lo que pase, cada vez que repito el poema en un día concreto, en un lugar concreto, esa recitación concreta, cada recitación, es un acontecimiento irrepetible, a diferencia del poema, que puede repetirse.[26] Tal vez la experiencia de la *imagen-tiempo* pueda describirse como una vivencia cualitativa de «estar siendo-en-el-pasar-del tiempo».

Para Kant, experimentamos el tiempo espacializado de la física y de las relaciones causales como una secuencia temporal en el sentido lineal de la palabra. Sin embargo, esto no se aplica al mundo en sí, sino a nuestra experiencia de él. Todo conocimiento es relativo al sujeto y está mediado por sus formas de experimentar el mundo.[27] No obstante, la experiencia humana no debe limitarse a lo relativo y fenoménico, como tal vez podría concluir un kantiano. La *imagen-movimiento* y la *imagen-tiempo* no son imágenes mentales, son imágenes *del tiempo*. Son imágenes de la forma sensible en la que el tiempo se inscribe. La *imagen-movimiento* privilegia la espacialización del tiempo debido, en primera instancia, a una historia natural y biológica de la razón, que se ha desarrollado por motivos de supervivencia y no para describir totalmente la enorme riqueza de la realidad en su insondable profundidad. La *imagen-tiempo* privilegia la temporalización. Ahora bien, el tiempo solo se inscribe espacializándose para temporalizarse. Podemos enfatizar más uno u otro aspecto, pero no separarlos por completo. El chamán que se convierte en lobo, contrayendo en sí el ritmo del animal, lo hace en un cuerpo que, ineludiblemente, es tiempo espacializado, es decir, inscrito en la materialidad de sus células, músculos, órganos y huesos. Una vez que el entendimiento se sitúa dentro de las condiciones evolutivas de la vida es posible mostrar cómo los marcos de la percepción y del conocimiento

---

26 Cf. H. Bergson, *Materia y memoria, op. cit.*, pp. 93-97.
27 Cf. el prólogo de Kant a la segunda edición [1787] en I. Kant, *Crítica de la razón pura*, Madrid, Taurus, 2013.

no son erróneos, pero sí selectivos y parciales, y cómo pueden ampliarse e ir más allá. Cualquier sugerencia de que la noción de linealidad del tiempo es insalvable y que debe ser sustituida por una nueva noción del tiempo, supuestamente superior, es irónica, ya sería caer en la lógica del progreso. Necesitamos contemplar una temporalidad en la que lo «nuevo» y lo «viejo» puedan coexistir, en la que uno no triunfe sustituyendo y superando al otro. La *imagen-tiempo* es una realidad a la que episódicamente accedemos de forma espontánea. Sin embargo, *pensar desde la imagen-tiempo* requiere más. Supone ir más allá de nuestros hábitos sedimentados, y hacerlo a través de un esfuerzo sostenido, arduo y metódico. Requiere transgredir el marco pragmático en el que ha evolucionado nuestro aparato cognitivo al privilegiar la *imagen-movimiento*. Podemos hacerlo porque, antes que ser humana y subjetiva, la experiencia se constituye en el tiempo heterogéneo, más amplio y más allá de nuestros intereses, al cual pertenece:

La materia y la vida que llenan el mundo están también en nosotros; las fuerzas que operan en todas las cosas, las sentimos en nosotros; cualquiera que sea la esencia íntima de lo que se es y de lo que se hace, nosotros lo somos también.[28]

TRAZOS DE LUZ

Desde tiempos remotos los sabios encuentran en las estrellas y los planetas, en sus posiciones fijas y órbitas regulares, el orden inmutable en el que se pueden situar y comparar las transiciones y procesos para poder ser localizadas y medidas. Pero el factor de unidad, el que nos hace hablar de todas las estrellas, radiaciones y agujeros negros como un único universo, es *una*

---

28 H. Bergson, *Memoria y vida. Textos escogidos por Gilles Deleuze*, Madrid, Alianza, 2016, p. 58.

explosión. La velocidad de la explosión es, al principio, demasiado grande para permitir la formación de una organización entre los elementos. Solo hay radiaciones de energía. A medida que la fuerza de la explosión se dispersa, las estrellas forman galaxias. Aparecen organizaciones moleculares. La organización de nuestro sistema solar, y en la Tierra los patrones de estratos, las placas continentales, el clima y, muy pronto, los primeros organismos vivos. Con el paso de los eones, aparecen organismos vivos más complejos, con su desarrollo a partir de esporas, semillas o huevos. Conocemos el crecimiento y la reproducción de organismos, también los movimientos de la materia «inerte», que nos presentamos como regulares y regidos en todo momento por leyes naturales detectables y calculables.

Sin embargo, ¿qué sucede con el tiempo de la materia «inerte»? ¿Cómo se distingue esta materia «inerte» o inanimada de la materia viva? El desmoronamiento de la distinción entre vida y no vida se atribuye al desafío que plantea el cambio climático en la era geológica del Antropoceno. Desde que Eugene Stoermer acuñara por primera vez el término y Paul Crutzen lo popularizara, el Antropoceno significa un momento geológicamente definido en el que las fuerzas de la existencia humana empiezan a desbordar todas las demás formas y fuerzas biológicas, geológicas, meteorológicas, y a desplazar al Holoceno.[29] Es decir, el Antropoceno marca el momento en que la existencia humana altera la morfología de la Tierra y se convierte en la forma geológica determinante de la existencia planetaria. «Antropoceno» es un concepto controversial. Algunos se refieren a «Euroceno» o «Tecnoceno» para aludir a la élite tecnocrática de la civilización europea desde la revolución que supuso el uso del carbón, del petróleo y, después, de la electricidad.[30] Hay quien habla del «Chthuluceno» para cuestionar el antropocentrismo

29 P.J. Crutzen y E.F. Stoermer, «The "Anthropocene"», *Global Change Newsletter* 41 (2000), pp. 17-18.
30 P. Sloterdijk, *¿Qué sucedió en el siglo XX?*, Madrid, Siruela, 1998, p. 9.

implícito en el concepto.[31] Los geólogos no se ponen de acuerdo sobre los criterios que deben utilizarse para datar su inicio. Se han propuesto muchos criterios y, por tanto, muchas fechas. De hecho, lo que hemos estado llamando «Antropoceno» podría denominarse con mayor exactitud «Capitaloceno»: lo que estamos presenciando son realmente las condiciones materiales de los últimos quinientos años de capitalismo.[32] El Antropoceno advierte que la pregunta por la vida no solo atañe a la biología, sino también a la geología y, con ello, nos hace replantearnos la distinción entre *bios* y *geos*, entre la vida y la materia «inerte». Para el geoquímico Vladímir Vernadski, la vida es menos una cosa y más un proceso. Vernadski retrata como vida lo que habitualmente concebimos como una *fuerza biológica*, como una *fuerza geológica*, la mayor de todas las fuerzas *geológicas*. La vida mueve y transforma la materia a través de océanos y continentes. Además, ahora se sabe que la vida es en gran parte responsable de la atmósfera de la Tierra, rica en oxígeno y pobre en dióxido de carbono.[33]

La materia «inerte» también se mueve, pasa y existe temporalmente. Hay acontecimientos repentinos e incontrolables (colisiones, explosiones que destruyen bruscamente organizaciones, modelos y sistemas). Hay desplazamientos de placas continentales, terremotos, erupciones volcánicas, maremotos, avalanchas, inundaciones, rayos que provocan el fuego en sabanas y bosques. Hay tormentas solares, hay meteoritos que han golpeado la Tierra. Ella misma se tambalea sobre su eje y en su órbita, provocando eras glaciales y extinciones masivas de especies de vida. En el espacio exterior se producen colisiones de cuerpos celestes. Hay estrellas que se queman.

31 Cf. D.J. Haraway, *Staying with the Trouble. Making Kin in Chthulucene*, Durham, Duke University Press, 2016.
32 Cf. J.W. Moore (ed.), *Anthropocene or Capitalocene? Nature, History and the Crisis of Capitalism*, Oakland, PM Press, 2016.
33 L. Margulis y D. Sagan, *¿Qué es la vida?*, Barcelona, Tusquets, 1995, p. 44.

El mundo de la materia «inerte» es, a primera vista, el que es fundamentalmente *imagen-movimiento* y tiempo *espacializado*, ligado a la disposición de los objetos y, en principio, susceptible de cálculo matemático en términos de leyes o universales. Como ya advertimos, nuestra percepción y su formalización como ciencia son formas de ordenar la experiencia para facilitar la acción y la comunicación. Reconocemos la espacialización del tiempo pero, en aras del pragmatismo y la razón instrumental, obviamos la *imagen-tiempo*, la *temporalización del espacio*. Suponer que la materia es solo espacial es reducir lo material a lo geométrico, a lo mecánico, uno de los hábitos «naturales» de percepción e inteligencia que más fácilmente facilitan las acciones, pero que también se limitan a esquematizar de manera abstracta el espacio y los objetos y pasa por alto *el tiempo*, es decir, las conexiones y relaciones más directas e íntimas dentro del mundo material en conjunto, así como entre la vida y la no vida. Para la *imagen-movimiento* todo el tiempo es calculable, trazado, la totalidad del pasado, de todo lo que hay detrás de nosotros, y la totalidad del futuro, de todo lo que está ante nosotros, comenzando con un solo momento, cualquier momento, todos los momentos iguales. Con la mecánica cuántica, sin embargo, la pregunta por el tiempo emerge de manera inusitada.

Durante los primeros años del siglo XX la imagen de la luz es la de una *partícula* (después de la posición defendida por Newton), el problema es que así es cuando su imagen ya no es la de una *onda* (como James Clerk Maxwell, Thomas Young y otros ayudaron a demostrar convincentemente en el siglo XIX). La imagen de la materia es, en definitiva, la de la *partícula*, salvo, claro está, cuando es la de la *onda*. La cuestión es que ondas y partículas son tipos ontológicamente distintos: las ondas son perturbaciones extendidas que pueden superponerse y moverse unas a través de otras, y las partículas son entidades localizadas que ocupan una posición determinada en el espacio. Hasta aquí la confianza sólida, la certeza segura, la consistencia de los cimientos de la ciencia, al borde del nuevo siglo. No era solo que las nuevas pruebas empíricas relativas a la naturaleza de la luz contradijeran el punto de vista establecido, sino que durante el primer cuarto del siglo xx fue cada vez más difícil entender cómo una comprensión coherente de la naturaleza de la materia podía ser posible.

Los nuevos avances tecnológicos permitieron, por fin, llevar a cabo en el laboratorio lo que hasta entonces era un experimento mental: el aparato de rendijas del debate Einstein y Bohr.[34] Este experimento es notable por su ingenio imaginativo, ya que estaba diseñado para probar *empíricamente* una diferencia en los puntos de vista *metafísicos* de Bohr y Heisenberg. Las interacciones de los sistemas cuánticos con el entorno se denominan *mediciones* en física cuántica porque los cambios macroscópicos que son evocados por esta interacción pueden conceptualizarse como cambios perceptibles mediante instrumentos de medición. Para Heisenberg, la medición implicaba una incertidumbre epistemológica. Mientras que, para Bohr, la medición tenía que ver con las condiciones de posibilidad de determinación semántica y óntica. La clave del experimento está en utilizar el funcionamiento interior del átomo (es decir, sus «grados de libertad internos») para dejar una señal reveladora de por qué rendija pasa, de forma que no perturbe su momento de avance (es decir, sus «grados de libertad externos»). ¿El resultado? Si se hace una medida que identifique a un átomo

34   Existen múltiples interpretaciones de la física cuántica, es un campo en disputa. En este apartado sigo y uso las reflexiones sobre el tiempo de la física y filósofa Karen Barad, que a su vez se basa en Bohr, aunque no sin ciertas diferencias. Cf. K. Barad, *Meeting the Universe Halfway: Quantum Physics and the Entanglement of Matter and Meaning*, Durham, Duke University Press, 2007, especialmente los capítulos 3 y 7. Cf. también M. Moshinsky, «Diffraction in Time», *Physical Review* 88(3) (1952), pp. 625-631; C. Brukner y A. Zeilinger, «Diffraction of Matter Waves in Space and in Time», *Physical Review* 56(5) (1997), pp. 3804-3824.

como partícula, como es el caso cuando se introduce un detector de trayectoria, el resultado es la imagen del patrón de dispersión propio de la partícula. Si se mide con el aparato de rendija nada más, el resultado es la imagen del patrón de difracción de la onda. La medición, como había advertido Bohr, tiene que ver con las condiciones de posibilidad de determinación semántica y óntica. La indeterminación de las propiedades de los objetos cuánticos es una constitución ontológica fundamental de los sistemas cuánticos y no se deriva, como aseveraba Heisenberg, de las limitaciones de los observadores en cuanto a lo que puede conocerse.

Hay que tener en cuenta que una *partícula* pasa por una u otra rendija, mientras que una *onda* pasa por ambas rendijas al mismo tiempo. Supongamos ahora que el detector de rendija se modifica de tal manera que la prueba de por qué rendija pasa el átomo —es decir, la existencia del fotón revelador en uno u otro recipiente— puede borrarse *después* de que el átomo haya pasado por *una* de las rendijas como *partícula*. Resulta que si se «borra» la información de la rendija (es decir, si se elimina cualquier señal de la rendija por la que ha pasado y la cuestión de la rendija vuelve a ser indecidible), entonces se vuelve a observar la imagen de un patrón de difracción característico de las *ondas* (como en el caso sin detector de rendija). Este resultado es notable, pero aún hay más. Esto sucede sin importar en qué momento se «borra» la información; en concreto, podría «borrarse» después de que cualquier átomo hubiera pasado por todo el aparato y dejado su imagen en la pantalla, contribuyendo así a la formación del patrón general. Lo que este experimento nos dice es que el hecho de que una entidad atraviese el aparato como *onda* o como *partícula* puede determinarse *después* de que ya haya atravesado el aparato como *onda* (a través de ambas rendijas a la vez) o como *partícula* (a través de una rendija o de la otra). En otras palabras, no se trata simplemente de que el comportamiento pasado de una entidad dada haya cambiado, sino de que la identidad pasada de cual-

quier entidad, su ontología, nunca es fija, siempre está abierta
a futuras modificaciones.

Los físicos que proponen el experimento del borrador cuán-
tico interpretan estos resultados como la posibilidad de «revertir el pasado»; hablan de que el patrón de difracción se ha
«recuperado» (como si el patrón original o *pasado* hubiera
estado *presente* y hubiera regresado) y de que la información
de la rendija se ha «borrado».³⁵ Pero esta interpretación se basa
en suposiciones espacializadas que este experimento pone en
tela de juicio: suposiciones relativas a la *imagen-movimiento* y a
la naturaleza del ser y del tiempo.

El *pasado no* se vuelve *presente* si todo rastro del evento se
«borra» cuando la información sobre la rendija por la que pasó
el átomo se destruye y el patrón de difracción anterior es «recuperado», porque, por el contrario, el patrón de difracción
producido (no recuperado) *nunca es el mismo*. La nueva difracción del patrón no puede ser claramente evidente sin rastrear de forma explícita la memoria de *todas* las huellas de
todas las mediciones. Incluso cuando se «borra» la información
queda la *huella* de la «borradura» de las mediciones. El pasado
no se puede recuperar porque depende de lo que *ya fue* inscrito
materialmente. Además, desde el comienzo, el pasado es la
huella que se inscribe y que solo puede leerse *después* de ha-

35 K. Barad, «Quantum Entanglements and Hauntological Relations of
Inheritance: Dis/continuities, SpaceTime Enfoldings, and Justice-to-Come»,
op. cit., p. 260. Es interesante advertir que en su lectura de Bergson, Paul
Ricœur reconoce el carácter original e innovador del pensamiento de este
sobre la memoria. Para Ricœur, Bergson es el filósofo que mejor ha compren-
dido la estrecha relación entre la supervivencia de las imágenes y el fenómeno del reconocimiento. Además, cree que el pensamiento de Bergson contiene los recursos necesarios para comprender el funcionamiento del olvido.
Su propuesta es que el olvido se conciba en términos de reserva o recurso. El
olvido designa entonces el carácter no percibido de la perseverancia de los
recuerdos, su sustracción a la vigilancia de la conciencia. Según esta concepción, el olvido puede entenderse como reservorio de memoria. Cf. P. Ricœur,
La memoria, la historia, el olvido, Madrid, Trotta, 2003.

berse inscrito. Es decir, solo puede ser leído desde el futuro, *posteriormente* a su inscripción. Eso hace que el pasado sea irrecuperable pero no se quede clausurado, «quieto y congelado», por así decirlo; el pasado está abierto al futuro y el futuro es siempre lo por venir, lo indeterminado. Además, el pasado es múltiple, puesto que concierne no a una huella, sino a las huellas de *todas* las mediciones e incluso a los rastros materiales de intentos de borrado. ¿Qué sucede entonces si contemplamos el pasado como lo irrecuperable y lo inacabado? ¿Qué sucede si contemplamos la incesante novedad del pasado para el futuro?

Montaje y archivo

Hemos visto que las cosas existen y podemos percibirlas porque *aparecen*. Pertenece a las cosas el aparecer, es decir, generar imágenes (olfativas, auditivas, visuales…) de sí mismas. Nuestro cuerpo —que a su vez es una imagen que produce y es alterado por imágenes— las selecciona y registra a la vez que afecta y se imprime así mismo en las imágenes de las cosas que lo rodean. Las imágenes ejercen su poder por su naturaleza y por la peculiar capacidad del cuerpo de reaccionar a ellas, así como de generarlas. Ahora bien, por cuanto pertenecen a un régimen de existencia diferente al de la objetividad, las imágenes fundan tanto nuestra percepción y conocimiento como el error y lo ilusorio. Hacen posible la ilusión y el error con respecto a la objetividad, porque no son los objetos aunque sean producidas por ellos. Que nos engañen significa que pueden inducirnos a error en la acción. Pensemos en la imagen del charco de agua que aparece en la carretera ante nosotros y que no es sino la capa de aire caliente empapada de luz solar. Podemos tomar la imagen del charco como relevo de transición hacia la imagen real de la carretera, reposicionándola, o reposicionándonos frente a ella.

Sin embargo, hay ocasiones en las que las paredes de una casa se doblan en una fachada cuyas ventanas son ojos y cuya puerta es una boca, o en las que los árboles del bosque parecen agitar sus ramas transformadas en brazos gesticulantes. Estas imágenes no tienen que ser imágenes de transición que nos conducen a las propiedades reales de las casas o de los árboles. No tienen esa transparencia; las imágenes se vuelven densas, se materializan por sí mismas. No es entonces que las cosas apenas se muestren, detrás de apariencias ilusorias fabricadas por nuestra mente; es que las cosas producen imágenes de sí, son exorbitantemente exhibicionistas. Se proyectan en fachadas, en dobles, distorsiones, halos, sombras. Las imágenes se domestican (parcialmente) cuando las captamos en palabras y en conceptos. Agarrar un martillo ya es comprenderlo; es cerrar la mano en torno a su condición como instrumento que puede dirigir y concentrar la fuerza, y ya es tener a la vista un campo que abarca clavos, tejas y tablas.

Ahora bien, las imágenes adquieren poder solo en relación con un contexto histórico y cultural específico. Las imágenes están definidas por un borde o marco tácito —el del cuerpo— e implican actos culturales e históricos de «enmarcar, reenmarcar, conectar y cortar». Llamo imaginación al modo social e históricamente situado de llevar a cabo esta distribución de lo sensible.[36] Es decir, la imaginación es el modo social e históricamente situado de «enmarcar, conectar y cortar» las imágenes, o las formas sensibles de aparición de las cosas, de un modo u otro. Estos modos de imaginar se transmiten socialmente, pero cada cuerpo, a partir de esos modos, registra desde su ángulo y su trayectoria concreta sus interacciones con el mundo exterior. El modo se vuelve entonces *singular* y a su vez esa singularidad se va imprimiendo en el modo *social* de imaginar, alterándolo y transformándolo así sea imperceptiblemente. Qué transformación tendrá más peso o supondrá una ruptura en el modo social de imaginar

---

36 Cf. J. Rancière, *El reparto de lo sensible*, Chile, LOM, 2009.

no se puede calcular de antemano; qué ensanchará o recortará nuestro modo singular de operar con imágenes, tampoco.

Marcel Mauss advierte:

> El cuerpo es el primer instrumento del hombre y el más natural, o más concretamente, sin hablar de instrumentos, diremos que el objeto y medio técnico más normal del hombre es su cuerpo.[37]

Mauss está interesado en esas formas de práctica corporal marcadas por la biología y la cultura que, sin embargo, no pueden leerse con facilidad en términos de significado simbólico. Imaginar alude aquí a que los modos sociohistóricos de distribuir lo sensible se vinculan con prácticas del cuerpo —con modos de caminar, gatear, amamantar, comer, dormir, con la noción de distancia y proximidad corporal, etc.—. Los hábitos de cortar o conectar las imágenes implican una racionalidad práctica y corporal. Mauss nos permite entender la imaginación como un ensamblaje de actitudes corporalizadas que opera a modo de montaje. Los conceptos, entonces, fijan esas imágenes recortadas y conectadas de las cosas. Sin embargo, cuando nos proponemos captar las cosas en conceptos rigurosos y lúcidos, nos encontramos con que esos mismos conceptos engendran imágenes que no se adhieren totalmente a los modos en que queremos fijarlos. Las alusiones, los equívocos, las evocaciones, las evasiones, las insinuaciones, refractan sus formas cristalinas, hacen de nuestra razón una razón hechizada.

---

37 M. Mauss, «Técnicas y movimientos corporales», en *Sociología y antropología*, Madrid, Tecnos, 1979, p. 344. Mauss será referente ineludible de Pierre Bourdieu a la hora de presentar su noción de *habitus:* las estructuras sociales internalizadas, incorporadas al agente en forma de esquemas de percepción, pensamiento y acción (aunque una genealogía del concepto debería incluir en la tradición filosófica: *ethos* y *hexis* en Aristóteles, *habitus* en Tomás de Aquino, *hábito* y *habitus* en Husserl y Merleau-Ponty, y en la sociológica: *ethos* y *habitus* en Weber, Durkheim, Mauss y Elias). Cf. P. Bourdieu, *El sentido práctico*, Madrid, Taurus, 1991.

Si la *imaginación* es el modo socialmente transmitido de hacer un montaje, al archivo social y en la sombra de las imágenes ya actualizadas, al relevo preconsciente de afectos emblemáticos, arquetipos y ademanes de estas imágenes de personas, cosas y acciones que constituyen una forma de vida, es a lo que aquí llamamos *imaginario*. El imaginario del Antropoceno, es decir, el archivo de las formas en las que hemos recortado y conectado imágenes vinculadas con la relación entre el tiempo, la vida y la no vida, produce discursos que a su vez generan nuevas imágenes. Es hora de verlo.

GRAPHEIN: GEOS

La vida utiliza los mismos recursos, las mismas fuerzas, las mismas movilidades que caracterizan el orden material. La materia contiene las fuerzas dinámicas que engendran y enriquecen la vida en sus diversas formas: la vida surge de (y transforma) las condiciones materiales. A su vez, si la vida es la elaboración evolutiva de estas fuerzas materiales, sigue llevando en sí misma, en todas sus formas, no solo toda la historia evolutiva que la precedió y la hizo posible, sino también las huellas de la materia «inerte» de las que asimismo está hecha. La distinción entre lo vivo y lo no vivo se produce cuando la vida actúa como una división fundacional entre entidades que tienen la capacidad de nacer, crecer, reproducirse y morir, y aquellas que no la tienen. Sin embargo, si pensamos en la microbiología, estos procesos definitorios de *bios* parecen más bien antropocéntricos; no todo lo vivo lleva a cabo la vida según un curso lineal marcado por el nacimiento, el crecimiento, la reproducción y la muerte.[38]

Elizabeth Povinelli llama «imaginario del carbono» a la idea de que existe una distinción natural y fundacional entre la vida y la no vida que traslapa conceptos biológicos como el meta-

---

38 Cf. L. Margulis y D. Sagan, *¿Qué es la vida?, op. cit.*

bolismo y sus acontecimientos clave —el nacimiento, el crecimiento, la reproducción y la muerte— a conceptos ontológicos, como el acontecimiento de emergencia de algo, el *conatus* (el perseverar en la existencia) y la finitud.[39] El imaginario del carbono implica el esfuerzo constante del capitalismo extractivista por mantener los límites esenciales entre la vida y la no vida y regular quién o qué se considera capaz de tener «ser».[40] El carbono hace vislumbrar la categoría geológica del fósil, en la medida en que consideramos que los fósiles han estado cargados de vida, que han perdido esa vida, pero que, como forma de combustible, pueden proporcionar las condiciones para una forma específica de vida —el capital contemporáneo, hipermoderno e informatizado— o bien una nueva forma de muerte masiva y extinción total; como en los llamamientos a una solución capital o tecnológica al cambio climático antropogénico.

El imaginario del carbono es el nombre de un movimiento histórico, que convierte *una biología específica* en ontología.[41]

39 E. Povinelli, *Geontologies. A Requiem to Late Liberalism*, Durham, Duke University Press, 2016, pp. 33-34.

40 *Ibid.*, p. 33.

41 Foucault asevera: «Se quieren hacer historias de la biología en el XVIII pero no se advierte que la biología no existía [...]. Y si la biología era desconocida, lo era por una razón muy sencilla: la vida misma no existía», M. Foucault, *Las palabras y las cosas*, México, Siglo XXI, 1996, p. 28. Foucault rastrea cómo el saber que nace en los hospitales, en las escuelas militares, en las oficinas de estadística y que va más allá de todo lo que se puede englobar con el nombre de biología, no formula un concepto de vida, sino que lo fabrica constantemente definiendo y redefiniendo los procesos vitales, su extensión, su continuidad, sus rupturas, su campo de objetos y sus límites, sitiándola como blanco de un poder, y añade: «El hombre occidental aprende poco a poco en qué consiste ser una especie viviente en un mundo viviente, tener un cuerpo, condiciones de existencia, probabilidades de vida, salud individual o colectiva, fuerzas que es posible modificar y un espacio donde repartirlas de manera óptima», M. Foucault, *Historia de la sexualidad 1. La voluntad de saber*, México, Siglo XXI, 2006, p. 172. Cf. E. Sacchi, «Umbrales biológicos de la modernidad política en Michel Foucault», *Daimon. Revista Internacional de Filosofía* 68 (2016), pp. 19-35.

Se basa en la distinción entre lo vivo y lo no vivo, en la que lo no vivo desempeña el papel de lo secundario y estéril que hay que conjurar y rechazar, o de lo inerte y pasivo que nuestra tecnología puede y debe manipular. El imaginario del carbono descansa en las imágenes del desierto y el virus. El desierto pone de relieve el hecho de que la vida se halla siempre amenazada por las arenas de la no vida; a la vez que colorea el imaginario de los yacimientos petrolíferos, «suscita el temor de que la tierra terminará por convertirse en un desierto a lo Mad Max, y nutre la búsqueda de otras formas de vida en el universo y las tecnologías destinadas a la habilitación de otros planetas para hacerlos capaces de acoger vida humana».[42] En cuanto al virus, es la imagen «que corresponde a cuanto intenta subvertir las distribuciones (o *arrangements*) actuales de lo vivo y lo no vivo, haciendo de lo no vivo un constante peligro, ya sea real o potencial, para lo vivo. Por ello, el virus puede ser descrito como una posible radicalización del desierto».[43] El Antropoceno «crea un nuevo sujeto geológico, definido por su uso de combustibles fósiles».[44] En otras palabras, existe «una dimensión geológica de la subjetividad que reconoce la actividad de los combustibles fósiles dentro de la corporalidad contemporánea».[45] Sin embargo, los combustibles fósiles no son la única relación geosocial posible en la que participa el carbono. Una multitud de imágenes sacude el viejo imaginario del carbono.

Nacido en las estrellas, el carbono cataliza las reacciones de fusión nuclear por las que el Sol convierte el hidrógeno en helio y lo hace brillar.[46] Cuarto elemento más abundante en el

---

42 C.A. Segovia, «El nuevo animismo: experimental, isomérico, liminal y caósmico», *Thémata. Revista de filosofía* 60 (2019), p. 44.

43 *Ibid.*, pp. 44-45.

44 K. Yusoff, «Geologic Life: Prehistory, Climate, Futures in the Anthropocene», *Environment and Planning D: Society and Space* 31(5) (2013), p. 784.

45 *Ibid.*, p. 789.

46 B. Bensaude-Vincent y S. Loeve, *Carbon. Ses vies, ses oeuvres*, París, Seuil, 2018, p. 2.

universo después del hidrógeno, el helio y el oxígeno, es también el segundo elemento más abundante en el cuerpo humano después del oxígeno: «Este elemento, presente desde el origen de nuestro sistema solar, es también la base química —el esqueleto molecular— de toda la vida conocida».[47] La historia de la humanidad está escrita en carbono. El carbono, por su propio nombre —derivado de la raíz latina *carbo*, «brasa» y del radical indoeuropeo *ker* «quemar», se liga a la invención del fuego y aúna «naturaleza» y «cultura». Los modos de existencia del carbono se ligan irremisiblemente a la inscripción. Las pinturas rupestres en las cuevas prehistóricas se trazan con carbón vegetal. Los tatuajes negros de Ötzi el Hombre de Hielo, de hace cinco mil doscientos años, se inscriben con carbón en las escarificaciones de su piel. El lápiz que utilizamos para escribir se hizo con grafito, las puntas de diamante se utilizan como herramientas de grabado, las huellas de carbono que miden el potencial de calentamiento global, la cronodatación de carbono-14 que sirve para fechar, el dióxido de carbono (CO_2) que sirve como patrón para medir y comparar todos los gases que contribuyen al efecto invernadero; el carbono como un equivalente general y una herramienta de cálculo y acción para regular nuestros intercambios con el medio... Todo pasa como si el carbono ofreciera a los humanos formas de *inscribir* espacialmente su historia en temporalidades naturales, tecnológicas y cósmicas abiertas e infinitamente más pequeñas o más grandes que ellos.

Detengámonos en su condición de *elemento*. La teoría de los elementos se ha introducido como un modo de reteorizar la materia como sistema precario y entidad dinámica más que como recurso ambiental o mercancía.[48] Efectivamente, el ambientalismo tiene bien documentado el costo humano sobre las

---

47 *Ibid.*, p. 13.
48 Cf. J.J. Cohen y L. Duckert (eds.), *Elemental Ecocriticism. Thinking with Earth, Air, Water and Fire*, Minneapolis, Minnesota Press, 2015, p. 4.

ecologías, de modo que los robles y los pinos se transforman en madera dócil, el fuego en carbón extraíble, el aire en una compensación de carbono y los ríos en agua potable expresada como cantidad matemática. Tan imprescindible como ha sido para comprender el cambio planetario antropogénico, especialmente cuando se trata del despojo de materias primas y el calentamiento global, el único espacio que estos modelos suelen dejar para la agencia no humana es la respuesta reactiva en forma de cataclismo. La teoría de los elementos no debe considerarse, en relación con ellos, una reliquia de otros tiempos, sino más bien como un *archivo de imágenes* que nos brinda una provocación. Los elementos clásicos son pares de lo humano en la construcción del mundo; son finitos, empujan contra las fronteras y los límites y provocan acoplamientos. Con ellos el dinamismo y la vitalidad no se limitan a los organismos ni a sus procesos de nacimiento, crecimiento, reproducción y muerte, sino que incluyen a la materia «inerte».

Al filósofo presocrático Empédocles (490-430 a.C.) se le atribuye la teoría cosmogónica de los cuatro elementos materiales clásicos: tierra, aire, fuego y agua (Aristóteles añadió un quinto, el éter). Los cuatro elementos son movidos por dos fuerzas afectivas opuestas, el amor y la discordia, que son atractivas y repulsivas, respectivamente. El amor (φιλότης) es responsable de la atracción de las distintas formas de materia y la discordia (νεῖκος) es la causa de su separación. Si estos elementos componen el universo, explican su variación. En el ciclo cósmico de Empédocles, la vida surge solo cuando las dos fuerzas afectivas están en tensión o en movimiento relativo entre sí. La ausencia de relación entre ellas y no el ciclo nacimiento, reproducción, muerte, es lo que define a la ausencia de vida.[49]

---

49 Para una visión general bien informada, cf. J.E. Sisko, «Anaxagoras and Empedocles in the Shadow of Elea», en J. Warren y F. Sheffield (eds.), *The Routledge Companion to Ancient Philosophy*, Nueva York, Routledge, 2014, pp. 48-64.

Si consideramos la distinción vida y no vida del imaginario del carbono, los elementos no son ni una cosa ni la otra. No son vida porque no nacen, crecen, se reproducen y mueren. Pero tampoco son «cosas». Los contornos claramente delimitados que constituyen una parte de la realidad como cosa marcan el modo en que está separada o es separable de otras cosas. Puesto que la forma de una cosa, sus superficies cerradas, hacen de ella algo cerrado sobre sí mismo, también es asible, separable y transportable, pensamos que está a nuestra disposición. Lo que tiene forma pero no es separable —una cadena montañosa, las nubes, la luna— son, según Henri Wallon, «ultracosas». Wallon descubrió que los niños que dibujan casas, personas, coches y árboles en proporción relativa entre sí no saben con qué tamaño dibujar la Luna en relación con estas cosas.[50] La Luna y las nubes nos siguen mientras caminamos; son movibles, pero no removibles. Lo que no ofrece superficies a las que agarrarse —aire, calor, calor, luz, tierra— no son cosas, *son elementos*. Los elementos nos rodean, «nos engloban», por así decir.[51] Pero hay más.

La exposición a los elementos mata: el capitán Scott y sus dos últimos acompañantes fueron encontrados congelados en la Antártida —actualmente el lugar más frío del mundo— tras morir en marzo de 1912.[52] Richard Culverwell fue encontrado desecado en el Valle de la Muerte —actualmente el lugar más

50 H. Wallon, *Les origines de la pensée chez l'enfant*, París, PUF, 2015, pp. 382-402.

51 J. Sallis, «The Elemental Turn», *The Southern Journal of Philosophy* 50(2) (2012), p. 348. Mi reflexión sobre los elementos se basa además en A. Lingis, «The Elements», *The Imperative*, Bloomington, Indiana University Press, 1998, pp. 13-24, y D. Papadoupulos, M. Puig de la Bellacasa y N. Myers (eds.), *Reacting Elements*, Durham, Duke University Press, 2021.

52 J.J. Cohen y L. Duckert (eds.), *Elemental Ecocriticism*, *op. cit.*, p. 13. Sobre el capitán Scott, cf. D.M. Wilson, *The Lost Photographs of Captain Scott*, Nueva York, Little Brown, 2011.

caluroso— en 1850.[53] Las muertes comunes por exposición incluyen hipotermia y deshidratación, es decir, muy poco o demasiado *fuego.* «Expuesto» deriva del latín *expositus,* «poner afuera», y revela la indistinción entre el interior y el exterior, la indivisibilidad del cuerpo y el medio, que demuestran las intrarrelaciones con los elementos que por lo general se reconocen a través de narrativas toxicológicas de agresión tanto «lenta» como rápida: enfermedad del pulmón negro (órganos carnosos que se endurecen y «fosilizan»), aditivos industriales en los alimentos o sensibilidad química múltiple. La retórica de la contaminación falla cuando la «pureza» misma es cuestionada: el 60% del cuerpo humano es agua, el 96% está compuesto por cuatro elementos químicos (oxígeno, carbono, hidrógeno y nitrógeno) y todos se mezclan en un cóctel elemental que fluctúa, secreta y absorbe. La teoría de los humores de Galeno acierta: la tierra (bilis negra), el fuego (bilis amarilla), el agua (flema) y el aire (sangre) no están fuera de nosotros, no están «en el exterior», son la materialidad compartida que somos, tanto nosotros como el mundo. Erigimos muros contra los elementos, pero ellos ya están dentro. Nuestro cuerpo es la tormenta *in*orgánica que los elementos son y transmiten al mundo.

La imagen del carbono como elemento, advierten Sacha Loeve y Bernadette Bensaude-Vincent —a quienes sigo detenidamente— «conecta la química moderna con la antigua metafísica» de la teoría de los elementos.[54] El carbono sirve a Dmitri Mendeléyev, el inventor de la tabla periódica, para definir los elementos químicos. Se considera una sustancia hipotética, abstracta, básica, algo que no se altera en las transformaciones químicas. Mientras que las sustancias simples llegan a existir

53 *Ibid.* Sobre Richard Culverwell, cf. R.E. Lingenfelter, *Death Valley and the Amargosa. A Land of Illusion,* Berkeley, University of California Press, 1986.
54 S. Loeve y B. Bensaude-Vincent, «The multiple signatures of carbon», en B. Bensaude-Vincent, S. Loeve, A. Nordmann y A. Schwarz (eds.), *Research Objects in their Technological Setting,* Nueva York, Routledge, 2017, p. 192.

como entidades concretas y físicas al final de un proceso de análisis y purificación, los elementos en la química son las partes materiales pero invisibles de los cuerpos simples y compuestos. El carbono como elemento es entonces una entidad abstracta hipotética, ya que nunca puede aislarse. Sin embargo, al mismo tiempo, es real e identificable por una característica individual positiva: su peso atómico.[55] La imagen del carbono es simultáneamente la de una entidad fenoménica concreta y un elemento universal capaz de explicar los fenómenos cambiantes. Combina la idea del átomo discreto con la del elemento clásico de la teoría de Empédocles: es continuo y duradero, *algo* que circula sin origen. Bensaude-Vincent y Loeve sostienen que el carbono nos invita a cambiar la vieja ontología por una ontografía que «se preocupa más por narrar los modos de ser de las cosas singulares y despliega la gama de relaciones que tejen alrededor y entre ellas, así como los modos de inscripción que ofrecen a nuestras prácticas materiales y simbólicas».[56] Veamos.

Las moléculas formadas por un solo elemento y que poseen distinta estructura molecular se llaman alótropos. Alótropos proviene del griego *allos*, «otro», y *tropos*, «camino», y alude a modos de ser múltiple. Algunos de los alótropos del carbono tienen propiedades físicas muy diferentes. El diamante es inflexible, se niega a cambiar y a ceder. A diferencia del diamante, el grafito (derivado del griego *graphein*: «escribir») es tan frágil y blando que hay que introducirlo en un palo de madera hueco para poder utilizarlo como lápiz. Lo interesante es que en su modo *químico* de aparición, el diamante y el grafito están formados por los mismos átomos de carbono y solo difieren en los enlaces entre átomos.

Uno de los modos de aparición del carbono se vincula a una deidad local y a un lugar específico. Virgilio describe en la

---

55   Para Mendeléyev, el peso atómico de los elementos es su firma. La firma del carbón es 12.

56   B. Bensaude-Vincent y S. Loeve, *Carbon, op. cit.*, p. 20.

Eneida el conjunto de fuentes y fumarolas en el Valle de Asanto en Campania, Italia central. En el lugar, que tiene la mayor tasa de emisión natural de CO_2 no volcánica jamás medida en la Tierra, se construye un templo dedicado a una diosa prerromana de las exhalaciones, manantiales, volcanes, cuevas y fumarolas: Mefitis. Aunque el lugar de su santuario es peligroso, sobre todo en ausencia de viento, los pastores llevan a sus ovejas enfermas para curarlas. Entre las profundidades ctónicas y los vapores de Urano, la vida y la muerte, Mefitis está en medio. Es una especie de *pharmakon*, mal y remedio a la vez, así como un chivo expiatorio.[57] Con el paso del tiempo, se transforma en «aire mefítico», «vapor pestilente», «ácido aéreo» y «gas». De hecho, el CO_2 es la imagen arquetípica de la noción de «gas» —término acuñado en el siglo XVII por Jan Baptiste van Helmont—. Como «gas» el carbono existe como una entidad móvil, desterritorializada, globalizada o incluso universalizada, en una palabra, en una entidad *moderna.*[58]

En la química del siglo XIX, argumentan Loeve y Bensaude-Vincent, el carbono proporciona un esquema taxonómico que permite a los químicos establecer un orden entre la multitud de sustancias individuales y desempeñar un papel decisivo en la definición de lo que había que clasificar. La imagen del carbono es entonces la del *estándar.* Con el descubrimiento de los isótopos, su imagen pasa a ser la de la *sustancia (subjactum)* que persiste a través de los cambios químicos. Pero la imagen del carbono también es la de un *material.* El betún —un hidrocarburo que contiene un 80% de carbono y se forma a partir del plancton acumulado lentamente en las cuencas sedimentarias era utilizado por los egipcios para recubrir carreteras, barcos,

---

57 *Ibid.*, p. 190. Sobre el *pharmakon* como remedio y veneno, cf. J. Derrida, «La farmacia de Platón», *La diseminación*, Madrid, Fundamentos, 1975, pp. 91-215.
58 Cf. B. Bensaude-Vincent e I. Stengers, *Histoire de la chimie*, París, La Découverte, 2013.

canales, presas y tanques. El carbón y el betún también son conocidos por sus propiedades antisépticas: los fenicios *carbonizaban* barriles de madera para conservar el agua potable de los barcos mercantes en sus largos viajes a las costas de África, mientras que los egipcios trataron las caries dentales con una mezcla de betún y arcilla. Hay que recordar las fibras de carbono, muy apreciadas hoy en día en la fabricación de materiales compuestos por sus notables propiedades de resistencia, flexibilidad y ligereza. Estos usos industriales de los materiales de carbono no se derivan de la comprensión teórica de su estructura atómica, sino de un complejo proceso de descontextualización y recontextualización, de ensayo y error, de los conocimientos y técnicas de farmacéuticos y fabricantes sobre el carbono como material que desdibuja la diferencia entre el mundo *práctico* de las aplicaciones tecnológicas y el mundo *teórico* de las estructuras y los modelos moleculares.

La identificación de la estructura atómica única del carbono y su amplia capacidad de enlace explican de lo que es capaz: estabilidad, resistencia y potencial combinatorio para formar innumerables compuestos. Mientras que los biólogos son capaces de cambiar los pares de bases que llevan la información genética y recombinarlos de todas las formas posibles, parece que no pueden cambiar la columna vertebral de carbono en torno a la cual se estructura el ADN. En el ámbito de la tecnología, millones de compuestos químicos orgánicos sintetizados por la industria química también están formados por un esqueleto de carbono. Bajo la división tradicional entre las producciones naturales de la vida y los procesos altamente artificiales de la industria corre un hilo invisible, la imagen de «una microestructura elegante y robusta, pero en gran medida desapercibida: la columna vertebral del carbono».[59]

59 S. Loeve y B. Bensaude-Vincent, «The multiple signatures of carbon», *op. cit.*, p. 194.

Pensemos, además, en todas las promesas asociadas a las imágenes de los nanotubos de carbono, esas formas alotrópicas del carbono descubiertas en 1991 que son cien veces más resistentes que el acero, pesan seis veces menos y soportan altas temperaturas; pensemos en el grafeno, la lámina individual de átomos de carbono aislada en 2004, que posee propiedades extraordinarias tanto de resistencia como de conductividad eléctrica. En el imaginario del carbono estos materiales del futuro aportarán soluciones a todos nuestros problemas: tecnología electrónica rápida, flexible, económica y que ahorra material, medicamentos que se dirigen como misiles a sus objetivos, energías renovables... El carbono en estado *nano* —se nos asegura— debe ayudarnos a descarbonizar la economía.[60]

Hay más. En el modo de existencia del carbón fósil, el carbono es un registro del pasado, el archivo de la vida, su memoria material comprimida en el suelo. La lenta sedimentación de las capas de biomasa la transforma en necromasa y, por el efecto del calor y la presión, estas capas inscriben la imagen del carbono como memoria de la vida en la Tierra. Los hidrocarburos fósiles son tan energéticos debido a los fuertes enlaces de carbono heredados de la vida *(bios)* y comprimidos por rocas y suelos *(geos)*. La formación de esta memoria material de la vida en la Tierra se extiende a lo largo de cientos de millones de años y se renueva en decenas de millones de años más. Sin embargo, hoy gastamos muchos de esos miles de años al explotar rápidamente la energía de los enlaces de carbono y alimentar la industria, mientras liberamos otro tanto de CO_2 a la atmósfera. Así consumimos vorazmente, a gran velocidad, la memoria sedimentada de la vida pasada.[61]

---

60 B. Bensaude-Vincent y S. Loeve, *Carbon, op. cit.*, pp. 16-17. Para profundizar en el asunto del nanocarbono, cf. S. Loeve, «Point and Line to Plane: The Ontography of Carbon Nanomaterials», *Cahiers François Viète* III(2) (2017), pp. 183-216.
61 S. Loeve y B. Bensaude-Vincent, «The multiple signatures of carbon», *op. cit.*, pp.195-196.

La explotación del carbón favorece la concentración del capital, el extractivismo y el despojo y, al mismo tiempo, también la formación del proletariado. Se necesitan grandes inversiones para abrir y explotar una mina. Los inversores esperan beneficios a cambio y por ello tratan de intensificar la explotación y la producción de trabajo. Debido a sus características físicas (como es voluminoso y requiere muchas manos para su extracción y manejo), el carbón es un catalizador para la autoorganización obrera y, a través de las luchas sindicales, hace avanzar la democracia. En el fondo de la mina, fuera de la vista y en un entorno extremo, los mineros pueden desarrollar una solidaridad que el trabajo en superficie no ofrece. La explotación intensiva de los trabajadores y la tierra en las minas de carbón va acompañada de un incremento en el poder de negociación de los trabajadores, que pueden parar la mina, y exigir leyes que limitan la jornada laboral diaria y el trabajo infantil.[62] De la huelga de Cananea surgieron demandas que al triunfo de la Revolución mexicana se convirtieron en leyes y se incorporaron a la Constitución Federal de 1917, como la jornada de ocho horas, el salario mínimo, el derecho a la asociación sindical y el derecho de huelga. En la Constitución también se eliminó la discriminación por razones de nacionalidad, se prohibió el trabajo infantil y se ordenó, como obligación de las empresas, el establecimiento de adecuadas condiciones de trabajo y seguridad para proteger la vida, la salud y la higiene laboral.

Hoy, en solo cinco municipios de Coahuila —escribe José Luis Pardo Veiras en un esclarecedor artículo— se extrae el 99% del carbón de México. El paisaje de la región es una su-

62   Al respecto, es imprescindible T. Mitchell, *Carbon Democracy. Political Power in the Age of Oil*, Nueva York, Verso, 2011. Cf. el otro lado de la moneda en M. Moor y J. van de Sandt, *El lado oscuro del carbón. La violencia paramilitar en la zona minera del Cesar, Colombia*, Utrecht, Pax, 2014. Para una crítica al modelo extractivista, cf. E. Gudynas, *Extractivismos. Ecología, economía y política de un modo de entender el desarrollo y la naturaleza*, La Paz, CLAES-CEDIB, 2015.

cesión de agujeros en la tierra, la mayoría de las colonias están bautizadas con nombres de minas y los cimientos de muchas casas se refuerzan porque están construidas sobre otras ya agotadas. Gran parte de los negocios y los cargos políticos están asociados a la riqueza de los empresarios carboneros. Una industria voraz sostenida en un moderno sistema de esclavitud laboral para extraer más de tres mil millones de toneladas de carbón al año de miles de pocitos clandestinos. En los pueblos se erigen estatuas doradas en honor a los mineros como si se tratara de soldados caídos en combate. Según el registro histórico que llevan familiares de víctimas, desde que comenzó la extracción de carbón han muerto más de tres mil cien mineros. Por cada minero muerto hay seiscientos incidentes de seguridad. La mitad de los fallecidos no contaba con seguro social y hasta hoy no se sabe el número exacto de personas rescatadas vivas. Entre 2000 y 2019, 2 626 mineros quedaron incapacitados permanentemente. A pesar de todo ello, en una región de ciento sesenta mil habitantes, unas tres mil familias dependen directamente de la industria carbonífera y cerca de once mil empleos indirectos asociados a ella. Según Cristina Auerbach, defensora de los derechos de los trabajadores en la región, «las empresas necesitan la narrativa heroica porque solo los héroes trabajan donde no hay condiciones. Es increíble ver el apego de la gente al mineral: los representa, forma parte de su historia y al mismo tiempo tiene una enorme carga de sufrimiento».

Mientras ella imparte un taller sobre riesgos laborales en un pequeño salón de eventos a una decena de mujeres —todas familiares de mineros que definen el carbón desde el «miedo» y las historias de largas jornadas pegadas a la radio con la esperanza de no escuchar la noticia sobre un accidente— en otra mesa, un grupo de niños tiene la tarea de dibujar un paisaje de su pueblo: «Pintan las nubes de negro».[63]

63   J.L. Pardo Veiras, «Una tonelada de carbón», *El País*, 3 de noviembre de 2021 [www.elpais.com].

En el periodo 1920-1950 se implantó el fordismo, se fue marginando al carbón e imponiendo el petróleo como forma de energía básica (que dio inicio a la gran aceleración). Las élites occidentales recurrieron al petróleo en parte porque querían hacer retroceder al poder organizado de los trabajadores y recuperar el control sobre el suministro de energía: en términos de poder político, el paso del carbón al petróleo fue un retroceso notable para la clase obrera, ya que se trata de una forma de energía abundante y muy diferente en sus características (ligera, fluida, de fácil transporte mediante oleoducto o barco, y sobre todo susceptible de ser sometida a una escasez premeditada) que permite alterar, de alguna manera, el equilibrio de fuerzas existente en una economía del carbón. De hecho, buena parte de la política estadounidense a lo largo del siglo xx se centró en la imagen del petróleo como la fuente básica de energía, lo que contribuyó no solo a sostener el dólar como reserva de valor en el sistema financiero mundial, sino a disminuir la influencia de las fuerzas del trabajo en la distribución de la energía, fuente de su poder de negociación. El modelo energético basado en el petróleo es central para asegurar la desmovilización política e ideológica del mundo del trabajo: la extracción de petróleo requiere menos trabajadores, y muchas veces en territorios lejanos; los oleoductos son vulnerables, pero no se paran por una huelga de ferrocarril o de trabajadores de la estiba; hace falta mucho menos personal para el transporte y almacenamiento, y más disperso; por añadidura, el petróleo da lugar a formas de transporte individual —el de carretera, tanto de personas como de mercancías— frente al transporte colectivo.

Aun cuando naciones petroleras de América Latina traten de romper su dependencia colonial de las exportaciones de productos primarios mediante la puesta en práctica de planes de desarrollo dirigidos a diversificar sus economías, por lo general se apoyan para hacerlo en la divisa obtenida mediante la exportación de productos primarios, con lo que intensifican su dependencia. Paradójicamente, al tratar de aprovechar su ventaja comparativa, estas naciones exportadoras de naturaleza a menudo vuelven a asumir su papel colonial de fuentes de productos primarios. Los auges de la exportación petrolera tienden a sobrevalorar la moneda nacional, promover importaciones de bienes manufacturados y socavar los sectores productivos dirigidos al mercado interno.[64] En Oriente Próximo, las empresas rivales luchan por el control del petróleo y comienzan a definir sus intereses como estratégicos, en un contexto de agitación política. A medida que los regímenes autárquicos se desmoronan, los impulsos democráticos se ven abrumados por una nueva doctrina de autonomía que permite a las empresas extranjeras retener el control del combustible. La imagen del petróleo ha moldeado y sigue moldeando particularmente la política nacional e internacional.

Todos estos modos de aparición del carbono, sus transformaciones internas y externas, nos hacen cuestionar la distinción entre lo vivo y lo no vivo. El carbono que se nos presenta en la conexión de sus distintas imágenes (*estándar, sustancia, material*, etc.) es el morfológicamente activo, generativo y articulado (propiedades que atribuimos a lo vivo). Como advierte el químico Richard Smalley en su discurso de aceptación del Premio Nobel de 1996, el carbono posee un «genio interior»: «El descubrimiento merecedor del Premio Nobel consistió en darse cuenta de que el carbono fabrica por sí mismo la molécula icosaédrica truncada y las jaulas geodésicas más grandes. Desde el principio del universo, el carbono lleva dentro de sí, como parte de su derecho de nacimiento, *el genio de ensamblarse*

64   Cf. F. Coronil, *El Estado mágico. Naturaleza, modernidad y dinero en Venezuela*, Caracas, Alfa, 2013. Una lectura contemporánea sobre la cuestión petrolera en México puede revisarse en I. Rousseau, «Mexico's Energy Policies During the Presidency of Andrés Manuel López Obrador: Sovereignty and Security» [https://www.ifri.org/sites/default/files/atoms/files/rousseau_mexico_energy_policies_2021.pdf].

espontáneamente en fullerenos».[65] En sus modos de ensamblarse y de articularse, el carbono además produce apegos, desapegos, afectos, sueños y también pesadillas.

Aunque cada modo de aparición del carbono tiene una propensión a configurar a los demás en su propio modo, advierten Sacha Loeve y Bernadette Bensaude-Vincent, no hay solo *un* modo de existencia del carbono. Si se echa a uno por la puerta, señalan, vuelve por la ventana.[66] Detengámonos en esta última afirmación. El carbono, como todo lo que existe, existe inscribiéndose. Es decir, existe al inscribir las huellas de vínculos y combinaciones del *pasado* cuyo rastro es retenido para nuevas formas de existencia en el *futuro*. La aseveración de Loeve y Bensaude-Vincent significa dejar de pensar en términos de lo posible y lo real para hacerlo en términos de lo virtual y actual.

Lo *posible* solo se piensa como menos que lo real, como un real a lo cual se le sustrae la cualidad de la existencia. Por ejemplo, podemos percibir la forma de un árbol en particular e imaginar cómo es posible que las ramas de ese árbol hayan crecido en diferentes direcciones y lo que habría cambiado su forma. Estamos negando así la realidad del árbol real e imaginando una realidad diferente que podría haber sido. Lo real, por tanto, se ve erróneamente como lo posible con la cualidad *adicional* de existencia, lo que implica que lo real es «más» que lo posible. Pues bien, a diferencia de lo posible, lo *virtual* no es menos que lo real, es plenamente real.[67] Lo que se inscribe

65 Un fullereno es una molécula compuesta por carbono que puede adoptar una forma geométrica que recuerda a una esfera, un elipsoide, un tubo o un anillo. Cf. R. Smalley, «Discovering the fullerenes», discurso Premio Nobel de Química, 7 de diciembre de 1996 [https://www.nobelprize.org/prizes/chemistry/1996/smalley/lecture/].
66 S. Loeve y B. Bensaude-Vincent, «The multiple signatures of carbon», *op. cit.*, p. 188.
67 Mi reflexión sobre la diferencia entre lo posible/real y lo virtual/actual se inspira en mi lectura de H. Bergson, *Materia y memoria*, *op. cit.*, y en G. Deleuze, *Diferencia y repetición*, Buenos Aires, Amorrortu, 2002.

espacialmente y se retiene del pasado se refiere a un ámbito impersonal de la memoria de la Tierra que, por tanto, existe más allá de los límites de la experiencia humana. Esta memoria significa que todo lo que existe se espacializa en huellas del pasado porque para existir debe inscribirse materialmente de una u otra forma y solo puede aparecer con *posterioridad* —así el retraso sea absolutamente mínimo— a su inscripción. Nada puede existir sin aludir a una huella del pasado que se transmite para el futuro. El presente se bifurca y se mueve de dos maneras a la vez: como un curso de acciones y percepciones heredadas que arrastran el pasado hacia adelante, y como una serie de huellas de memoria que poco a poco salen a la vista como «una nebulosa que se condensa». Estas huellas solo se hacen visibles cuando hacemos «un trabajo de tanteo análogo al enfoque de una cámara fotográfica».[68] Esta segunda dimensión del pasado es «esencialmente virtual», incognoscible a menos que sigamos y adoptemos el movimiento por el que se expande en una imagen presente, emergiendo así de la oscuridad a la luz del día.

Lo que se actualiza, de forma que se nos aparece sensiblemente, son imágenes de *ciertas* huellas de un pasado del carbono (es decir, no se actualiza *el* pasado, sino *rastros* del pasado) proyectadas hacia un futuro que nunca acaba de llegar. Ahora bien, hay que recordar dos cosas. Una imagen es la forma que una cosa tiene de aparecer para entrar en relación con otras cosas (y no solo, y no necesariamente, con los humanos). La virtualidad alude tanto a las huellas que no han sido actualizadas como a que ninguna huella, ni siquiera las que son actualizadas, es plenamente presente a sí misma. Al existir proyectando huellas o rastros del *pasado* (que no es), al *futuro* que se está desplazando siempre, el carbono —como todo lo que existe— nunca está plenamente *presente* en sí mismo ni es idéntico a su forma concreta de aparición; esto es lo que provoca su indeter-

---

68 H. Bergson, *Materia y memoria, op. cit.*, p. 148.

minación, su capacidad —como dice Richard Smalley— de «ensamblarse espontáneamente» en modos insospechados.

El imaginario del carbono construye escalas temporales que permiten hacer conmensurables todas las cosas, aunque sea subrayando el abismo de los ceros que las separan en el tiempo. La disparidad de duraciones propias de los individuos o de las cosas se representa como una distancia espacial en una escala. Este mismo principio de conmensurabilidad aplicado al espacio está en la base de los mercados de compensaciones y créditos de carbono, que permiten sopesar entornos naturales e industriales distantes para pretender gobernar su equilibrio. Se presta a la mercantilización de la naturaleza, repensada como un conjunto de servicios ecosistémicos. La visión lineal del tiempo de la *imagen-movimiento*, en la que los acontecimientos se suceden, en la que cada estado del sistema puede deducirse del anterior, no encaja bien con los ciclos del carbono en el suelo, la atmósfera y los océanos, ni con los procesos *no lineales* que se ponen en juego.[69]

La medición de la huella de carbono —con la que calculamos nuestro impacto ambiental y las emisiones de gases de efecto invernadero procedentes de la actividad humana— se basa en la hipótesis de que la relación carbono-14 / carbono-12 en la atmósfera es estable. Sin embargo, en el último siglo, las actividades humanas han aumentado no solo la concentración de CO_2 en la atmósfera, sino también la de carbono-14. Tras las bombas de Hiroshima y Nagasaki, y luego las pruebas nucleares en el aire, el nivel de carbono-14 prácticamente se duplicó en la década de 1960. Tras los accidentes de Chernóbil y Fukushima, se observó que el carbono-14 es capturado y atrapado por las plantas y queda registrado durante miles de años en los anillos de los árboles. Es cierto que estos efectos son conocidos, y que existen tablas de corrección, en particular para las fechas vinculadas a la revolución industrial, los efectos

---

69   B. Bensaude-Vincent y S. Loeve, *Carbon, op. cit.*, p. 290.

posbomba y poserupción, además de los cambios en el campo magnético terrestre. Pero también hay que advertir que los ciclos biológicos y geológicos del carbono, ligados al estado de la biomasa, así como a la capacidad de absorción de los océanos y de los suelos, también hacen fluctuar la concentración global de carbono en la atmósfera y perturban la ley lineal de la datación por carbono-14.[70]

Al medir el carbono-14, los humanos hemos aprendido a inscribir nuestros restos y actividades con los de otros seres vivos que vivieron y murieron en la misma línea temporal; hemos aprendido a inscribir la historia, e incluso la prehistoria, en el tiempo del carbono. Escribimos la historia y la prehistoria *en carbono*. Pero este tiempo lineal, puntuado por las desintegraciones del núcleo de carbono-14, es solo *uno* de los tiempos del carbono. El carbono inscribe muchas otras temporalidades. El ciclo del carbono cuestiona tanto la unidad del tiempo como su linealidad. Las distintas combinaciones y químicas a las que se presta le han permitido experimentar regímenes temporales muy diversos. En las rocas, en los organismos vivos, en la interdependencia de los ciclos del carbono, el oxígeno y el pH de los océanos.[71] De lo que se trata, más bien, es de tener en cuenta el ritmo de cada uno de los actores del ciclo. Para ello debemos comprender cómo los regímenes temporales propios de cada elemento, y de cada modo de existencia del elemento carbono, se ajustan entre sí para producir efectos sinérgicos y reguladores.

El modo de existencia de lo virtual, debemos recordar, se refiere a la memoria de la Tierra y de todo lo que existe. La virtualidad perturba la solidez de lo que parece presente y acabado en sí mismo porque muestra cómo la realidad se fragmenta en múltiples trayectorias y temporalidades. Todo modo de existencia *actual* —incluidos nosotros mismos— no

70 D. Archer, *The Global Carbon Cycle*, Princeton, Princeton University Press, 2010, pp. 1-21.
71 *Ibid.*

existe como presencia de un presente fijado. Todo lo que es, está habitado por múltiples trayectorias y temporalidades abisales. Cuando hay paso de lo virtual a lo actual, este paso se rige por la diferencia. ¿Por qué? Porque las huellas del pasado que se actualizan no traen de vuelta el pasado, sino que actualizan sus rastros en un futuro abierto y cambiante, transfigurando esos rastros en algo nuevo. Lo virtual altera la *imagenmovimiento* y la linealidad del tiempo transforma y altera las temporalidades de la materia y la memoria.

Hay que descartar entonces tanto los discursos apocalípticos como los tecnooptimistas, ya que ambos se basan en el postulado antropocéntrico de un tiempo ya sea reversible o determinado. Las industrias del combustible fósil han dejado una huella antropogénica imborrable, pero hay que entender juntas la irreversibilidad del daño y la indeterminación del futuro. La herencia del carbono es siempre una tarea que en realidad ni es solo una, ni —como hemos visto en la multiplicidad de sus imágenes o formas de aparición— *es solo nuestra*. El carbono que tratamos como simple sustituto para una función determinada —por ejemplo, como combustible— tiene otros modos de existencia que no acaban ni empiezan en nosotros. Los humanos somos una fuerza geológica, telúrica, climática, pero también lo son los cocolitóforos, las bacterias y los gusanos. Las condiciones cambiantes de gran impacto también son eventos entre la materia y las especies con un tiempo y un alcance en gran medida impredecibles: lo que permanecerá y lo que desaparecerá es realmente una incógnita. En la indecidibilidad virtual de lo que es el carbono radica simultáneamente su condición de generador de imágenes, su indeterminación ontológica y la demanda de dar cuenta de su existencia y acciones para obtener una mejor imagen del calentamiento global y la acidificación de los océanos. Las imágenes del carbono como elemento muestran muchas formas distintas de ser según sus relaciones, reacciones y medios. Haríamos bien en atender a sus múltiples modos de inscribir rastros del pasado para el futuro, para habitar mejor el mundo común que compartimos. Ampliar nuestros marcos de percepción y conocimiento significa atender, cuidar el trabajo de composición que las temporalidades heterogéneas y múltiples de las trayectorias de lo que existe *(no necesariamente armoniosas)* requieren.

Si el viejo imaginario del carbono, obsesionado por la distinción entre la vida y la no vida, plantea preguntas sobre el principio y el fin, el nacimiento y la reproducción, el apocalipsis y el renacimiento, la *virtualidad del elemento carbono* nos guía, como Mefitis, para empezar en el medio: entre las profundidades ctónicas y los vapores de Urano. Dado que los elementos se definen por los vínculos y conexiones que trazan trayectorias heterogéneas de tiempo, nuestras preguntas no tienen que obsesionarse en torno al *Origen* y al *Fin* (con mayúsculas) y pueden ser distintas: habría que empezar a buscar orientaciones, direcciones y conexiones que permitan «perseverar en el ser» la coexistencia de temporalidades heterogéneas *que actúan* en un mundo en transformación incesante.

Programa: *bios*

El verbo *graphein* (escribir) evidencia la inscripción espacializada de todo lo temporal; inscripción espacializada que, a su vez, se temporaliza. Todo lo que es temporalmente escribe huellas del pasado para el futuro. Las onto*grafías* nos han permitido discutir la distinción vida/no vida propia del imaginario del carbono. Pues bien, la noción de *programa* (Πρόγραμμα) quizá nos ayude ahora a cuestionar otra distinción jerárquica: la que existe en lo que podríamos llamar el «imaginario antropocéntrico» entre la naturaleza (no humana) y la cultura (humana).

«Programa» deriva del verbo griego «prographein», formado por el prefijo pro «antes de» y, una vez más, por *graphein* «escribir». Pensemos en el «programa genético». El ADN se inscribe como retención para el futuro, de huellas del pasado. El ADN puede describirse como un procedimiento formalmente recursivo que, para inscribirse espacialmente, se replica, se repite a sí mismo. Mientras que para algunos críticos la noción de «programa genético» constituye la culminación del reduccionismo biologicista,[72] el historiador de la ciencia Hans-Jörg Rheinberger señala la contingencia de sus metáforas al relacionarse con la idea de «información», «mensaje» y «código».[73]

Efectivamente, después de que Watson y Crick se refirieran a un código de instrucción, información y programa al describir el ADN, la biología contemporánea empezó a cambiar su lenguaje, basándose en el de la comunicación. «Comunicación», «mensaje», «codificación» y «descodificación», gracias a los nuevos avances científicos, fijarían ahora la imagen de los nuevos conceptos de la vida. No obstante, existe una tercera posibilidad. Aunque la noción de programa se ha utilizado para distinguir a los animales no humanos de los humanos —una reacción instintiva automática de una respuesta flexible—, nos permite cuestionar esta distinción y ampliar la noción de *escritura* o de *inscripción general* al movimiento de la vida misma.[74] Para inscribirse o escribirse, la vida necesita —y he ahí su carácter programático— repetirse a sí misma, replicarse. Ahora bien, este programa no está «fijado automáticamente». Repetirse o replicarse consiste en diferir de sí en múltiples imágenes o formas de aparición. La vida de los humanos

es una invención que los primates, otra forma de vida, extrajeron de sus propios cuerpos —de su fuerza vital, su ADN, su modo de

72   Cf. E. Fox Keller, *The Century of the Gene*, Cambridge, University of Cambridge Press, 2002.
73   H.-J. Rheinberger, «The notions of regulation, information, and language in the writings of Francois Jacob», *Biological Theory* 1(3) (2006), pp. 261-267.
74   J. Derrida, *De la gramatología*, México, Siglo XXI, 1986, p. 15.

vida— para permitir que la vida que los habitaba y animaba existiera de una forma distinta. Nos transmitieron esta forma y, a través la forma de vida humana, siguen viviendo dentro de nosotros. E incluso los propios primates son solo un experimento, una apuesta por parte de otras especies, otras formas de vida. La evolución es una mascarada que tiene lugar en el tiempo y no en el espacio. Una mascarada que permite que cada especie, de una época a otra, se ponga una nueva máscara distinta de la que la engendró […]. Sin embargo, a pesar de este cambio de máscaras, las especies-madre y las hijas-especies son metamorfosis de la misma vida. […] Las especies no son sustancias ni entidades reales. Son «juegos de vida» […]: configuraciones inestables y necesariamente efímeras de una vida a la que le gusta transitar y circular de una forma a otra […]. No hay oposición entre lo vivo y lo no vivo. Toda criatura viviente no solo es continua con lo no viviente, sino que es su extensión, metamorfosis y expresión más extrema.[75]

La diferenciación de sí de la vida siempre implica repetición y la repetición implica tanto igualdad (lo que se repite debe ser lo suficientemente parecido para ser reconocido como transformación de la misma vida) como diferencia (lo que se repite, para ser repetido, tiene que producirse en un tiempo y un espacio diferentes, así esa diferencia sea mínima o dé pie a una nueva máscara). Si la repetición es estructuralmente esencial a la vida, cualquier repetición presupone una influencia de una especie de fuerza mnemotécnica que preserva lo que debe repetirse. Es decir, presupone el devenir espacio del tiempo y el devenir tiempo del espacio que hace posible que huellas del pasado se retengan e inscriban espacialmente para el futuro. Todas las formas de vida comparten esta retención del pasado, también esta proyección del futuro, mediante la capacidad de reorientar los procesos químicos y físicos. Lo que se retiene del pasado

---

75 E. Coccia, *Metamorphoses*, Cambridge, Polity Press, 2021, pp. 4-5.

(en cuanto el pasado *no es*) son huellas; no puede ser un contenido presente y determinado. La vida es la tendencia a reproducirse, pero no en el sentido del imaginario del carbono que la define como absolutamente separada de la no vida. La fuerza *mnemotécnica* a la que se alude con la retención del pasado es propia de todo lo que existe temporalmente y anterior, como hemos señalado, a la división entre materia «inerte» y vida, entre animales no humanos y humanos. Inscribe en la materia las huellas de los vínculos y combinaciones del *pasado* cuyo rastro es retenido para nuevas formas de existencia en el *futuro*. Además, y esto es crucial, este movimiento se replica asimismo en la cultura. La cultura es la actualización de las huellas que nos permiten sensificar lo racional, transformar lo psíquico en *imagen externa* —pensemos en aquello a lo que nos referimos cuando aludimos a la cultura— de forma que sea compartida, transmitida y re-producida. La cultura se transmite alterándose en las variaciones de los mitos o en las transformaciones en la forma de entender y hacer arte, de danzar, de escribir, de alimentarnos…

El imaginario antropocéntrico supone la siguiente narrativa. Sin lenguaje ni tecnologías que faciliten la memoria, los animales no humanos no tienen historia; actúan mecánicamente y por reflejo. La aparición (evolutiva) de lo humano coincide con una exteriorización de la fuerza mnemotécnica como tecnología que define la relación particular de la especie humana con el tiempo: el ser humano —un ser esencialmente protésico— no inventa la tecnología, sino que se constituye como tecnología. De este modo, puede afirmar que «la técnica es tiempo», y el tiempo mismo tiene una historia que puede asociarse a una velocidad, la velocidad de la técnica.[76] Para los animales no humanos, en cambio, la fuerza mnemotécnica se sitúa por completo dentro del ser vivo como programa genético «fijo»,

76 B. Stiegler, *La técnica y el tiempo. I. El pecado de Epimeteo*, Hondarribia, Hiru, 2003.

y la relación entre un organismo y su entorno está programada. Desde este punto de vista, la crisis medioambiental se asocia a la velocidad de la tecnología debido a una aceleración del tiempo *humano* que es fundamentalmente distinta de los ritmos programados del resto de la naturaleza.

El imaginario biocéntrico —centrado en la imagen de la Tierra como *Gaia*—, sin embargo, dice que hay abundantes ejemplos de cómo los organismos más pequeños —desde bacterias, hongos y termitas hasta calamares— mantienen por sí mismos sus condiciones de vida construyendo activamente su entorno. Ahí están la invención de la ingeniería genética por las bacterias, de la agricultura de los hongos y de las habilidades arquitectónicas de las termitas, habilidades que hacen que las tecnologías humanas parezcan «primitivas». Los humanos nos engañamos a nosotros mismos con la idea de que podemos tener el control del resto de la naturaleza o ser los únicos capaces de destruir el planeta.[77] Tanto en la versión antropocéntrica como en la biocéntrica, el imaginario se basa en una concepción particular del tiempo *espacializado*.

Lo que hay que volver a advertir es: la reproducibilidad inherente a la «naturaleza» y a la «cultura» sugiere una complejización de cualquier división clara entre los códigos de la «cultura» y los de la «naturaleza». Tal complejización es la que nos lleva a rescatar la idea de «programa» vinculada a la replicación y simultáneamente alejada de la fijeza determinista. También significa que no hay un origen puro ni un *telos* de la vida, ya que la repetición está presente en ella desde el principio; dicho de otra manera, el origen es la repetición que permite a la vida producirse diferenciándose de sí misma, transformándose en otra cosa. La «lógica de la vida» es la reproducibilidad, que, inevitablemente, supone el devenir espacio del tiempo y el devenir tiempo del espacio. Podríamos pensar si la técnica y

77 L. Margulis y D. Sagan, *¿Qué es la vida?*, *op. cit.*; *id.*, *Captando genomas. Una teoría sobre el origen de las especies*, Barcelona, Kairós, 2003.

la cultura no son una de las formas en las que *bios* difiere de sí misma y, en cierto modo, se replica.[78] La vida repite la huella de lo que *no es* para lo que *todavía no es*. Entonces el *no ser* es interno a la vida misma, es parte de la vida y la acompaña siempre, no es un acontecimiento al final de ella. Hay dos contaminaciones posibles entre la vida y la muerte: por una parte, una vivificación de lo inanimado o una vitalización de la materia (como vimos en el caso del carbono);[79] por otra, una inorganicidad de lo vivo (la vida se compone de materia «inerte» también). Podemos entenderlo, asimismo, en la inscripción del *no ser*, o la muerte, en la esencia de todo lo viviente: «La muerte fragmentaria y sucesiva, tal como se insinúa en todos los momentos de nuestra vida, arrancándonos jirones de nosotros mismos y haciendo que en la muerta carne se multipliquen las células nuevas».[80] El cuerpo está compuesto de células que lo preexisten, algunas de las cuales sobrevivirán después de su último aliento, como lo harán también partes-partículas-ondas y eventos microscópicos, celulares, subcelulares, moleculares, atómicos, subatómicos y cuánticos que formarán parte de quien sabe qué más. Este conjunto animado que es el cuerpo se deshace constantemente: miles de millones de neuronas mueren cada día, cada día hay descomposición y recomposición de la sangre y las células. Estamos constantemente «deshaciéndonos» y «rehaciéndonos», y el secreto de nuestra muerte, del *no ser*, está ahí, en el *ser*, en nuestros propios tejidos.

El tiempo, no obstante, es irreversible porque no hay simetría temporal en las formas de vida: el curso de la vida no puede invertirse, ni siquiera puede pensarse al revés sin perder

78 Cf. V. Kirby, «Tracing Life: "La vie, la mort"», *CR: The New Centennial Review* (2009), pp. 107-126.
79 Cf. J. Bennett, *Vibrant Matter. A Political Ecology of Things*, Durham, Duke University of Press, 2010.
80 M. Proust, *A la sombra de las muchachas en flor*, Madrid, Alianza, 2011, pp. 241-242.

todo lo que tiene de peculiar y esencial. Esto significa que el tiempo vivido es «esencial» para el organismo, una confluencia de direcciones o tendencias irreversibles que, en conjunto, lo constituyen; constituyen su génesis procesal, por así decir, la singularidad de su trayectoria, su «firma».[81] La génesis procesal de la vida, además de irreversible, es *imprevisible*. Lo es porque retenemos las virtualidades del pasado que *no es* para teñir un futuro que está abierto en ritmos inéditos y formas de aparición que no pueden ser calculadas ni previstas de antemano. La vida se divide a sí misma desde el inicio. El no ser, como señalé, es inherente a esta división de la vida. Si la imagen de la vida es en términos de la muerte, entonces no comenzamos con esta divisibilidad originaria de la vida, sino con la diferencia oposicional vida/muerte. Desde esta lectura, la vida posee inevitablemente una integridad cuya finitud está marcada por la muerte como final. Sin embargo, si la imagen de la vida es la división originaria, entonces la división vida/muerte no es ni mezcla, ni conjunción, ni oposición. Es *el diferencial de torsión que el devenir es*. Lo que es vital desde una perspectiva es letal desde otra; lo que es vida desde un punto de vista es muerte desde otro, y puede que incluso haya (como en el caso de los virus) indistinción misma entre lo vivo y lo no vivo. En esta torsión hay que contemplar a la vez la vulnerabilidad y la singularidad de *esta* vida, así como el poder del tiempo de la vida para lo inédito, sin el cual nada podría ni suceder, ni emerger. El poder del tiempo significa, advierte Bergson, que «lo mismo no sigue siendo lo mismo aquí».[82]

---

81   Sobre la irreversibilidad del tiempo desde la física, cf. I. Prigogine e I. Stengers, *Entre le temps et l'éternité*, París, Flammarion, 1992; D.R. Griffin (ed.), *Physics and the Ultimate Significance of Time. Bohm, Prigogine, and Process Philosophy*, Albany, State University of New York Press, 1986.
82   H. Bergson, *Essai sur les données immédiates de la conscience*, París, PUF, 1997, p.115.

¿Para una historia natural de la destrucción?

En 1918, escribe Benjamín Labatut en *Un verdor terrible*, el alemán Fritz Haber fue declarado criminal de guerra por asesinar en masa a las tropas enemigas con su gas de cloro durante la Primera Guerra Mundial. Su esposa, que lo acusó de pervertir la ciencia por haber creado un método para exterminar humanos a escala industrial, se suicidó por la falta de remordimientos de su marido tras la masacre de Ypres. Fue en Suiza, adonde huyó perseguido por la justicia tras la guerra, que Haber recibió el Premio Nobel de Química por un descubrimiento que salvaría a la especie humana de las hambrunas masivas: patentó un método para extraer nitrógeno del aire, el principal elemento que hace crecer las plantas. Su hallazgo remedió la escasez de fertilizantes en el planeta y permitió la explosión demográfica humana de 1,6 a siete millones de personas.[83]

Fritz Haber llevó más allá su invento con el nitrógeno, desarrollando un potente pesticida que preservaba las cosechas, pero que también mejoró la pólvora y el armamento alemanes; el pesticida derivó en el gas Zyklon, el mismo que los nazis utilizaron en la Segunda Guerra Mundial para gasear personas en los campos de concentración. Haber, de origen judío, murió en 1934 sin saber que el gas se usaría para tales fines. Entre sus pertenencias se encontró una carta dirigida a su difunta esposa en la que reconoció sentirse muy culpable, no por haber matado a millones de personas de una manera espantosa a lo largo de toda su vida, sino porque estaba convencido de que su método para extraer nitrógeno del aire multiplicaba el desarrollo vegetal monstruosamente. Haber calculó que en unos años las plantas se harían con la supremacía del planeta y ahogarían cualquier otra vida en medio de un verdor terrible.[84]

---

83 B. Labatut, *Un verdor terrible*, Barcelona, Anagrama, 2020, pp. 31-35.
84 *Ibid.*, pp. 39-40.

La imagen del verdor terrible me recuerda a las mareas
rojas quizá porque en realidad debido a los pigmentos con los
que las algas captan la luz del sol y, según su tipo, pueden
teñir el agua de rojo, verde o amarillo, incluso pueden ser
bioluminiscentes o incoloras. Las mareas rojas son un fenómeno caracterizado por el aumento de la concentración de
ciertos organismos componentes del plancton (microorganismos unicelulares fotosintéticos acuáticos, o fitoplancton).
Aparecen en la Biblia y también en los diarios de viaje del
capitán Cook y de Charles Darwin, lo que sugiere que su aparición estacional es «natural» y no un síntoma de cambio
ambiental inducido por los humanos.[85]

Para reproducirse, las algas no solo necesitan luz solar, sino
también nutrientes como el nitrógeno (el extraído por Fritz
Haber que permitió la explosión de fertilizantes) y el fosfato.
El fitoplancton aporta casi la mitad de la producción primaria
total de materia orgánica del mundo (aunque solo constituye
el 1% de la biomasa del planeta), lo que hace que su influencia
en el ciclo del carbono sea tan importante como la de todas las
plantas terrestres juntas, señala Astrid Schrader, cuya investigación sobre la temporalidad de los microorganismos marinos
es ineludible.[86] Los vertidos agrícolas que contienen fertilizantes vegetales y los residuos de las granjas industriales de animales han depositado en las aguas costeras y en los estuarios

85   D.M. Anderson, P. M. Gilbert, y J. M. Burkholder, «Harmful Algal Blooms
and Eutrophication: Nutrient Sources, Composition, and Consequences»,
Estuaries 25(4B) (2002), pp. 704-726.
86   Todo lo que he aprendido de los dinoflagelados y los microorganismos
marinos en relación con el tiempo se lo debo a los trabajos de A. Schrader,
«Microbial Suicide: Toward a Less Anthropocentric Ontology of Life and
Death», *Body and Society* 23(3) (2017), pp. 48-74; «Responding to Pfiesteria
piscicida (the Fish Killer): Phantomatic Ontologies, Indeterminacy, and Responsibility in Toxic Microbiology», *Social Studies of Science* 40(2) (2010),
pp. 275-306; «The Time of Slime: Anthropocentrism in Harmful Area Research», *Enviromental Studies* 9(1) (2012), pp. 71-94.

una gran dosis de estos nutrientes. Las floraciones de algas se consideran «tóxicas» de dos formas distintas, pero coincidentes: por la producción de una gran biomasa y por la producción de toxinas. Su toxina puede acumularse en las crustáceos y, al consumirla, provocar enfermedades graves. Por otro lado, cuando los depredadores ya no pueden consumir cantidades masivas de algas, su descomposición consume suficiente oxígeno para sofocar a muchos otros habitantes del océano. Si Fritz Haber patentó un método para extraer nitrógeno del aire que solucionó la escasez de fertilizantes y salvó las cosechas y a la especie humana de las hambrunas masivas, durante décadas los biólogos marinos han argumentado que el nitrógeno procedente de la agricultura debido al uso excesivo de fertilizantes y los residuos de las operaciones de alimentación animal concentrada (CAFO) son las principales causas del aumento de la frecuencia de las floraciones de algas nocivas en el Golfo de México.[87]

Hay tres aspectos cruciales de las mareas rojas: la imagen de la «zona muerta», la biotecnología en «tiempo real» y la supuesta pasividad de los microorganismos marinos. Las floraciones nocivas se dan debido a que la tasa de contaminación antropogénica por nutrientes en el océano expulsa a animales y plantas complejos, dejando zonas sin oxígeno, «zonas muertas», que solo son hospitalarias para los denominados «organismos primitivos». La evolución retrocede —dicen quienes hoy se hacen eco del verdor terrible de Fritz Haber— y vuelve a los mares primitivos de hace cientos de millones de años.[88]

Sin embargo, lo primero que hay que señalar es que estas

87 Cf. S.R. Carpenter; N.F. Caraco, D.L. Correll; R.W. Howarth; A.N. Sharpley y V.H. Smith, «Nonpoint Pollution of Surface Waters with Phosphorus and Nitrogen», *Ecological Applications* 8(3) (1998), pp. 559-568; D. Ferber, «Keeping the Stygian Waters at Bay», *Science* 291(5506) (2001), pp. 968-973.
88 A. Schrader, «The Time of Slime: Anthropocentrism in Harmful Area Research», *op. cit.*, p. 76.

«zonas muertas» no están muertas en absoluto. De hecho, están llenas de vida, pero no del tipo (peces grandes y hermosos corales) que los humanos queremos. Al posicionar la imagen de las llamadas zonas muertas en los mares primitivos de hace millones de años, se asume el poder humano para revertir el tiempo y el curso de la evolución. Asociamos los microbios «tóxicos» a lo primitivo y lo simple; mientras que los peces y los corales que queremos, al futuro y lo complejo. Al igual que el movimiento del capital en la globalización económica, la evolución de la vida parece acelerarse y complejizarse a medida que avanzamos hacia el presente y hacia el futuro. En este caso, «nuestro» tiempo económico humano actual proporciona tanto los medios de comparación entre el presente y el pasado como el *telos* futuro de todos los movimientos naturales. Partiendo de estas premisas, una evaluación de la proliferación de algas como nociva en términos de pérdida de biocapital productivo parece natural: a través de las modificaciones «culturales» de la reproducción «natural» de los microorganismos marinos, la vida (como capital) parece moverse «hacia atrás», perdiendo su valor económico a medida que los ecosistemas se «simplifican».[89]

Con las algas, además, florece la industria de la biovigilancia para detectar la aparición de floraciones de algas nocivas antes de que lleguen a la costa. Si existe un sistema de alerta temprana, «las pesquerías pueden cerrarse a tiempo, el marisco puede retirarse del mercado, las playas pueden evacuarse, las jaulas de acuicultura pueden sacarse de las zonas tóxicas, sin tener que alterar nunca los flujos de nutrientes en los océanos».[90] En México, Sinaloa es el quinto estado en volumen de producción agrícola y el tercero en concentrar más ganancias por esta actividad. El origen apunta a los campos y granjas acuícolas, ranchos ganaderos y a las descargas de aguas residuales que,

89 *Ibid.*, p. 83.
90 *Ibid.*, pp. 85-86.

sin embargo, en aras de esta concentración de ganancias, no son sancionados.[91] Así pues, el objetivo no es prevenir las floraciones indeseadas de algas, sino mitigar su impacto económico. Junto al establecimiento de un sistema de alerta temprana, resalta la necesidad de implementar planes de manejo y seguimiento para especies pesqueras de importancia comercial susceptibles de ser afectadas. Se trata de convertir la investigación de las algas nocivas en un negocio de previsión. La prevención de la nocividad se asocia así a una predicción más precisa del futuro en «tiempo real».

¿Cuál es el problema con las tecnologías «en tiempo real» basadas en la presencia de lo que es o está presente? En primer lugar, que buscan su propia desaparición como tecnología mediante la destemporalización del tiempo. El tiempo de todo lo que existe temporalmente, incluidos los microbios, no es el de la *presencia presente* de un aquí y un ahora, sino el del retraso con respecto a lo que *ya no es* (el pasado) y la dislocación con respecto a lo que *todavía no es* (el futuro). Todo lo viviente tiene, por lo mismo, cierto grado de indeterminación que lo hace no ser totalmente predecible. En el «tiempo real» de las tecnologías de biovigilancia, la imagen del tiempo ya no es temporal, es decir, constituida a través de inevitables aplazamientos y retrasos, sino naturalizada como un fondo estático, que en este caso coincide con el flujo en aparente aceleración continua de «nuestra economía capitalista». El peligro de suponer una velocidad objetiva y una única aceleración hacia lo «real» es, por supuesto, la invisibilización de los diferentes ritmos de tiempo de todo lo que existe.

Sin embargo, las tecnologías de visualización y genómica más sofisticadas no consiguen traer al *presente* la imagen «como tal» de los microorganismos que nos permitan saber con cer-

91 Redacción/Sin embargo, «La marea roja se expande por el Pacífico mexicano: causa daños y pérdidas económicas», *Sin embargo*, 28 de abril de 2022 [www.sinembargo.mx].

teza cuándo pasan a ser «tóxicos» o «nocivos». Reduciendo el microorganismo a una serie de genes o a puntos de biomasa (identificables por su contenido en clorofila), las veloces tecnologías de detección no consiguen captar cuándo se produce su transformación. Los ecologistas marinos reconocen que, aunque parece que una vez conocidos los requisitos ecológicos de cada especie es fácil predecir su aparición, el mundo real es más complicado, que el crecimiento neto de una especie se ve afectado por complejas interacciones con otros organismos, y que «cada vez es más evidente que las estrategias vitales del fitoplancton y sus interacciones con el entorno pueden alcanzar un grado de complejidad inesperado para los organismos unicelulares».[92]

Si la evolución retrocede y volvemos a los mares primitivos de hace cientos de millones de años, lo cierto es que, según parece, lo primitivo ahora ya no es lo simple y de pronto se vuelve tremendamente complejo (que era una característica del futuro). Quizá más bien lo que los microorganismos retienen del pasado, lo retienen en futuros inéditos y en desplazamiento, lo cual vuelve al tiempo simultáneamente irreversible e imprevisible. La imprevisibilidad inherente al comportamiento de los propios microorganismos es la principal dificultad con la que se encuentran las tecnologías de biovigilancia. Si preocupa su producción «descontrolada», a la suspensión temporal de su movimiento y crecimiento se suma, por ejemplo, la regulación ambiental de su división celular. Pueden pasar de la reproducción sexual a la asexual en función de la disponibilidad de nutrientes y de la fase de floración en la que se encuentre. En otras palabras, volviéndose tóxico o fabricándose más y a un ritmo más acelerado, el microorganismo cambia lo que es, incluido su modo de reproducción, y este cambio entre modos de reproducción puede depender no solo de las con-

92 A. Schrader, «The Time of Slime: Anthropocentrism in Harmful Area Research», op. cit., p. 88.

diciones ambientales actuales, sino también de su historia
nutricional.[93]

A diferencia de las incertidumbres epistemológicas que se
refieren a las «lagunas» o al carácter incompleto del conocimiento humano y que, supuestamente, impiden la toma de
decisiones medioambientales, hay que insistir en que esta indeterminación de los microorganismos marinos es ontológica. No
se debe a la limitación de «nuestro» conocimiento. Esta indeterminación ontológica afirma las contribuciones de los microorganismos a sus propias formas de aparición, es decir, a las
imágenes sensibles que brindan de sí mismos. Dicha indeterminación, que puede ignorarse pero no borrarse, se debe a su
capacidad de acción no solo para reaccionar ante un entorno,
sino también para coproducirse, transformarse y transformar
el medio.

Ya señalamos que la fuerza *mnemotécnica* de la vida an-
tecede a la separación entre lo vivo y lo no vivo y entre lo
humano y lo no humano. Pues bien, la historia nutricional y
de interacciones ambientales de los microorganismos se transmite de generación en generación, es decir, *se memoriza*, así
que la historicidad de los microbios ya no puede ignorarse. La
detección de los dinoflagelados nocivos requiere la temporalización del tiempo espacializado, en este caso *metodológica*.
Requiere de una *imagen-tiempo* en la que el tiempo ya no es
solo nuestro ni coincide con los cálculos coste-beneficio del
Homo economicus. De este modo, los humanos ya no son los
únicos actores, y la producción de conocimiento científico no
puede ocultar su relación de utilidad, la artefactualidad antropocéntrica de la imagen «del tiempo real». Al preguntar entonces a quién le importan las transformaciones ecológicas de
los océanos, se produce la posibilidad misma de plantear la
pregunta por los supuestos sobre el movimiento inalterable de
la economía global de «nuestro tiempo». Cualquier idea pre-

---

93 Cf. *Id.*, «Responding to Pfiesteria piscicida (the Fish Killer)», *op. cit.*

concebida de «nuestro tiempo globalizado» que fije la relación entre naturaleza y cultura, ya sea en términos de complejidad, capacidad cognitiva, tecnología o velocidad, borra la posibilidad de preguntar «¿quiénes son los "nosotros" que consideran lo que es o no es "nocivo" y "perjudicial"?», «¿cómo lo hacen», «¿hay otras maneras de aproximarse a formas distintas de vida atentas a la heterogeneidad de sus procesos y ritmos vitales?».[94]

El aparato científico material y discursivo vincula imágenes y conceptos que constituyen arreglos específicos para la inteligibilidad; esto supone que, además de dar significado a conceptos específicos con exclusión de otros, lleva a cabo un montaje que promulga un corte específico de imágenes que, asimismo, supone excluir otras. Sin embargo, lo que se excluye no desaparece. Hay huellas virtuales, las cosas reverberan en imágenes que intentamos fijar en conceptos y estos a su vez producen imágenes que ningún referente acaba de fijar del todo. Planteemos el mundo material como un sistema de imágenes entrelazadas. Todo lo que existe, existe en una vasta y enmarañada red. La agencia no es una propiedad individual. Más bien quién y qué actúa es una decisión, una incisión, un corte conjunto/ separado de las cualidades de agente de los fenómenos que emergen en el trajín continuo del mundo. Esto significa que podemos reconocer la agencia en diferentes formas como «yoes científicos», «relaciones de investigación entre la investigadora y lo investigado» o «entre la investigadora y quien financia el proyecto de investigación», la agencia pueden constituirla los «movimientos» o «repeticiones» que acaecen en el proceso de investigación, etc. Las prácticas materiales-discursivas de creación de límites producen «objetos» y «sujetos», y otras diferencias «a partir de, y en términos de, una relacionalidad cambiante».[95]

94 *Id.*, «The Time of the Slime: Anthropocentrism in Harmful Area Research», *op. cit.*, p. 89.
95 K. Barad, *Meeting the Universe Halfway, op. cit.*, pp. 92-93.

Lo que deviene crucial es la necesidad de la *praxis* científica de advertir su relación con el tiempo. En ella a menudo se supone que los microorganismos actúan en una relación fija con su entorno, que presumiblemente no pueden cambiar. Interrogar los dualismos jerárquicos entre lo humano y no lo humano, los objetos y los sujetos, en la producción del conocimiento científico no puede hacerse sin cuestionar la concepción de tiempo que fundamenta estas separaciones ontológicas. Las jerarquías oposicionales no pueden ser transformadas si concebimos el tiempo como una modalidad del presente que impide contemplar el ritmo y el despliegue temporal y asincrónico de lo que existe transformándose a sí mismo, y transformando a su vez el medio.

A Fritz Haber lo atormentaba, lo hemos visto, que su método para extraer nitrógeno del aire multiplicara el desarrollo vegetal monstruosamente. Pensemos en las semillas y en la idea de que representan el potencial del devenir real de las plantas; me refiero a la idea de que las semillas son lo que está en espera antes de su actualización. El problema con los compromisos epistemológicos inherentes a esta historia es que el retraso que constituye el tiempo necesario para que cambien las estaciones y las plantas vayan creciendo, parece ser tiempo efímero, obviado.[96] Sin embargo, lo que se obvia y se glosa como retraso —una espera sobredeterminada y evidente de la semilla— es el despliegue de la vida en toda su relacionalidad e imprevisibilidad. Las posibilidades de que se desarrollen formas de vida y vitalidad no pueden agotarse entre la actualización autoevidente de la semilla o la muerte, sino que es en este «retraso temporal» que las plantas dan a conocer sus deseos y necesidades, y responden al calor, la luz, el suelo, el viento, el frescor, la oscuridad, el agua y la sequedad. Las plantas crecen con capacidad de respuesta. El potencial terapéutico

96 Cf. M. Marder, «The Sense of Seeds, or Seminal Events», *Environmental Philosophy* 12(1) (2015), pp. 87-97.

de una planta depende exactamente, por ejemplo, de lo que ocurre en estos «retrasos». El momento de la semilla y su germinación está lleno de acontecimientos. No es una mera obviedad o redundancia que haya que pasar por alto. Una atención a las plantas, y en particular a las contingencias y posibilidades de su crecimiento, desafía la suposición de que se puede estar seguro de lo que hará una semilla, en lo que se convertirá y lo que producirá.

Sostener una multitud de ritmos de tiempo logra una redistribución de lo sensible que nos sintoniza con el asombro y la apreciación de las diferencias en una producción de conocimiento abierta a sentir curiosidad. La curiosidad, sin embargo, en este caso no significa necesariamente buscar saber *más* al final del día, sino más bien *saber de otra manera*. La «historia» aquí no denota una marcha de los conocimientos humanos hacia una mejor comprensión de las entidades supuestamente carentes de agencia, ni viene siempre ya sincronizada como «historicidad conjunta de humanos y no humanos», como quiere Bruno Latour,[97] sino que implica una *imagen-tiempo* de ritmos heterogéneos, un llegar a un acuerdo con la agencia de los «objetos estudiados», sin ninguna garantía.

Vuelvo a dos imágenes: gerberas, rosas, tulipanes, lilis, casablancas, claveles, gladiolos. Esta imagen es de la zona florícola del sur del Estado de México. Para que en un mercado de Estados Unidos las flores naturales sean perfectas y *duren más tiempo* —liberadas también de todo tiempo «efímero» o de cualquier atisbo de metamorfosis— en Villa Guerrero, los campos y las calles del pueblo están impregnados de olor a campo recién fumigado. Todo el mundo vive de las flores, y la mayoría sabe que después del trabajo hay que bañarse bien, que el menor contacto con los químicos es un pasaporte al

---

97 B. Latour, «Why has critique run out of steam? From matters of fact to matters of concern», *Critical Inquiry* 30(2) (2008), pp. 225-248.

hospital. Cuando el fotógrafo Cristopher Rogel Blanquet empieza a documentar los hechos, se encuentra con niños con hidrocefalia, tumores y espina bífida. Con gente que sobrevive alrededor de la industria de las flores y que paga con su cuerpo estar rodeada de agrotóxicos. Según investigadores de la Universidad Autónoma del Estado de México, se podría evitar el 65% de los casos de mortalidad fetal por anencefalia y aproximadamente el 80% de mortalidad infantil por espina bífida si se redujera su contacto con los fertilizantes. En los cultivos de flores se utilizan distintos tipos de herbicidas, fungicidas e insecticidas, todos con un único objetivo: tener a una flor *aparentemente* libre de las vicisitudes del tiempo por lo menos hasta que logre ser vendida. «¿Por qué? Porque así lo quiere la gente que las compra».[98]

La segunda imagen pertenece a *Un verdor terrible*, el libro de Labatut. El jardinero nocturno que aparece en sus páginas cuenta que, cuando él era un niño, había un roble al que siempre le había tenido miedo. En aquel entonces, dice, era un árbol sano, fuerte y vigoroso, mientras que ahora, unos sesenta años después, su enorme tronco está atiborrado de parásitos y pudriéndose desde adentro: «Está medio muerto y podrido, le dice, pero aún crece».[99] Labatut, a su vez, le cuenta que el árbol más antiguo de su terreno es un limonero. Los cítricos, cuando llegan a la vejez, si logran sobrevivir a sequías, enfermedades y a los incontables ataques de pestes, hongos y plagas, sucumben por sobreabundancia. Al alcanzar el fin de su ciclo de vida, dan una última cosecha gigantesca de limones. Esos excesos de producción en los que la vida, al diferir de sí misma, se desborda fuera de sí y se juega su indeterminación con la muerte —advierte— asemejan a los humanos y a esos árboles. Labatut le pregunta al jardinero nocturno cuánto tiempo le queda de

98 C.R. Blanquet, «El campo ya no huele a flores», *Vist: Visual is Telling* (2022) [https://vistprojects.com].

99 B. Labatut, *Un verdor terrible*, *op. cit.*, pp. 200-201.

vida a su limonero. Este le dice que no hay forma de saberlo, al menos «no sin cortar su tronco para mirar sus anillos. Pero —se pregunta (y nos pregunta)— ¿quién querría hacer una cosa así?».[100]

100   *Ibid.*, p. 212.

2. Nervios: para una imaginación política

Este sistema sinestésico está abierto en un sentido extremo. No solo está abierto al mundo a través de los órganos sensoriales, sino que las células nerviosas en el cuerpo forman una red que es discontinua en sí misma. Se extienden hacia otras células en puntos llamados sinapsis, por donde pasan cargas eléctricas a través del espacio entre ellas. Mientras que en los vasos sanguíneos un derrame es lamentable, en las redes, entre atados de nervios, todo se derrama.

SUSAN BUCK-MORSS, *Estética y anestésica*

Jugué mi corazón al azar, y me lo ganó la violencia.

JOSÉ EUSTASIO RIVERA

El amor no se puede contar. El amor es inicuo. Está hecho de gestos anodinos y costumbres difíciles de cambiar. El amor es los años que pasan uno tras otro sin variar. En el desierto, el amor es una planicie donde no crece nada, una mina que escupe plata de cuando en cuando, un párroco que se muere, la falta de agua. El amor es lo que hay bajo la lengua cuando se seca y a un lado de los pasos cuando no se oyen. El amor es un sauce a las orillas del cementerio de Venado y las ruinas abiertas del edificio del Diezmo a un lado del Palacio Municipal. El amor es una tonadilla, apenas una canción.

CRISTINA RIVERA GARZA, *Nadie me verá llorar*

FORMA DE VIDA Y *HABITUS*

Una «forma de vida» corresponde completamente a los límites de una comunidad dada —en el sentido etnológico de una cultura compartida de hábitos y disposiciones, normas y costumbres—, pero también podemos pensar que la expresión se refiere más bien a la forma de vida de los humanos frente a los pájaros, los roedores o las hormigas. La cuestión no es del tipo «o lo uno o lo otro». La forma de vida corresponde a las diferentes disposiciones sociales y a la idea de cómo podría definirse la vida como una forma de vida *humana*. Se refiere a la diferencia entre, por ejemplo, los distintos acuerdos sociales que existen en diversas culturas para el matrimonio o la devolución de la propiedad; también a las diferencias entre ser humano o jaguar o pájaro. Es decir: comer, dar zarpazos o picotear son actos que responden a una necesidad biológica y que señalan diferencias en la forma de vivir (que no necesariamente tienen que entenderse de manera jerárquica) entre los seres humanos, los jaguares o los pájaros.[1]

1 S. Cavell, «Declining Decline: Wittgenstein as a Philosopher of Culture», *This New yet Unapproachable America. Lectures after Emerson after*

En la forma de vida, lo social, lo cultural y lo biológico están profundamente enmarañados. Hay una historia social y una historia natural propia de la razón —y del modo en que percibimos, actuamos y entendemos— que es evolutiva (o biológica, si se prefiere). El alcance y la escala precisos de la forma de vida humana no pueden determinarse de antemano. Canguilhem observa que no podemos determinar lo normal por simple referencia a una media estadística, sino comparando al individuo consigo mismo, ya sea en situaciones sucesivas idénticas o en situaciones variadas. Podemos apreciar que la singularidad se concibe aquí no solo como una diferencia entre seres vivos individuales, sino también, en términos de variación, como un aspecto del propio individuo singular y concreto.[2] La forma de vida ni es estática, ni sigue unas leyes preestablecidas que proporcionen una cuadrícula sobre la que se moverá. No se basa —y he ahí lo que produce vértigo— más que en el *acuerdo*. Este acuerdo, lo *no contractual* del contrato social, se produce al materializarse para el futuro las distinciones y conexiones que, a lo largo de la historia discontinua de generaciones, vamos encontrando dignas de ser trazadas, marcadas y transmitidas:

> Aprendemos y enseñamos ciertas palabras en determinados contextos, y luego se espera de nosotros y de los demás que seamos capaces de proyectarlas en otros contextos. Nada asegura que se produzca esta proyección (en particular, ni la captación de universales ni la de libros de reglas), como tampoco nada asegura que hagamos y comprendamos las mismas proyecciones.

Wittgenstein, Chicago, The University of Chicago Press, 1989, pp. 29-77. Para una exploración consistente de esta idea de la forma de vida, cf. V. Das, *Textures of the Ordinary. Doing Anthropology after Wittgenstein*, Nueva York, Fordham University Press, 2020.

2 Cf. G. Canguilhem, *Lo normal y lo patológico*, Buenos Aires, Siglo XXI, 1970.

Que en general lo hagamos es cuestión de que compartamos vías de interés y sentimiento, modos de respuesta, sentido del humor, de la significación y de la plenitud, de lo que es indignante, de lo que es similar a lo demás, de lo que es una reprimenda, de lo que es un perdón, de cuándo una expresión es una afirmación, cuándo una apelación, cuándo una explicación, todo el torbellino del organismo que Wittgenstein llama «formas de vida». El habla y la actividad humanas, la cordura y la comunidad, descansan en nada más, pero nada menos, que esto. Es una visión tan simple como difícil, y tan difícil como aterradora (porque lo es).[3]

En la forma de vida resonamos con los otros y con lo otro. La resonancia, hay que aclarar, no excluye la disonancia (de hecho, lo opuesto a la disonancia no es la resonancia, es la armonía). ¿Cómo aprendemos la forma de vida? Las imágenes, o formas sensibles de aparición de las cosas, están definidas por un borde o marco tácito —el del cuerpo— e implican actos culturales e históricos de ser «enmarcadas, reenmarcadas, conectadas o cortadas». La percepción no se rige por el «yo pienso» que, según Kant, debe acompañar a toda apercepción. En la percepción, un sujeto no se enfrenta al mundo como un ser pensante, sino que se relaciona con él simplemente uniendo y separando imágenes. El lenguaje, que puede construir modelos y cartografías, también puede designar lo percibido y lo perceptible. El habla se hace no solo con la mente, sino con la voz y la kinésica que se apoya en toda la postura corporal y en la relación que el cuerpo sostiene con las imágenes:

Si hablamos es porque somos particularmente sensibles a las imágenes. No existe lenguaje sin imagen. [...] Podría comprenderse el lenguaje como el archimedio, el espacio de medialidad abso-

3 S. Cavell, *Must We Mean What We Say?*, Cambridge, Cambridge University Press, 1969, p. 52.

luta en el que las formas pueden existir como imágenes en completa autonomía de los sujetos [...] así como de los objetos cuya forma y semejanza representan.[4]

Un niño, entonces, aprende la muerte de su madre a través de la transmisión del modo de imaginar: la camisa arrugada de su padre al regresar del hospital, el taxi blanco, el impulso de proteger a su hermano, la pregunta de cuándo tendrá una nueva madre, el enfado con el padre. No hay un gran relato en el que encajen las percepciones del niño, ni un gesto heroico. Más bien, el niño simplemente hace lo que hace: une imágenes y palabras que a su vez suscitan imágenes; repite, imita los gestos, aprende a mostrar y a responder; aprende lo que es la madre, lo que es el padre, lo que es el hermano, lo que es la muerte a través de su aprendizaje de esta pérdida concreta.[5] Los hábitos de la imaginación implican una racionalidad, práctica y corpórea, que se transmite socialmente, para constituirse en una *segunda naturaleza*. Marcel Mauss, como ya advertimos, se interesa por el poder constitutivo de la práctica corporal y por aquellos modos marcados por la cultura y por la biología, pero que no se leen fácilmente en términos de significado simbólico. Estas prácticas —esquemas de percepción y pensamiento-acción— constituyen lo que él llama *habitus*, que «varía no solo con los individuos y sus imitaciones, sino sobre todo con las sociedades, la educación, las reglas de urbanidad y la moda. Hay que hablar

4   E. Coccia, *La vida sensible de las imágenes*, op. cit., p. 61.
5   Esta escena está basada en los poemas que el antropólogo Renato Rosaldo publica tras el fallecimiento de su esposa en un accidente de campo, la también antropóloga Michelle «Shelly» Rosaldo. Rosaldo, a través de imágenes, da cuenta del duelo de sus hijos pequeños. Cf. R. Rosaldo, *The Day of Shelly's Death. The Poetry and Ethnography of Grief*, Durham, Duke University Press, 2013. Cf. C. Han, *Seeing like a Child. Inheriting the Korean War*, Nueva York, Fordham University Press, 2020.

de técnicas —advierte—, con la consiguiente labor de la razón práctica colectiva e individual».[6] Para Mauss, se trata de una constitución social del cuerpo, que se ha vuelto *eksis*, «virtud», concebida literalmente como disposición permanente, pero el *habitus* es abierto, actúa según la trayectoria vital y la lógica singular de cada cuerpo que lo incorpora. El concepto permite a los científicos sociales «analizar el cuerpo como un ensamblaje de actitudes corporales, no como un medio de significados simbólicos».[7] Según Talal Asad, la reflexión de Mauss es significativa para cuestionar la distinción entre las prácticas *instrumentales* ligadas a la acción que sirve a un propósito y las prácticas *simbólicas* vinculadas a las representaciones culturales. En ambos casos se entrenan las disposiciones del cuerpo para que las personas se transformen en un cierto tipo de sujeto. Un sujeto capaz de coser o de utilizar una herramienta y capaz de escuchar música, por ejemplo.

Si volvemos a la transmisión del *habitus* y del modo de imaginar y nombrar, nos vemos obligados a preguntar si el «acuerdo» en una forma de vida es puramente una cuestión de hacer que el niño llegue a la misma conclusión o al mismo procedimiento que el adulto habría aplicado. Pero el acuerdo es un asunto mucho más complicado en el que hay un enredo de normas, costumbres, hábitos, ejemplos y prácticas y no podemos conceder una importancia salvadora al aprendizaje de normas como la mejor vía para aprender una forma de vida. En *El Niño de Hollywood*, Óscar Martínez y Juan Martínez narran la historia de un pandillero, soldado y comandante de la Mara Salvatrucha (MS). El ingreso en la MS 13 consiste en un ritual de iniciación a la masculinidad basado en cumplir una regla: el

6 M. Mauss, «Técnicas y movimientos corporales», *Sociología y antropología*, *op. cit.*, p. 340.
7 T. Asad, *Genealogies of Religion. Discipline and Reasons of Power in Christianity and Islam*, Baltimore, The Johns Hopkins University Press, 1993, p. 75.

deber de matar y el de mostrar la propia hombría soportando ser vapuleado por tres pandilleros. Solo así se sella un pacto para siempre con la Mara. El Niño de Hollywood se inicia en la pandilla con un alarde de virtuosismo que, en su exceso, sorprende incluso a sus compañeros. Su cuenta de asesinatos rebasa la decena, y su habilidad para matar se vuelve casi un don. Es un verdadero temerario que se hace pasar por miembro de otra pandilla (la del Barrio 18) para poder matar de cerca. Es cruel y sanguinario con sus camaradas traidores. Descuartiza, mutila, decapita y viola a muchas personas. Todo en nombre de la Mara Salvatrucha. La misma que lo busca para matarlo porque ahora representa un peligro.[8]

Nadie puede decir que el Niño de Hollywood actúa, al exacerbar el exceso en su iniciación a la masculinidad, tal y como lo habrían hecho los veteranos de la pandilla en su lugar, porque esas escenas también están marcadas por contingencias de todo tipo en las que uno puede acabar no como un héroe, sino como un bufón. Sin embargo, es a través del enredo de la regla, la costumbre, el hábito y el ejemplo, como el Niño no solo se inicia en el modo de ser hombre de la Mara, sino que también encuentra su propio estilo de serlo. De hecho, las secuelas de su historia lo convierten en un riesgo para su propia pandilla, al estar siempre en busca de alguna réplica del momento originario de violencia temeraria que signa su membresía. Una consideración de ese acontecimiento nos lleva a una región diferente: la de los peligros que la alteridad de este «héroe» plantea a la forma de vida y al *habitus* del resto de la pandilla.

El *habitus* forma y transforma socialmente los cuerpos, disposiciones y subjetividades en una forma de vida. A través de la repetición de prácticas instrumentales puede transformar a una persona en jardinera experimentada y mediante la repe-

8   Cf. O. Martínez y J. Martínez, *El Niño de Hollywood*, Barcelona, Debate, 2019.

tición de prácticas simbólicas, como rituales o ceremonias cívicas, puede convertirla en una persona religiosa o en una ciudadana, aunque los sujetos siempre puedan «desviarse» (de ahí la disonancia) y ningún jardinero, ningún feligrés y ningún ciudadano sea, nunca, exactamente igual a otro. Hay que subrayar la asombrosa flexibilidad con la que podemos proyectarnos, con todo lo que se nos ha transmitido, en nuevos contextos, también los constantes riesgos que tales proyecciones implican. A lo único que podemos apelar es a los nudos de nuestros intereses compartidos y a la inteligibilidad. Pero para aceptar tal visión se requiere la capacidad de apreciar la trivialidad del acuerdo tanto como su importancia, su debilidad tanto como su fuerza. Lo ordinario así concebido puede dar lugar a una sensación de falta de fundamento, como si no fuera sino una fina red extendida sobre el abismo. El *habitus* por tanto, signa nuestra pertenencia a una forma de vida —es a través del *habitus* y, por consiguiente, de las *disposiciones del cuerpo*, que un individuo puede aprender, incluso a negar o a distanciarse de su propio cuerpo—, pero el *habitus*, como hemos señalado, no está exento de transformación ni erradica la indeterminación.

Ahora bien, tanto las prácticas simbólicas como instrumentales son prácticas corporales (involucran esquemas de percepción, de distribución de lo sensible y disposiciones que, por ejemplo, aluden a la distancia o el contacto visual o corporal, el guardar silencio, la destreza, la agilidad, la capacidad de escucha...). Sin embargo, la distinción entre las prácticas instrumentales y las simbólicas puede sostenerse si consideramos que la base de las primeras es la *memoria-hábito* ligada a la acción y a la *praxis*, y la de las segundas es la *imagen-memoria*.[9]

9 Mis reflexiones sobre la *memoria-hábito* y la *imagen-memoria* descansan en el capítulo 3 de *Materia y memoria* de Bergson. Mis diferencias tienen que ver con la importancia, en mi planteamiento, de la noción de huella, vestigio o rastro, y con mi necesidad de subrayar un abordaje de la memoria que

Para entender la diferencia es necesario recordar que la percepción opera como *contacto*. Escuchar, ver, percibir, no es sino entrar en contacto con algo. Y la percepción, ya lo señalamos, está al servicio de la acción. El sistema nervioso no está contenido en los límites del cuerpo. El circuito que va de la percepción sensorial a la respuesta motora comienza y termina en el mundo. En cuanto fuente de estímulos y arena en la que tiene lugar la respuesta motora, el mundo exterior debe ser incluido si queremos completar el circuito sensorial (la privación sensorial provoca la degeneración de los componentes internos del sistema).[10] Esta misma composición vuelve irrelevante la así

---

atiende la experiencia subjetiva, pero no es psicológico sino ontológico, para lo cual Bergson, como supo ver Deleuze, aporta importantes logros. Cf. G. Deleuze, *El bergsonismo*, Madrid, Cátedra, 1987. Sobre la teoría bergsoniana de la memoria en relación con las neurociencias, cabe señalar que el neurólogo Oliver Sacks cita a menudo las ideas de Bergson para sustentar su llamamiento a una neurología que se alejaría de un paradigma fisicalista rígido. Cf. O. Sacks, *A Leg to Stand On*, Londres, Picador, 1991, p. 178. Más sustancial, instructivo y productivo es el uso que Patrick McNamara hace de las ideas de Bergson sobre la mente y la memoria en su importante estudio *Mind and Variability. Mental Darwinism, Memory, and Self*, Londres, Praeger, 1999. Por su parte, el intento de Israel Rosenfield contra el mito de la localización continúa el trabajo que Bergson comenzó hace más de un siglo. Cf. I. Rosenfield, *The Invention of Memory. A New View of the Brain*, Nueva York, New York Basic Books, 1988.

10   S. Buck-Morss, «Estética y anestética», *Walter Benjamin. Escritor revolucionario*, Buenos Aires, Interzona, 2005, pp. 182-183. Cabe señalar que Walter Benjamin es uno de los pensadores que ha sabido apreciar el tratamiento de la memoria en Bergson y su importancia para nuestra comprensión de ciertos aspectos críticos de la modernidad. Sin embargo, desde su perspectiva, Bergson debe ser criticado por su incapacidad para comprender sus propias condiciones históricas de posibilidad y reflexionar sobre sus determinaciones históricas. En «Sobre algunos temas en Baudelaire», Benjamin sostiene que la concepción de la *duración* de Bergson está alejada de la historia, lo cual es también el meollo de la crítica de Horkheimer a Bergson. En «Sobre la metafísica del tiempo en Bergson», Horkheimer reconoce que debe elementos decisivos a la filosofía de Bergson para su propio pensamiento, pero sostiene que Bergson ofrece una metafísica del tiempo que privilegia un

llamada división entre «sujeto» y «objeto». El sistema nervioso no aísla artificialmente la biología humana de su medio, es un sistema de conciencia sensorial descentrado del sujeto clásico, en el cual las imágenes de las cosas se reúnen con las imágenes de la memoria y la proyección. El sistema nervioso desempeña el papel de un conductor que transmite, distribuye o inhibe los movimientos. Imaginemos este conductor como una enorme multitud de hilos que van de la periferia a los centros nerviosos y de los centros nerviosos a la periferia. Hay tantos puntos en el espacio capaces de plantear una cuestión básica a mi actividad motora como hilos que van de la periferia al centro. Cada pregunta planteada es lo que llamamos una percepción. La percepción, por tanto, es una pregunta planteada al cuerpo que responde a ella.

El cuerpo es capaz de actuar voluntariamente, de tener margen de maniobra, debido a la complejidad del sistema sensorial, que introduce un factor temporal en el acto de percepción que *retrasa* la respuesta automática. Proyectamos las imágenes de la memoria del cuerpo en este marco, como si rellenáramos o completáramos los esbozos provisionales. Además, la memoria puede sustituir los datos perceptivos recibidos por una imagen similar. Si esta imagen de memoria no corresponde exactamente, en cada detalle, se hace un llamado a los confines de la memoria, hasta que otros detalles conocidos vengan a proyectarse sobre aquellos que ignoramos. La ocurrencia paralela de la percepción y la memoria implica una comprensión dinámica del tiempo. La percepción prolonga el pasado en el

---

mundo espiritual interior, se basa en una negación de la historia humana y adolece de un realismo biológico. Esta crítica ha sido y merece ser radicalmente cuestionada. Está bastante claro que el corazón de Bergson no está en la contemplación, sino en la acción creativa, y que desde ahí, al igual que sucede con Benjamin, puede plantearse una transformación radical de lo que entendemos por historia, así como de la relación con el pasado y el futuro. Cf. L. Ter Schure, *Bergson and History. Transforming the Modern Regime of Historicity*, Albany, State University of New York Press, 2019.

presente y de este modo pertenece a la memoria. El tiempo no separa radicalmente el pasado, el presente y el futuro, aunque implique —a través de su inscripción o espacialización— una escisión, una diferencia, activa en el propio tiempo a medida que transcurre.

La función habitual de la *memoria-hábito* es utilizar una experiencia pasada para la acción, bien mediante la puesta en marcha automática de un mecanismo ya incorporado en el cuerpo a partir del hábito y la repetición, bien mediante un esfuerzo de la mente que busca en el pasado las concepciones más adecuadas para entrar en la situación actual. En este caso, el cerebro solo permitirá que la memoria actualice la imagen que considere pertinente para sus necesidades. La *memoria-hábito* y la *imagen-memoria* operan para favorecer a la primera. La tarea de este tipo de memoria es garantizar que la acumulación de imágenes de la memoria esté subordinada a la *praxis*, asegurándose de que solo entren en funcionamiento aquellas *imágenes-memoria* que puedan coordinarse con una percepción actual, permitiendo así que surja una combinación útil para lo que se lleva a cabo.

Privilegiar la *imagen-memoria*, sin embargo, supone algo distinto. Podemos decir que, si en la *memoria-hábito* lo que se privilegia es la acción y la *praxis* y lo que antes hemos aludido como *imagen-movimiento*, en la *imagen-memoria* lo es el tiempo, es decir, la *imagen-tiempo*. Las *imágenes-memoria* se conservan independientemente de su utilidad y aplicación práctica. Esto puede acaecer de distintos modos. En el recuerdo que llega de repente la repetición de una sensación idéntica en el pasado y el presente permite un puente entre los dos, pero la repetición no suprime la diferencia temporal. Al contrario, la subraya. Precisamente a través de la repetición del pasado aprehendemos que el pasado ya no es. El pasado se puede recordar, e incluso revivir, pero en todas estas repeticiones hay una experiencia de diferencia temporal que no se puede superar. En todas estas repeticiones lo que existen son los vestigios, las huellas, y el pasado está dislocado, fuera de sí mismo. Se repite desde un futuro que, por decirlo así, lo «contamina».

Inmerso en la Huasteca Potosina, el Sótano de las Golondrinas es una enorme oquedad vertical de origen kárstico, formada por la erosión del agua durante millones de años en el suelo calizo. La abertura mide sesenta metros de diámetro; de ahí se desciende hasta quinientos doce metros de profundidad, de los cuales trescientos setenta y seis metros son de caída vertical. Miles de aves salen en espiral, rompiendo el sonido por completo; esto ocurre al amanecer y poco antes de que caiga la noche. Cuando lo ves, no eres más que una visión, un anhelo, un efluvio eufórico de vida afcrrado al vuelo de los pájaros. La *imagen-memoria* se dibuja ahí, en el vuelo de los vencejos que llega de un pasado que no es el propio y se desliza hacia un futuro sin anticipación.

También cuando escuchamos una historia nuestra atención al significado de las palabras puede duplicarse con la atención al ritmo de los sonidos, que tienden a formar conjuntos cerrados que se enlazan y se llaman unos a otros. La conciencia se vuelve rítmica, cada pulsación es una imagen de la pulsación anterior, vinculada a ella y convocada por ella, en cuyo ritmo está cautiva. La participación en los ritmos de tiempo no es conciencia si la conciencia se identifica con la intencionalidad, pues el yo ya no está ahí para ejercer ninguna iniciativa. Sin embargo, tampoco es inconsciente. Dejarse cautivar en un ritmo temporal es diferente de la intencionalidad de los hábitos y las habilidades. Produce una lucidez distinta de la oscuridad e indistinción en la que los hábitos, los reflejos o el instinto operan. Estas *imágenes-memoria* se aproximan al sueño, y cuanto más y más se alejan de la *praxis*, más se acercan a lo que se describe como «estados alterados de conciencia» no necesariamente exentos de claridad.

La *imagen-memoria* desempeña un papel fundamental en la epistemología entendida como percepción cognoscitiva. En efecto, la percepción sirve a la acción. En este sentido, el reconocimiento motor de la memoria del cuerpo «nos aleja del objeto». Esto es así porque ya estamos en camino hacia la acción futura que tomaremos en respuesta a nuestra percepción. El cuerpo ya nos ha puesto, por así decir, en movimiento. El momento epistemológico, la percepción cognitiva, solo llega con la *imagen-memoria*. Esta nos acerca al objeto. Acudimos a las imágenes de la memoria que nos resuenan, subrayamos imaginativamente, o redibujamos, los contornos de una cosa, nos adentramos en su existencia. La *imagen-memoria* reclama prioridad como forma de conocimiento del objeto. Paradójicamente, al ir más allá de la utilidad y la *praxis*, no se pierde en las profundidades de una conciencia subjetiva. Por el contrario, explora precisamente las profundidades del objeto, no para servirse de ellas sino para conocerlo, es decir, por sí mismo. Tanto la *memoria-hábito* como la *imagen-memoria* son memorias de cuerpo; sin embargo, en la *imagen-memoria* rompemos nuestros vínculos intencionales y prácticos con las cosas, abandonamos los esquemas de la instrumentalidad, nos entregamos al apoyo de la tierra que sostendrá la práctica sin nosotros.

Hábito y memoria

El *habitus* conjuga el pasado y el futuro porque actualiza huellas del pasado que se proyectan hacia el futuro; ahora bien, la actualización de las huellas tiene que ver con la biografía, con el ritmo vital de cada cuerpo y con las circunstancias de actualización de las huellas del pasado en el futuro.[11] En cuanto

11 Mi idea de *habitus* difiere, por ejemplo, de la de Bourdieu. Lo que más importa a Bourdieu es el hecho de que el hábito conjuga el pasado y el futuro (a diferencia de la posición sartreana) de una manera que ofrece suficiente disyunción para proporcionar una medida de libertad frente a las determinaciones. Su solución es que, mediante estas inculcaciones duraderas del pasado, el hábito libera al individuo de las determinaciones de las externalidades inmediatas del presente. Aun simpatizando con la idea de la disyunción

ligado a la acción y a la *praxis*, el *habitus* se vincula a la *imagen-hábito*, pero puede inculcar disposiciones con respecto a la *imagen-memoria*. Por ejemplo, una práctica simbólica como la participación en un ritual tiene un aspecto instrumental ligado a la *praxis*, aunque, al distinguirse de la *praxis* del día a día, puede desligarse de la acción y propiciar la ensoñación o la contemplación. Puede haber, de hecho, un ritual basado en la repetición y el ritmo del cuerpo en acciones concretas (bailar, cantar, etc.) para favorecer la *imagen-memoria*. Asimismo, en la *memoria-hábito* en la que estamos dirigidos a la acción, por ejemplo al ir a tomar el metro, puede aparecer un recuerdo en el que no necesariamente nos detenemos para favorecer precisamente *el hábito* en la acción de subir al transporte.

El *habitus* transmite la forma de vida que radica en el acuerdo, basado en la resonancia con otros. ¿Qué sucede cuando no podemos distinguir y orientarnos sobre qué es querer o cuidar de otro o qué debemos entender por lamentar o ignorar? Pienso, por ejemplo, en la figura de una madre que ya no es capaz de descifrar, en la forma de vida, si el amor consiste en matar a su bebé para que no tenga hambre o en entregarla a otros que la cuidarán para procurarla y amarla, pero que son «otros». El acuerdo aquí desaparece. Este, como hemos dicho, no debe entenderse como un acuerdo en las opiniones, tampoco como uno contractual, al modo de la noción de ideas y creencias compartidas, sino como lo *no contractual* de la forma de vida. El acuerdo en la forma de vida puede leerse de dos maneras: la primera es el acuerdo en las formas que puede adoptar la vida; por ejemplo, en la forma en que entendemos lo que significa «proteger», «madre», «propiedad», «educación» o «ley». La

---

temporal, mi perspectiva se basa no en el pasado, sino en las huellas y vestigios del pasado que son o no activados, así como en la distinción entre lo virtual y actual. Por otro lado, considero que las bases de toda forma de vida son más lábiles y precarias de lo que Bourdieu deja entrever. Cf. P. Bourdieu, *El sentido práctico, op. cit.*, pp. 85-107.

2. Nervios: para una imaginación política

segunda manera de entender el acuerdo, y la más relevante ahora, alude a lo que distingue a la vida misma como vida. Pongamos un ejemplo.

En *Nuestro amigo común*, de Charles Dickens, escribe Gilles Deleuze, hay un hombre de pésima reputación al que todo el mundo desprecia. Sin embargo, cuando se recibe la noticia de que ese hombre se está muriendo, todos le muestran respeto e incluso amor. En cuanto queda claro que no va a morir, los otros vuelven a sus anteriores disposiciones de desprecio hacia él. Deleuze nos pide que contemplemos el momento entre la vida y la muerte de ese hombre, en el que todos los que lo rodean intuyen que se trata del momento en que *una vida* se debate con la muerte.[12] El acuerdo que alude a la vida permite resonar con la vida de este hombre como *una vida*. Su vida es de hecho singular e impersonal al mismo tiempo; en el momento en que se debate con la muerte se devela su singularidad, pero esta no tiene que ver con su subjetividad (con quién es y cómo es) ni con lo que hace. Tampoco se trata exactamente, volveremos a verlo, de la vida «biológica» en el sentido del imaginario del carbono que ya observamos. Es con la singularidad de *una vida* que se debate con la muerte con lo que los otros resuenan. Es como si no se pudiera dejar de ser humano sin poner en peligro este sentido más amplio de la vida al cual lo humano pertenece.

Cuando esta capacidad de resonar con la vida se pierde, lo que se pierde en la forma de vida es la vida misma. Las formas de vida producen, en su *resonancia nerviosa*, formas de violencia *neurálgicas*. *Neurálgico* sugiere un dolor agudo y paroxístico, profundamente *violento*, a lo largo del recorrido de un nervio dañado. Tiene la connotación de centro neurálgico de la persona o del colectivo, un punto que es dolorosamente sensible. La violencia de los dolores paroxísticos se disparan a

---

12 G. Deleuze, «La inmanencia: una vida...», *Dos regímenes de locos*, Valencia, Pre-Textos, 2007, p. 349.

través de las células interconectadas de la maraña tensa de nervios. Si la neuralgia alude a las intensidades cambiantes con las que los fenómenos de violencia circulan por el espacio y los cuerpos-sujetos, se funda en realidades históricas, políticas y sociales. Si lo neurálgico indica una herida a veces imperceptible, la neuralgia nos ha de situar en las condiciones de esa herida.

Los casos de manifestación extrema de la violencia *íntima* y absoluta de una forma de vida, los que, desde dentro, pueden ponerla en jaque, son manifestaciones repentinas de lo que en el tejido social puede ocultarse, o expresarse de manera más o menos discreta, en lo cotidiano. La recurrencia omnipresente e irreductible de los nervios también alude a su excitabilidad, a su propensión a la violencia (diversamente alimentada y magnificada por fuentes permanentes de enemistad social, como el clasismo, el racismo, el sexismo, el elitismo, etc.). Pero hay que distinguir entre las formas de violencia que admiten gestos performativos, que no necesariamente se aceptan con pasividad, que pueden ser señaladas y contadas (así sea en la confidencia o en secreto), de las formas de violencia en las que la forma de vida se desplaza hacia la *no vida*. En esta violencia no solo la ley humana, sino la propia vida humana, y la vida misma son derogadas. Hay una profunda energía moral en el rechazo a representar algunas violaciones y agresiones del cuerpo humano, ya que estas se consideran contrarias a la «historia natural» del cuerpo. Es cierto que el alcance y la escala precisos de la forma de vida humana no pueden conocerse de antemano, pero también lo es que, en este aspecto, existe la intuición de que algunas formas de violencia se resisten a incorporarse a la forma de vida, al orden de sentido.[13]

Las formas de vida, además, son intrínsecamente frágiles. No se cierran sobre sí mismas porque el cuerpo, el *habitus*, las cosas y lo que existe en el tiempo no se fijan ahí donde los si-

13   V. Das, *Textures of the Ordinary*, op. cit., p. 43.

tuamos y no se reducen tampoco a hechos ya dados. Lo cotidiano es delicado, efímero. Tal vez haga falta ser alguien ajeno para ver que lo cotidiano se hace y rehace constantemente en series de inscripciones interminables y fugaces que pueden cambiar en cualquier momento o convertirse en otra cosa. Asimismo, los «hechos puros» de la observación empírica son selecciones de teorías científicas, lógicas y efectos de ingeniería tecnológica que se entrecruzan y forman parte de la forma de vida. Cuerpos y cosas, al estar hechos de tiempo, alteran nuestra taxonomía, proyectan sombras. Generan reflejos fantasmales de sí mismos, refractan insinuaciones, señuelos, *dejan huellas*.

Vinculado al cuerpo y a la memoria, el *habitus* que transmite la forma de vida está, en primer lugar, también ligado al tiempo. Supone la repetición y esta, ya lo señalamos, implica tanto igualdad (una práctica debe parecerse lo suficiente a otras prácticas para ser reconocida como la misma práctica) como diferencia (la práctica, para ser repetida, tiene lugar en un tiempo y espacio diferentes a los de otras circunstancias de su promulgación). La diferencia interna a la repetición permite que una forma de vida se transmita y requiere que cambie, tanto si ese cambio se reconoce como si no. La multiplicidad de la forma de vida también está en juego aquí, ya que siempre hay, necesariamente, más de una manera en la que el pasado se lee desde el futuro, abriendo así el espacio para vivir de manera diferente y para vivir en relación *crítica* con las tradiciones que nos forman.

En segundo lugar, vinculado a la *imagen-hábito*, el *habitus* desempeña otro papel indispensable para la *imagen-memoria* en el que conviene detenerse. Al centrarse en la acción y en la *praxis*, la *imagen-hábito* produce un olvido o una indiferencia hacia todo lo que no le concierne. Este olvido o esta indiferencia es asimismo necesaria para la *imagen-memoria*. La *imagen-memoria* depende de un desapego, o de una indiferencia hacia lo que no concierne para la acción, que salvaguarda la frescura, o la vitalidad específica, para bien o para mal, de ciertos vestigios del pasado, permitiéndoles regresar con toda su fuerza afectiva y sensorial —cuando, y si, regresan— impulsados por un encuentro fortuito o una recreación. Esto es lo que les confiere su poder. Pienso en Lévi-Strauss, que abre *Saudades do Brasil*, una colección de fotografías que remite a su trabajo como etnólogo, con la bella, frágil y curiosa imagen proustiana de un olor:

Cuando apenas abro mis cuadernos [de trabajo de campo] todavía siento el olor de la creosota con la que, antes de salir de expedición, empapaba mis cantimploras para protegerlas de las termitas y los insectos, del moho... Casi indetectable después de más de medio siglo, este rastro me trae constantemente a la memoria las sabanas y los bosques del centro de Brasil, inseparablemente unidos a otros olores... así como a sonidos y colores. Por muy tenue que sea ahora, este olor —que para mí es un perfume— es la cosa en sí, sigue siendo una parte real de lo que he vivido.[14]

El periodista salvadoreño Óscar Martínez, al cubrir la trayectoria de los migrantes centroamericanos que atraviesan el territorio mexicano, advierte que su oficio se transforma en hábito, una imagen que hay que salvaguardar como *imagen-memoria*. La imagen se transforma para él en el parteaguas de su propia relación con su oficio que le llevará a escribir un libro tan brutal como ineludible, en el que la *imagen-memoria* adviene con toda su fuerza: *Los muertos y el periodista*. La repetición del hábito —del oficio, podríamos decir— paradójicamente pone en evidencia la imposibilidad de que la imagen se vuelva hábito o parte del oficio. La imagen se transforma entonces en la imagen insoslayable del límite de Martínez con respecto a su propio quehacer.

14 C. Lévi-Strauss, *Saudades do Brasil. A Photographic Memoir*, Seattle, University of Washington Press, 1995, p. 9.

Uno de los hombres a cargo del albergue me dijo que una mujer hondureña que había sido violada tumultuariamente en La Arrocera quería contar lo que le pasó. Tumultuariamente, dijo [...]. Ella empezó a contar una tragedia que, quitando los detalles, yo ya conocía. Hombres salieron del monte con pistolas y machetes, desnudaron a todo el grupo y la separaron a ella, despacharon al resto y luego la violaron uno a uno, hasta eyacular todos dentro de su cuerpo, luego le dijeron que contara hasta cien en voz alta y ya no había nadie [...]. Pidió ropa en las casas de alrededor y con harapos ajenos y sangrando de abajo, caminó durante horas hasta llegar a las vías del tren de Arriaga, para montar esa bestia y viajar once horas más en su lomo. Sangrando, dijo [...]. Me avergüenza, pero así ocurrió. Su historia no me importó. Mantuve las formas para no ser grosero con la mujer que acababa de ser brutalizada. Su historia me pareció similar a otras tantas que ya había contado. Nunca creí que su historia pudiera ser una que yo escribiera. Y el partido de futbol ya había empezado [...]. Esa noche entendí [...] que era mi obligación parar, al menos por un tiempo. Antes de esa tarde yo estaba convencido de que seguía buscando. Tras esa tarde supe que ya no podía encontrar. Jugué futbol en la tragedia. Perdí el norte. Y el sur. Y el rumbo. Abandoné la misión. Irrespeté mi credo [...]. Volví a la ciudad y semanas después dejé México.[15]

El desapego que produce el hábito hacia lo que no concierne a la acción y la *praxis* defiende las huellas de la *imagen-memoria* contra las dos fuerzas viciadas de la abstracción y el convencionalismo que actúan cuando una impresión se transfiere del registro de la experiencia al del significado. El desapego que nos protege y nos concentra en el día a día, también protege —una vez más, paradójicamente— las impresiones concretas y singulares para que la repetición no las embote, las aplane o

---

15 O. Martínez, *Los muertos y el periodista*, Barcelona, Anagrama, 2021, p. 336.

las convierta en convencionales. Podríamos decir que el desapego, asociado a lo que hemos llamado la cara afirmativa del hábito, protege las impresiones de la memoria de los efectos de la otra cara del hábito, la repetición asociada al apego que reduce la irreversibilidad de los acontecimientos a la uniformidad plana de significado incapaz de dar cuenta de ellos.

La relación entre la *memoria-hábito* y la *imagen-memoria* desempeña también un papel entre lo público y lo privado. El propósito del silenciamiento ante la desaparición forzada y la violencia —por citar un ejemplo— no es borrar la memoria. Ni mucho menos. Se trata de llevar la *imagen-memoria* a lo más profundo de la solidez del individuo para crear más miedo e incertidumbre y que el sueño y la realidad se mezclen. Cuando las madres de los desaparecidos reubican la memoria en la controvertida esfera pública y, lejos del encierro individual que adormece y enloquece, sostienen su fotografía y los nombran, producen una *imagen-memoria* pública. Sin embargo, algo sucede cuando estas imágenes se transforman en hábito en las calles y plazas. Sin el hábito, somos cuerpos vigilantes que luchan por absorber las impresiones que nos bombardean desde el exterior.

El hábito nos ayuda a interiorizar los objetos del mundo exterior para que podamos hacernos un hueco, sin hostilidad, dentro de él. Produce un efecto «analgésico» —necesario por ejemplo para el duelo, cuando este puede llevarse a cabo— porque salvaguarda una *imagen-memoria*, concreta y singular, que nos vincula con el pasado y que puede ser escrita o reescrita mientras vivimos. Cuando esta *imagen-memoria* se trata de embalsamar y mantener intacta en el tiempo —a partir de un guion público y normativo negociado con un mecanismo estatal— lo que se archiva es la vivencia de la muerte, la pérdida y la memoria, en la vida y en el cuerpo de las personas. Lo propio de la *imagen-memoria* no es ser una imagen-espacio-mausoleo, es ser una *imagen-tiempo*. Reescribirse con la vida y el día a día, dar pie a otras imágenes y actos de inscripción

2. Nervios: para una imaginación política

dentro del flujo de pulsiones y formas de aparición de lo sensible de la vida-muerte. También sucede a menudo que sin mausoleos de memoria ni guiones estatales, el efecto anestésico del hábito se disemina por el espacio público, que se familiariza con las imágenes de los desaparecidos de modo que dejan de ser advertidas. Cuando el duelo no ha podido producirse, este efecto anestésico en el espacio público puede resultar enloquecedor y reforzar la presencia de la *imagen-memoria* en el espacio privado. La *imagen-memoria* comienza a usurpar de forma caótica el lugar de la experiencia, provocando un asedio sin fin, en un intento de resolver el enigma de la desaparición. Se impone, en la cotidianidad íntima, un tiempo *que no pasa*: un tiempo congelado.

Un grado extraordinario de efervescencia

Hay múltiples modos de lidiar con los nervios, esa multitud que imaginamos como hilos que van de la periferia al cuerpo y del cuerpo a la periferia. «No hay un instante, por decir así, de nuestras vidas, en que no nos venga de afuera algún flujo de energía», escribe Émile Durkheim en *Las formas elementales de la vida religiosa*.[16] El término que pasa a funcionar como

---

16   E. Durkheim, *Las formas elementales de la vida religiosa*, Madrid, Akal, 1982, p. 198. En *Les deux sources de la morale et de la religion* (1932), Bergson discute implícitamente con Durkheim. El célebre sociólogo no solo había sido compañero y rival de Bergson en la École Normale Supérieure, también estuvieron en posiciones distintas en la llamada «disputa de la Sorbona». La objeción de Bergson hacia Durkheim tiene que ver en su diferencia con respecto a la obligación moral que el primero considera que no supone la separación entre lo biológico y lo social, sino en grado, y el segundo advierte como separación sin más. Cabe señalar que la obra de Durkheim presenta conceptos como *mana* que, a pesar de sus intentos, como señalaré, la reducción a lo social puede ser fácilmente cuestionada. La escuela de sociología de Durkheim sostiene una aversión contra la llamada filosofía bergsoniana de la vida, el llamado intuicionismo e irracionalismo, o la llamada (erróneamente)

concepto general de esta energía nerviosa, de lo que es eficaz en ella, es la palabra melanesia *mana*. Vamos a servirnos de *mana* —por razones que iremos develando— para dibujar un esbozo general de la relación entre los nervios, la forma de vida y las imágenes que nos permita iluminar posteriormente la modernidad de masas mediatizada y su relación con el Estado nación, la reproducción técnica y el consumo capitalista.

Mana forma parte de un conjunto de conceptos (*tapu, hau,* carisma, efervescencia colectiva, afinidad electiva) que entre 1870 y 1920 invocan lo oculto y lo primitivo: la «materia oscura» de la existencia de la energía social, personificada en el ritual, la magia y también en la vitalidad eléctrica de las multitudes urbanas.[17] El etnólogo misionero Robert Codrington, que introduce el *mana* en el corpus etnográfico hacia finales del siglo XIX, lo presenta como un nombre para una especie de eficacia omnipresente y sobrenatural que puede encarnarse en personas y cosas.[18] Para Durkheim, el contacto social, el modo de contacto colectivo, conduce rápidamente a un grado extraordinario de efervescencia que señala una energía o fuerza. Las

filosofía del sujeto. Sin embargo, en *Las dos fuentes de la religión y la moral* (Madrid, Trotta, 2020), Bergson sigue en algunos aspectos, y contradice en otros, la sociología durkheimiana. Hay que destacar las afinidades electivas entre la filosofía de Bergson y las teorías posteriores de lo social: autores como Georges Canguilhem, Claude Lévi-Strauss, Gilbert Simondon, Gilles Deleuze y Cornelius Castoriadis desarrollan un pensamiento social «bergsoniano» más allá del positivismo, las divisiones cartesianas y los individualismos metodológicos.

17 Para abordar la importancia de *mana* me han sido indispensables: W. Mazzarella, *The Mana of Mass Society*, Chicago, The University of Chicago Press, 2017; E.L. Santner, «The Rebranding of Sovereignty in the Age of Trump: Toward a Critique of Manatheism» en W. Mazzarella, A. Schuster y E.L. Santner, *Sovereignty inc.*, Chicago, The University of Chicago Press, 2020, pp. 19-112; C. Bracken, *Magical Criticism. The Recourse of Savage Philosophy*, Chicago, The University of Chicago Press, 2007.

18 R. Codrington, *The Melanesians. Studies in Their Anthropology and Folklore*, Oxford, Clarendon Press, 1891, pp. 118-119.

repercusiones de este tipo de contacto provocan un eco, sin obstáculos, que se propaga miméticamente en todas las conciencias, abiertas de par en par a la impresiones externas. El impulso inicial se amplifica cada vez que se repite, como una avalancha que crece a medida que avanza. En este mapa de exaltación, Durkheim entiende *mana* como el nivel de fuerza y densidad de la vida colectiva.

En su *Esbozo de una teoría general de la magia*, el sobrino de Durkheim, Marcel Mauss, advierte que *mana* funciona aquí para nombrar la fuerza o el poder que dota a las personas, las cosas y las prácticas de su valor y prestigio particulares (prestigio, debemos señalar, deriva de *praestigium*, la palabra latina para los trucos de magia y prestidigitación). *Mana* es a la vez sobrenatural y natural, puesto que está diseminado por el mundo tangible donde es heterogéneo e inmanente. Es algo así como un excedente de inmanencia, cuya concentración en la producción de imágenes «trascendentes» socialmente vinculantes sirve para darle estructura y forma, gestionarlo y administrarlo autoritariamente; aún más, para «investirlo» en ciertas personas y cosas, dotándolas así de una *dignitas* reconocible. Es decir, *mana* se vincula con la capacidad de gozar de reconocimiento —no contingente o por parte de tal o cual persona, sino «oficial», por parte de la forma de vida, de la sociedad y la tradición.[19]

Mana, esa energía nerviosa caracterizada por su eficacia, se materializa entonces en una imagen común, por ejemplo la del *tótem*, al que un clan venera y otorga un valor protector o considera como antepasado que representa al grupo. Las imágenes de la comunidad no pueden explicarse como epifenómenos de la vida individual o recurriendo a una psicología individual. En las interacciones particulares, la combinación o asociación de imágenes individuales generan otras, de tipo social, que

---

19 M. Mauss, «Esbozo de una teoría general de la magia», *Sociología y antropología*, *op. cit.*, pp. 122-133.

adquieren autonomía de las primeras por más de que estén vinculadas a ellas.[20]

Ahora bien, la imagen es más que la especie o entidad totémica que representa, y aún más que el clan al que también representa, porque de algún modo simboliza tanto la fuerza vital de todo lo que existe como la fuerza de la eficacia social. Para Durkheim, lo decisivo es que esta imagen responde a la necesidad de crear una imagen. Dicho de otro modo, la imagen aquí es una imagen de la necesidad de imágenes. De volver forma de aparición sensible y exteriorizar más allá de uno, un sentimiento de pertenencia colectiva. En general, un sentimiento colectivo no puede tomar conciencia de sí mismo más que fijándose en una imagen; pero en virtud de este mismo hecho —y esto es lo que es tan notablemente crucial— participa de la naturaleza de esta imagen y, de forma recíproca, la imagen participa de su naturaleza. Más que hablar de una relación de representación, debemos hablar entonces de una relación de *participación*. Decir que una imagen participa del clan, y que el clan participa de una imagen, es plantear el problema en términos de resonancia más que de identidad.[21]

Para Durkheim, no existe *mana* sin tales imágenes, del mismo modo que para Freud no existen las pulsiones ideacionales sin sus imágenes. Incluso advierte que las imágenes del tótem son más poderosas que el propio tótem. Efectivamente, las prohibiciones relativas a la representación del tótem son

20 E. Durkheim, *Sociología y filosofía*, Buenos Aires, Miño y Dávila, 2000, p. 50.
21 W. Mazzarella, *The Mana of Mass Society*, *op. cit.*, pp. 63-100. Mazzarella subraya la figura de la participación (desde el denostado pensamiento de Lévy-Bruhl) en relación con la representación, de la resonancia constitutiva que desarrolla a partir de Sloterdijk y, como veremos, del archivo mimético de la cultura. Todo ello es crucial para lo que desarrollo en estas páginas. Sin embargo, no vincula nada de esto en una reflexión sostenida sobre el tiempo sin la cual, considero, no se puede entender el archivo mimético de la cultura.

más numerosas, más estrictas y severas que las relativas al tótem en sí. Las reflexiones de Durkheim sobre *mana* (y lo que él considera fuerzas comparables en otras culturas, como el *wakan* para los sioux y el *orenda* para los iroqueses) lo caracterizan como una fuerza anónima, difusa e impersonal que llega a ser representada por medio de imágenes totémicas que, de ese modo, adquieren poder y autoridad. En el nivel más general, esta energía nerviosa es la fuerza impulsora siempre presente en las cosas, «una potencia moral al mismo tiempo que una fuerza material».[22] *Mana*, advierte Mauss, es lo que funciona para efectuar todo:

> Es la fuerza por excelencia, la auténtica eficacia entre las cosas que corrobora su acción mecánica sin aniquilarla. Es ella la que hace que la red coja, que la casa sea sólida, que la canoa se mantenga bien en el mar. En el campo, es la fertilidad; en las medicinas, es la virtud salutífera o mortal. En la flecha, es lo que mata.[23]

Durkheim rastrea las vicisitudes de *mana* a medida que se mueve entre, por un lado, los polos de un goce somático y cuasisexual[24] y, por otro, entre la autoridad moral de aquellas personas y cosas que se considera que disfrutan, que están muy cargadas, de *mana*. Lo que parecería exceder los límites de un orden normativo se percibe aquí como de la misma naturaleza que lo que lo sustenta; de hecho, como la fuente misma de la presión normativa ejercida por la forma de vida sobre sus miembros.[25] Efectivamente, la imagen totémica, en la medida

---

22 E. Durkheim, *Las formas elementales de la vida religiosa, op. cit.*, p. 179.
23 M. Mauss, «Esbozo de una teoría general de la magia», *Sociología y antropología, op. cit.*, p. 125.
24 Habla en extenso del *corroboree o corrobori*, una secuencia de ritos de celebración muy densa entre varias tribus australianas que puede incluir transgresiones de las normas que normalmente rigen las relaciones sexuales.
25 E. Durkheim, *Las formas elementales de la vida religiosa, op. cit.*, p. 203. E.L. Santner, «The Rebranding of Sovereignty in the Age of Trump», *op. cit.*,

en que se vincula a prohibiciones —numerosas, estrictas y severas—, es el medio de la moralidad colectiva, en el sentido de que es lo que produce que cierto orden se perciba como legítimo y necesario. La imagen supone la eficaz materialización de una fuerza vital que de otro modo sería volátil: una economía en la que los poderes generativos se apropian, canalizan y transforman.

La imagen nos hace hablar e intentamos darle, gracias al concepto, en aras de la normatividad, una especie de fijeza siempre muy precaria (el concepto, recordemos, a su vez produce imágenes). No obstante, la fuente misma de esta normatividad, la fuerza impersonal y anónima que circula en el grupo y lo electrifica en colectivo, la que se materializa en la imagen o emblema del clan, es una energía nerviosa que amenaza siempre con desbordarlo. Al participar en la naturaleza de la imagen, la efervescencia que se desencadena por ejemplo en rituales, conciertos, protestas, ceremonias cívicas, asambleas, mítines, etc., se propaga a través de una comunicación orientada a la fácil transmisión por contagio o imitación, que produce la suspensión correlativa de todo marco normativo.

Esta ambivalencia entre lo normativo y lo transgresor se observa también en relación con el cuerpo. Las fuerzas del *mana* se conciben inicialmente en forma de vagas descargas emitidas espontáneamente por las cosas y las personas cargadas de *mana*, y de las que a veces tiende a escapar utilizando todas las vías disponibles. El *mana* que reside en el cuerpo del representante del clan escapa por la boca, la nariz y cualquier otra abertura, por la respiración, la mirada, el habla, etc. Estos «objetos parciales» que marcan los límites inestables del cuerpo se entienden al mismo tiempo como la fuente misma de la autoridad moral

---

p. 35. El énfasis de Durkheim siempre apunta a la solidaridad y la cohesión social sin embargo, una vez más, las descripciones y fuentes etnográficas que recoge permiten cuestionar esta preferencia y atisbar otras posibilidades.

de las normas sociales y sus representantes «oficiales», encargados a su vez de atender a lo que es normativamente vinculante. El ámbito de la ética, el derecho y la política, en el que tiene sentido decir cosas como que se nos ha encomendado una tarea o investido o cargado de autoridad (que luego descarga), se solapa con el campo semántico de «los objetos parciales». Es decir, con el campo semántico de las fugas, las secreciones y las descargas del cuerpo. Lo que une es lo que desune; *el pegamento social es también un disolvente social*.[26]

Hay cuatro aspectos medulares por los que aludo al *mana*, para pensar lo que hace que las formas de vida importen, que tengamos ese acuerdo aterradoramente frágil (lo no contractual del contrato social) al que hemos hecho referencia, producido, en última instancia, por una resonancia que nos une y convoca. *Mana* alude a un poder social, pero este parece estar conectado con lo animal, lo vegetal, lo material o con la Tierra que, asimismo, nos constituyen. Todo lo que existe, como ya vimos, existe temporalmente, es decir, diferenciándose de sí mismo. Este poder de diferenciación permite a las formas de vida distinguirse entre sí, según las diferentes disposiciones y acuerdos sociales, y diferenciarse como forma de vida *humana*. Es decir, inscribir las diferencias (no necesariamente jerarquizadas) entre ser humano o ser animal o ser pájaro. Ahora podemos responder por qué cuando recordamos la historia del hombre relatada por Dickens y rescatada por Deleuze, advertimos que cuando lo que está en juego en la forma de vida es la vida en su faceta más singular e impersonal, no aludimos ni a la subjetividad ni a la objetividad de esa vida (ni a quién es, ni a qué hace), ni exactamente a lo que en el *imaginario del carbono* suele entenderse como vida biológica. Aludimos a la vida humana como diferencia concreta de *una* vida humana (y he ahí lo singular),

121

y a que la vida es, sin embargo, existencia temporal, diferencia de sí misma (y he ahí lo impersonal).

No solo eso. *Mana* habla de la resonancia de unos con otros, de lo que solicita el apego, el deseo y la identificación con una forma de vida, y de lo que inquieta sus bordes, lo que pone en tela de juicio su coherencia. Tal resonancia nerviosa está en la base de los entusiasmos que llamamos sagrados y seculares, divinos y demoníacos. Algunas veces es espectacular y revolucionaria; otras, violenta. A veces apenas se registra en la conciencia, pero sirve para inclinarnos, imperceptiblemente, hacia un lado u otro. Algunas resonancias se marcan ritualmente y se ensayan ceremonialmente. Otras sustentan, sin llamar la atención, los vínculos cotidianos. Pero, en todos los casos, la magia de la resonancia es lo que marca la diferencia entre lo que importa y lo que no. Cuando Durkheim aborda este aspecto del *mana*, está muy claro que ya no habla de las llamadas sociedades primitivas, sino de lo que él considera las leyes fundamentales de toda formación social, materia (y objeto) de su estudio.

Mana permite pensar el sistema nervioso que no está contenido entre los límites del cuerpo, que termina en el mundo, y que nos *pone en contacto a unos con otros y con lo que, en nosotros, va más allá de nosotros*. Nos sirve para describir los efectos que los cuerpos y las cosas ejercen unos sobre otros o lo que ocurre cuando las personas se encuentran, ya sea en la intimidad o en grandes grupos: «sugestión», «inducción», «persuasión», «identificación», «afinidades electivas», etc. Por mucho que los efectos de estos procesos puedan observarse en condiciones controladas de laboratorio, el asunto sigue siendo tan misterioso como siempre.

En segundo lugar, *mana* nos permite pensar el acuerdo que constituye a las formas de vida como la resonancia nerviosa que podemos sentir con los otros y con lo otro. Para inscribirse o escribirse, la vida necesita repetirse a sí misma, replicarse. Repetirse o replicarse consiste en diferir de sí en múltiples imágenes o formas de aparición. El acuerdo en la forma de vida que nos lleva a resonar unos con otros no es otra cosa que un rudimento de la poderosa compulsión de antaño de verse a sí mismo como otro, de llegar a ser y comportarse como otra cosa. La resonancia es la naturaleza que la cultura utiliza para crear una segunda naturaleza, la facultad de copiar, imitar, hacer modelos, explorar la diferencia, ceder y convertirse en otro. Hablar de *mana* es hablar de la efervescencia, de la propagación mimética, y la *mímesis*, como teoría y como práctica, es constitutiva de la historia colonial durante los cinco siglos de expansionismo imperial europeo. La mímesis es un modo de producir resonancias nerviosas con el otro, involucrando formas de percepción sensoriales, somáticas y táctiles. También tiene vetas oscuras y tenebrosas. El colonialismo descansa en una contradicción central entre fijar al otro como siempre diferente, pero justificarse como una misión civilizadora que descansa en la posibilidad de que el otro pueda redimirse y llegar a ser «igual que nosotros». Su «compromiso de mimetismo irónico» se basa en el deseo de un otro reformado y reconocible. El colonizado debe parecerse al colonizador, pero al mismo tiempo seguir siendo diferente: «casi igual, pero no del todo». Sin embargo, la construcción de la autoridad colonial puede descansar en interacciones miméticas con culturas autóctonas que no van simplemente del colonizador al colonizado, sino también en sentido inverso, del colonizado al colonizador.[27]

La imitación por parte de los indígenas a los europeos, en rituales y mascaradas, es objeto de leyes y prohibiciones dictadas por las autoridades coloniales, lo cual nos advierte de su condi-

27   La bibliografía sobre la mímesis es muy extensa. Señalo solo algunos hitos iluminadores. W. Benjamin, «Sobre la facultad mimética», *Obras*, vol. 1, l. II, Madrid, Abada, 2007, pp. 213-216; H. Bhaba, «El mimetismo y el hombre. La ambivalencia del discurso colonial», *El lugar en la cultura*, Buenos Aires, Manantial, 1994, pp. 111-121; M. Taussig, *Mimesis and Alterity*, Nueva York, Routledge, 1993; R. Callois, «Mimetismo y psicastenia legendaria», *Revista de Occidente* 330 (2008), pp. 122-137.

ción transgresora y permite arrojar luz sobre el funcionamiento de la colonia. Las contramedidas como el control, la regulación, la prohibición, el castigo y la vigilancia general son ocasiones importantes para la expresión de imaginarios a menudo paranoicos. No hay que desdeñar las contradicciones que suponen los traumáticos procesos de mestizajes, las alianzas interétnicas y su dimensión compleja y contenciosa. Las apropiaciones rituales miméticas y de otra índole poseen además una enorme densidad de significados distintos. Las imitaciones indígenas de los europeos pueden considerarse, por ejemplo, modos productivos de incorporación, que no se vinculan únicamente a la oposición política. La mímesis puede explorarse también como una práctica que ilumina las dinámicas de identidad y alteridad. A veces es el medio a través del cual los indígenas movilizan las memorias coloniales de violencia para la curación chamánica. A través de imágenes chamánicas de colonos blancos e indios, las fuerzas del terror colonial son capturadas, subvertidas y reutilizadas. Del mismo modo, la incorporación de los europeos a la escultura ritual autóctona desempeña un papel fundamental en hipótesis de la mimesis como forma indígena de apropiarse y contrarrestar la otredad del poder colonial: «¿Por qué estas figuras rituales, tan cruciales para curar y, por tanto, para la sociedad cuna, deben tallarse en forma de tipos europeos? ¿Por qué son el Otro y por qué son el Otro Colonial?».[28] La mimesis no solo se vincula al ritual o a la curación, también se convierte en un concepto clave en la producción mutua del Yo y el Otro, y contribuye a la rutinización, a la fijación de categorías, a la clasificación racial y a la taxonomía.

Mana pone en evidencia que lo que precipita la *mimesis* es un contacto, una resonancia o disonancia física y afectiva (no necesariamente placentera) que transmite una fuerza enervante que puede desbordar las formas de vida explícitamente articuladas a las que responde. Las repercusiones de este tipo de

---

28 M. Taussig, *Mimesis and Alterity*, *op. cit.*, p. 7.

contacto se propagan *miméticamente* y provocan un eco en todas las conciencias. La sensación, que está antes y más allá de la lógica, aun cuando sea en cierta forma su base operativa, produce una miríada de puntos de intrusión y extrusión para el sistema nervioso. La ejecución de la violencia colonial a finales del siglo xix y principios del xx, en el contexto de la guerra comercial del caucho, evidencia este enervamiento. Según el representante del Gobierno británico en el Putumayo, la compañía de caucho tiene que enfrentarse a un problema de índole económica: cómo obtener beneficios con caucho de baja calidad y un número limitado de trabajadores. En este contexto, el uso de la violencia es decisivo para someter a la mano de obra indígena y aumentar la productividad. Sin embargo, racionalizar la lógica que subyace tras estas atrocidades significa ocultar las razones subyacentes que convierten a la violencia en un fin en sí mismo. En el Putumayo, los colonos alcanzan tal nivel de destructividad que no se explica por qué una compañía, que actúa con ánimo de lucro, de hecho crea las condiciones para la destrucción de su fuente esencial de beneficios: la mano de obra indígena.

La «cultura de terror», la forma de vida creada por los hombres de la compañía, actúa no solo sobre sus víctimas, los huitotos, sino también sobre los propios opresores sumidos en un terror delirante:

> Su imaginación [la de los jefes de estación donde se extraía el caucho] estaba enferma […] —escribe el juez peruano Rómulo Paredes, en 1911 tras recabar tres mil páginas manuscritas de testimonio tras cuatro meses en la selva— veían por todas partes ataques de indios, conspiraciones, levantamientos, traiciones, etc., y para salvarse de estos peligros imaginarios […] mataban, y mataban sin compasión.[29]

29 *Id.*, *Shamanism, Colonialism and the Wild Man*, Chicago, The University of Chicago Press, 1987, p. 121.

Una expresión como «oscuridad epistémica» describe lo que hay entre lo que es verdad y lo que es falso, entre lo real y lo ficticio.[30] Del análisis de los documentos históricos existentes se observa que los hombres de la compañía están obsesionados con la muerte, viven con un miedo atroz. Sorprendentemente están aterrorizados por los huitotos. Piensan que sus víctimas, a las que explotan y torturan, son «salvajes» primitivos y violentos capaces de prácticas abominables como el canibalismo. Esta imágenes son en parte provocadas por el cuerpo de guardias indígenas empleados por la compañía, cuyo propósito es hacer cumplir las órdenes de los directivos y castigar a los transgresores. Al hacerlo, estos guardias desempeñan el rol simbólico de alimentar los temores de los opresores confirmando la veracidad de los rumores sobre los huitotos y objetivando así su paranoia. Así, estos «indios salvajes» del Putumayo actúan como una especie de «espejo colonial» en el que los hombres de la compañía proyectan su propia barbarie. En el mundo del miedo que ellos mismos han creado, la única forma de sobrevivir es imitar el terror visto a través del espejo.[31] El terror de la ejecución de la violencia colonial en el Putumayo a finales de siglo se extrae de las imágenes que se propagan en los colonizadores y que achacan a los huitotos, especialmente a su canibalismo, para luego *imitarlos*.

Lo relevante de un término como *mana* no es entonces cómo se puede «traducir» adecuadamente o cómo los antropólogos formados en el «norte global» pueden modificar «sus» supuestos culturales para acercarse a otra cosmovisión en la que no se vea como algo misterioso o irracional, sino que es precisamente detenerse en lo que exalta, en lo que enerva. La cuestión es que la acusación de etnocentrismo, aunque etnográficamente válida en un sentido local, pasa por alto lo crucial: *mana* no es un vehículo más o menos adecuado de traducción entre mundos

30 *Ibid.*
31 *Ibid.*, p. 133.

culturales estables, sino más bien un modo de atisbar cómo se hacen, sostienen y deshacen los mundos y los sujetos que los habitan. Los teóricos del *mana* posicionan lo «arcaico» como negación de lo «moderno» para posicionar lo «moderno» como negación de lo «arcaico». Sin embargo, su enervación ante lo «primitivo» se produce porque ellos mismos ven que lo «moderno» no sucede a lo «arcaico», pasa del uno al otro y cada uno lleva la huella del otro. Por tanto, lo «moderno» es «arcaico» y lo «arcaico» es «moderno».[32]

Todos los que durante esos años se dedicaron a explicar el *mana* en contextos «nativos» advirtieron fenómenos similares a los del *mana* en «sus» sociedades industrializadas y mediadas por las masas: por ejemplo, en el aura de los objetos y ceremonias, el carisma de los líderes políticos, el culto a las banderas nacionales. Este juego desestabilizador de *mana* como concepto, la forma en que sirve a la vez para hacer y deshacer la frontera entre lo «primitivo» y lo «civilizado», vuelve una y otra vez como síntoma de lo que la modernidad reprime para constituir cierta autorrepresentación dominante de la modernidad occidental, exportada por el colonialismo. La «figura imaginaria» de Europa, que permanece profundamente enraizada en formas de cliché que adoptan algunos hábitos cotidianos de pensamiento. Estos hábitos de pensamiento hoy continúan moldeando discursos políticos y teóricos.

Cuando Durkheim y los demás teóricos describen el *mana* como electricidad, como el medio dinámico de una emergente vida industrial mediada por las masas, de lo que se trata es de advertir que, mientras escriben, la electricidad, las ondas de radio y otras fuerzas novedosas de la vida y la comunicación se metaforizan a menudo como mágicas y sobrenaturales.[33] El ritual

---

32 W. Mazzarella, *The Mana of Mass Society*, *op. cit.*, p. 72. C. Bracken, *Magical Criticism*, *op. cit.*, pp. 1-21.
33 E. Durkheim, *Las formas elementales de la vida religiosa*, *op. cit.*, pp. 178-179.

del *mana* en el que el contacto se propaga miméticamente sin obstáculos, fascina cuando la acogida popular tanto del telégrafo como del telégrafo sin hilos o de la radio —a finales del siglo XIX y principios del XX— demuestra la persistencia del sueño de que la electricidad pueda unir a las almas y se basa en un proyecto cultural: la conexión eléctrica entre individuos distantes que se remonta, en la Ilustración, por lo menos a Kant.[34] El frágil y asombroso acuerdo al que hemos aludido al referirnos a las formas de vida señala el misterio de la *comunicación*, no se asegura ni con la captación de universales ni con los libros de reglas. El concepto de *comunicación* —que hoy obsesiona a publicistas y promotores del *marketing*— vinculado como está a las nociones de *comunión* y *comunidad*, lleva en su espacio semántico contemporáneo un denso archivo de resonancias místicas y mágicas que el *mana*, como fuerza mimética, permite visibilizar.[35]

En tercer lugar, *mana* nos permite atisbar la condición violenta y coercitiva del *habitus*. En sus reflexiones sobre cómo la persona llega a definirse a través de las creencias totémicas, Durkheim observa que el tótem no es solo algo que aparece fuera de ella, sino que está inscrito en el propio cuerpo:

Esos diferentes hechos dan ya idea del lugar considerable que tiene el tótem en la vida social de los primitivos. Sin embargo, hasta el presente, se nos ha aparecido como relativamente exterior al hombre; pues solamente sobre las cosas lo hemos visto representado. Pero las imágenes totémicas no están solamente reproducidas sobre los muros de las casas, las paredes de las canoas, los instrumentos y las tumbas; se las encuentra sobre el cuerpo mismo de los hombres. Estos no ponen su blasón solamente sobre los objetos que poseen, lo llevan sobre su persona; está impreso en

34   J. Durham Peters, *Speaking into the Air. A History of the Idea of Communication*, Chicago, University of Chicago Press, 2001, p. 94.
35   W. Mazzarella, *The Mana of Mass Society*, *op. cit.*, p. 37.

su carne, forma parte de ellos mismos y ese modo de representación es aún, y en mucho, el más importante.[36]

Las potencias míticas, afirma, concebidas a veces bajo formas de animales, habrían transformado en hombres a estos seres ambiguos e innombrables que representan, «una fase de transición entre el estado de hombre y el de animal». Estas transformaciones se nos presentan como producto de operaciones violentas y casi quirúrgicas. A golpe de hacha o, cuando el operario es un pájaro, a picotazos, se habría esculpido al individuo humano en esta masa amorfa, con los miembros separados unos de otros, la boca abierta y la nariz con agujeros. En una interesante nota a pie de página escribe: «Sin duda hay, en este tema mítico, un eco de los ritos de iniciación. También la iniciación tiene por objeto hacer del joven un hombre completo y, por otra parte, igualmente implica verdaderas operaciones quirúrgicas (circuncisión, subincisión, extracción de dientes, etc.)».[37] De este modo, Durkheim ve en el cuerpo y en su violenta transformación el testimonio más duradero de una consustanciación entre lo social y lo individual: «La mejor manera de atestiguar, cara a sí mismo y cara al otro, que se forma parte de un mismo grupo, es imprimirse sobre el cuerpo una señal distintiva», esta marca no tiene como fin representar y recordar un objeto determinado, sino «testimoniar que un cierto número de individuos participan de una misma vida moral».[38]

¿Cuál es la relación entre el *habitus*, la *violencia física* y la *violencia simbólica*? Las dos involucran al cuerpo, la violencia física de forma más declarada. La violencia simbólica es esa violencia «que arranca sumisiones que ni siquiera se perciben como tales apoyándose en unas "expectativas colectivas", en

---

36   E. Durkheim, *Las formas elementales de la vida religiosa, op. cit.*, p. 106.
37   *Ibid.*, pp. 125-126, n. 31.
38   *Ibid.*, p. 218.

unas creencias socialmente inculcadas».[39] Explica fenómenos aparentemente tan diferentes como la dominación personal en sociedades tradicionales o la de clase en las sociedades avanzadas, las relaciones de dominación entre naciones, o la masculina tanto en las sociedades primitivas como en las modernas.

El *habitus* es una pedagogía de la afirmación y del no-diálogo, es la memoria de la pertenencia a la forma de vida. La diferencia entre la violencia admisible y la inadmisible no radica en que una sea corpórea y otra no. Hay violencia del cuerpo en el golpe, y hay violencia en el cuerpo, por ejemplo, en el estereotipo y en el ideal sobre lo femenino. La diferencia entre la violencia admisible y la inadmisible radica en que la primera o se asume o se naturaliza *en* la forma de vida, o se cuestiona y lidia con ella *desde* la forma de vida. La segunda, como ya vimos, deshace la forma de vida, pone en duda la idea misma de lo humano y, con ello, de lo que la vida es. Para Durkheim, la *memoria* de pertenencia al grupo, el *habitus*, la incorporación en el cuerpo de la forma de vida, se crea al infligir dolor; pero la característica de los rituales a través de los cuales se inflige dicho dolor es que igualan —*en su vulnerabilidad*— a todos los participantes en el ritual, vinculándolos así a la vulnerabilidad de la vida en general.

Quizá podríamos imaginarlo así. No hay un yo fantasmal que orqueste la maquinaria del cuerpo, sino toda una gama de ritos, rituales, ceremonias, contraseñas secretas y jerga, todo un circuito social que inviste al cuerpo de una identidad y regula su sensibilidad. Esto da una apariencia de automatización e integración total en la naturaleza o la cultura. Nuestros movimientos automáticos, nuestras regularidades afectivas, nuestra identidad corpórea: estas formas se imparten a nuestro cuerpo, muchas de las cuales nos esperan al nacer. Somos

39 P. Bourdieu, *Razones prácticas. Sobre la teoría de la acción*, Barcelona, Anagrama, 1999, p. 173.

criaturas esculpidas, presensibilizadas. La gramática corporal de nuestra forma de vida —el *habitus*— se apodera de nosotros e inscribe nuestro cuerpo en cuanto salimos del cuerpo de nuestra madre. Hay que investir la subjetividad de la niña con una forma comunitaria, una forma —una estructura, un lenguaje— que inicia el cuerpo en el mundo estratificado y elimina para siempre la posibilidad de la sensación *en bruto*. Este es el precio que hay que pagar por hacerse dueña del propio campo de fuerzas, por dar forma al excedente de sensaciones que nos inunda nada más entrar en el mundo (y que amenazan con desbordar hasta que lo logran), quizá sea eso lo que Durkheim advierte al describir cómo en el ritual se exterioriza que la incorporación en el cuerpo de la forma de vida produce dolor.

El cuerpo, no obstante, está constreñido, aunque no se deja constreñir fácilmente. Está sujeto y capturado por las fuerzas sociales que pretenden transformarlo en el fantasma que se cierne sobre él. Sin embargo, escapa constantemente, como un fugitivo, de ese agarre, deshaciendo las garras de sus captores y haciéndose a sí mismo de nuevo. Es un producto generativo. Atrapado en la configuración y la imagen social que le da legitimidad o, por el contrario, lo bombardea con estigmas, el cuerpo —lo veremos— genera, incluso sin querer, fenómenos que desestabilizan a las mismas fuerzas que tratan de moldearlo. Esta relación entre esas fuerzas que intentan modelarlo, la memoria, el dolor y la pertenencia, nos permitirá ahondar posteriormente en el origen *legal* de la noción de dolor.

En cuarto lugar, *mana*, precisamente, nos permite pensar en el *archivo de la forma de vida*. El *habitus* y el *imaginario* se vinculan al *archivo de la forma de vida*. Si el *imaginario* es el archivo social en la sombra de las imágenes ya constituidas *(actualizadas)* y el *habitus actualiza* la memoria del cuerpo, el *archivo de la forma de vida* es *virtual* y está constituido por los vestigios de lenguajes, medios construidos, formas biológicas y materiales, así como por los rastros de historias concretas de los sentidos y del cuerpo.[40] En la medida en que esta corporeidad entrelaza lo biológico, lo material y lo social, tiene que ver con la capacidad de resonar con lo humano y lo no humano. El archivo de la forma de vida está condicionado biológica, social y culturalmente, lo que no quiere decir que sea reductible, a los relatos existentes. Tiene un sustrato colectivo y una base material en estados inconscientes y preconscientes, en sueños y ensoñaciones que, a diferencia del inconsciente colectivo o los arquetipos junguianos, no son una realidad invariable y arcaica. Más bien, estas participaciones tienen su realidad en los procesos materiales e históricos sedimentados en ellas, refractados a nivel experiencial. El archivo de la forma de vida es irreductible a la psicología individual, ya que está «almacenado» tanto en el mundo material como en nuestro cuerpo (con su historia biológica y social) y en «en nuestra cabeza». Irrumpe espontáneamente, pero sus formas de expresión son tan históricas como las formas de vida explícitamente articuladas a las que responde y a las que, sin embargo, excede.

Las huellas del pasado se sitúan dentro de complejos vectores de tiempo, espacio, historia y formas de vida. Cuando estos vestigios del archivo se activan, esta «activación» no es simplemente una recreación duplicada, sino que, al abrirse desde un futuro, siempre implica transformaciones impredecibles en la transición de lo virtual a lo real. Cuando aludo a *mana* para referirme al *habitus* y nuestras formas de vida y sociabilidad me propongo hacer pivotar la concepción de la memoria desde la perspectiva retrospectiva de la *recuperación nostálgica* del viejo *mana*, a la perspectiva *prospectiva* de la *producción* de *mana* en estas páginas, en el compromiso con el tiempo en su devenir. Hay que aclarar, además, que tanto el

---

40   Me inspiro en el archivo mimético de la cultura de Mazzarella, pero el archivo de la forma de vida subraya su carácter virtual y entrelaza lo biológico y lo cultural como lo hace la misma forma de vida, así que mi caracterización es distinta. Cf. W. Mazzarella, *The Mana of Mass Society*, *op. cit.*, pp. 146-147.

archivo de la forma de vida —*virtual*— como el imaginario
—*actual*— son históricos porque la historicidad de la imagen
radica en su legibilidad, que solo se alcanza en un momento
concreto. E.B. Tylor, antropólogo victoriano y uno de los padres de los
teóricos del *mana*, lo advierte cuando ve peligrar su idea de progreso. En *Anahuac*, el diario de su viaje a México en 1856, se
asombra de que en un mismo acontecimiento, en el mismo lugar
y en el mismo momento, se puedan mezclar cosas pasadas y
cosas presentes. En las fiestas de la Semana Santa en México se

> actualizan conmemoraciones heterogéneas, mitad cristianas mitad
> paganas; así, el mercado indio de Grande actualiza un sistema de
> numeración que [...] creía que no se podía ya encontrar más que
> en los manuscritos precolombinos; así, los ornamentos de los
> antiguos cuchillos sacrificiales están próximos a los de las espue-
> las de los vaqueros mexicanos.[41]

En el archivo mimético de la cultura hay «una historia de im-
pactos mantenidos en reserva».[42] El desencadenamiento de una
resonancia provoca una potenciación, tal vez una actualización,
o quizá un eco traumático (en cuyo caso el aspecto constitutivo
de la resonancia está mediado por las cicatrices del sufrimiento).
La resonancia nerviosa produce que las espuelas se asemejen
a los cuchillos sacrificiales. La memoria no se actualiza como
una recuperación del pasado, sino como una transformación
del pasado para el futuro. La Semana Santa es mitad cristiana
y mitad pagana, o podríamos decir ni cristiana ni pagana. Tylor
advierte, desconcertado, que los vestigios no son rasgos globales o arquetípicos de la cultura en cuestión. Los cuchillos, las

---

41 G. Didi-Huberman, *La imagen superviviente. Historia del arte y tiempo
de los fantasmas según Aby Warburg*, Madrid, Abada, 2009, p. 48.
42 L. Berlant, *Cruel Optimism*, Durham, Duke University Press, 2011,
p. 84.

espuelas, las procesiones y los sistemas de numeración no develan la esencia de ninguna cultura. Los vestigios se transforman y, precisamente por eso, se expresan mediante estas cosas fuera de uso, triviales, que no son advertidas a causa de su aparente insignificancia.

Tylor es bien conocido por su intento de dar sentido a la persistente presencia de vestigios y prácticas aparentemente sin sentido, o supersticiosas, en términos de «supervivencias». Pero es menos frecuente recordar su afán por explicar no solo la persistencia inerte de vestigios, sino también el despertar activo y entusiasta de prácticas aparentemente pertenecientes a una época pasada. Al patologizar la supervivencia, y sobre todo el renacimiento de prácticas supuestamente primitivas *en formas nuevas y modernas*, los teóricos de *mana* median en la contradicción entre la descripción de un «primitivo» completamente otro y la constante aparición de lo «primitivo» en medio de su mundo «civilizado».

En *Primitive Culture* (1871), Tylor trata de trazar una línea nítida entre los muertos y los vivos, el pasado y el presente. Mediante un asombroso símil, decreta que, por razones éticas, los antropólogos solo deben ocuparse de los cadáveres de las culturas pasadas, en lugar de intentar luchar con la actualidad y las desordenadas exigencias de los pacientes vivos: «La vivisección es un trabajo nervioso, y el investigador humano odia infligir un dolor innecesario».[43] Sin embargo, tan pronto como Tylor declara un triaje de principios entre los muertos y los vivos, procede a justificar todo el ejercicio en nombre de una especie de desquiciamiento de la homogeneidad, progreso y linealidad del tiempo que él mismo intenta defender:

---

43   E.B. Tylor, *Primitive Culture. Researches into the Development of Mythology, Philosophy, Religion, Language, Art, and Custom*, Nueva York, Henry Holt, 1874, p. 157. Cf. W. Mazzarella, *The Mana of Mass Society*, *op. cit.*, pp. 48-50.

Lo que ha sido, será; y debemos estudiar a los salvajes y a las
naciones antiguas para aprender las leyes que, bajo nuevas circunstancias, funcionan para bien o para mal en nuestro propio
desarrollo.[44]

Mana nos permite preguntarnos por «nuestro propio desarrollo» (que ni es «totalmente propio» ni es exactamente «desarrollo»). Es decir, nos permite preguntarnos cómo podríamos
teorizar la fuerza mimética y enervante que se da en la sociedad
de masas en la publicidad de las marcas de consumo, el mercado o el Estado en lo que el antropólogo Joseph Tonda, originario de Congo-Brazzaville y Gabón, alude como el «Soberano Moderno». El Soberano Moderno, hay que aclarar, no
designa al Estado, es más bien un principio de relación social
instituida en y como modernidad, que incluye al Estado, a la
sociedad de masas a la publicidad de las marcas de consumo,
a las Iglesias, al Mercado y a nosotros.

El Soberano Moderno es, por tanto, la forma genérica de
poder. Las instancias que he mencionado no se relacionan ni
de la misma forma ni de manera unívoca con el Soberano
Moderno, pero a cada una las atraviesa sin excepción. Al es-
tructurar el campo político, psíquico y económico, el Soberano
Moderno es asimismo proteico. Tonda construye el concepto
en la contundencia que se contempla a la luz de una relación
social históricamente constituida por las realidades coloniales
y poscoloniales. El Soberano Moderno articula la producción
de valor del *homo economicus*, constituida por el reciclaje de
la violencia histórica de la colonia y la poscolonia; es el capitalismo producto de la violencia en el mundo colonial y poscolonial. Pero, como él mismo advierte, hoy el mundo entero
está «colonizado» por una vorágine de imágenes del Soberano
Moderno. El proceso de modernización en permanente expan-

44 E.B. Tylor, *Primitive Culture, op. cit.*, p. 159.

sión es también un proceso de colonización en permanente curso.[45]

INTERCAMBIO Y RECIPROCIDAD

Antes de observar la articulación del Soberano Moderno hoy, volvamos a *mana* para *imaginar* otra forma de entender la economía en relación con la temporalidad. Esto deviene crucial desde que el capitalismo se han convertido en «hecho» metahistórico o incluso «natural». Para los teóricos de *mana*, ya lo señalamos, lo primitivo no se vincula a un pasado históricamente distante, es lo que subyace tras el presente; ir hacia atrás es excavar en los cimientos de la sociedad moderna, excavar en los propios cimientos de la sociedad moderna es ir hacia atrás: la teoría social se convierte así en arqueología. Una vez más, el propósito al contemplar a través de *mana* otras economías no es contribuir a los esfuerzos etnográficos destinados a comprender la voz originaria de *mana*, o *hau*.

El propósito, como ya señalé, es *imaginar* una forma de intercambio económico distinta, lo cual ciertamente supone una relectura de Mauss diferente a la canónica.[46] Marcel Mauss escribe el *Ensayo sobre el don* (1925) con el propósito de mostrar que el ser humano no es una máquina de calcular utilida-

---

45 J. Tonda, *Le Souverain moderne. Le corps du pouvoir en Afrique centrale (Congo, Gabon)*, París, Karthala, 2005.

46 Cf. M. Mauss, *Ensayo sobre el don. Forma y función del intercambio en las sociedades arcaicas*, Buenos Aires, Katz, 2007. Mi lectura se inspira en la que Derrida hace de Mauss en J. Derrida, *Dar el tiempo. I. La moneda falsa*, Barcelona, Paidós, 1995. Mi interpretación disiente de la de Derrida en cuanto si bien él rechaza —de manera atinada, creo— el uso fundacionalista que hace Mauss de la naturaleza, la lectura de Mauss, a pesar de Mauss, abre la posibilidad de la naturaleza como *mana*, es decir, no solo puede ser el deseo del origen, sino también un deseo diferencial y abierto de giros y regresos en todos los sentidos.

des cuya única razón para entablar relaciones con los otros ha sido siempre el trueque para sus propios fines. Le preocupa que lo que considera una teoría errónea de la naturaleza humana consolide el *statu quo* mediante una teleología histórica retrospectiva que sugiera que, a partir del trueque, se desarrolla, como por una ley necesaria de la historia, la mercancía y finalmente la economía construida sobre el crédito.

Mauss parte de la doble condición de *mana* como fuente de normatividad y lo que excede a toda normatividad para dar cuenta del intercambio económico que se basa en la economía del don. Para él, el don promete una teoría general de la obligación a la reciprocidad, así como uno de los fundamentos humanos sobre los que se construyen nuestras sociedades. El tiempo, hay que añadir, está lógicamente implícito en la devolución del don (un regalo no puede devolverse inmediatamente). La obligación del donante de devolver el regalo es el *quid* de la cuestión para explicar el intercambio, incluso más que la razón principal del donante para dar. Efectivamente, si el destinatario está obligado a devolver el regalo, entonces se crea una cadena de intercambio social por cada regalo: todos los demás destinatarios están ahora obligados a dar.

El don, hay que aclarar, procede del clan o la tribu del propietario, de su forma de vida, su tradición, sus antepasados, su cultura, pero también del bosque y sus aves salvajes, de la tierra y el mar. Quien dona un objeto, da algo que no se puede decir que haya hecho solo. Sus antepasados y todo el hábitat contribuyen al don y a la capacidad de dar. Cuando da, inevitablemente da algo que no puede reclamar en exclusiva para sí. Todo esto, que hace posible su capacidad de dar, también lo constituye como persona. Su medio y sus tradiciones, las costumbres y habilidades de su tribu, y la colaboración real de otros en la producción del objeto donado hacen que quien dona sea quien es. Los *taonga* (la cosa dada), dice Mauss, «están ligados con fuerza a la persona, al clan, al suelo; son el vehículo de su *mana*, de su fuerza mágica, religiosa y espiritual».[47] Es esta fuerza la que se impone al receptor en la obligación de corresponder. Esta es la resonancia nerviosa y normativa de *mana*. Hay una relación tensa entre la inseparabilidad de quien dona y el objeto donado y la donación como separación. Esta tensión es una relación entre apropiación e inapropiabilidad, y constituye un factor decisivo en la obligación de reciprocidad.

Ya hemos advertido que el *hau* o *mana* está vinculado a los dioses, a los ancestros y a las prácticas culturales y la colaboración colectiva, pero también a la tierra, al mar, al suelo y a sus animales. *Mana* es material y natural, además de «espiritual». En este sentido, Mauss subraya que la fuerza de *mana* sobre el receptor es moral, física y espiritual. *Mana* vincula a las personas entre sí, en formas de vida, en clanes y tribus y entre ellos, por medio de elementos naturales y artefactos culturales. Esta condición de *mana* presente en el don, como lo que no se puede poseer pero es constitutivo del don, es crucial para explicar la afirmación de que el destinatario tiene que devolver el regalo porque el *mana* de la cosa desea volver a su «origen».

Ahora bien, el «origen» es todo el «contexto» en el que surge el don. El objeto es y no es independiente de quien lo dona. El don está hecho de la mismas fuerzas que constituyen al donante, pero van más allá de este. Por este motivo, el receptor no puede quedarse con el regalo. No puede, porque el regalo no pertenece solo al donante, que no lo posee y no tiene la facultad y el derecho exclusivo de darlo. Al no poseerlo, el donante solo está autorizado a «circularlo». El donante no puede transferir ningún derecho de propiedad al receptor para que lo conserve. Hay algo inasimilable o indigerible en la alteridad del don porque en él algo del otro se dona, algo que no pertenece al receptor, por lo que no puede ni debe asimilarlo y hacerlo suyo. Esta alteridad de *mana* presente en el don

---

47 M. Mauss, *Ensayo sobre el don, op. cit.*, p. 86.

no puede ser dominada ni destruida. Como ninguno de los dos puede adueñarse plenamente de ella, no solo les precede, les sobrepasa hacia un futuro: el receptor tiene que transmitir el don que ha recibido.

Como vemos, la obligación de responder se deriva del hecho de que el receptor, al aceptar el regalo, asimila lo que seguirá siendo otro, aunque constituya su subjetividad y también (aunque de forma diferente) la del donante. El donante asimila algo que formaba parte de él o que pasa a formar parte de él. Sin embargo, como resultado de la incompletitud de la asimilación, algo del don debe pasar al receptor. Al aceptar el don, el receptor recibe algo del donante en el regalo mismo y reconoce que esta falta de separación total entre donante y don también es válida para él: él también ha recibido siempre algo del don. Siempre ha recibido regalos de los demás, de su forma de vida y de la naturaleza. Lo que ha recibido lo hacen ser quien es y lo arraiga en un suelo, un hábitat, una tribu y un linaje. Este tercer elemento, el contexto de producción, precede y supera al donante, al receptor y a su transacción. Decir entonces, como hace Mauss, que el receptor tiene que devolver lo que ha recibido porque el *mana* de la cosa desea volver a su «origen» es caer en la trampa de imponer un círculo al exceso. Para Mauss, todas las cosas y las personas proceden de la misma fuente, a la que regresan, representada como el *mana* o la fuerza de la naturaleza. La fuerza de la naturaleza se consideraría el fundamento último de la sociedad. La obligación de devolver el don sería también una obligación de devolver la naturaleza como fuente única de la sociedad y de la normatividad. Sin embargo, hay otra lectura distinta a la de «retorno al origen», que corre el riesgo de fijar el tiempo, esencializar y devenir totalitaria.

Efectivamente, Mauss se pregunta por qué su fuente principal (un anciano maorí citado por Elsdon Best) insiste en que el destinatario pasa el regalo a un tercero en lugar de devolverlo al donante. ¿Por qué esta intervención de un tercero y la consiguiente prioridad de la reciprocidad indirecta sobre la directa? Su explicación parece ser que el *mana* del don emerge, o se hace visible, en particular si se efectúa la devolución del don: cuando A se lo da a B y B a C, pero C sigue teniendo *mana* en el regalo a pesar de no haber tenido contacto directo con A, lo que muestra la fuerza de continuidad para completar el círculo del origen:

> Hau *(mana)* persigue no solo al primer donatario, e incluso, en su caso, a un tercero, sino a todo individuo al cual simplemente se transmita el taonga. En el fondo, es el hau el que quiere regresar a su lugar de nacimiento, al santuario del bosque y del clan.[48]

Consideremos, sin embargo, que la propia relación establecida o renovada por el don debe alterar al donante y al receptor si ninguno de ellos es totalmente separable de la cosa dada. El donante se ve alterado porque en el don asimila algo que formaba parte de él o que pasa a formar parte de él pero que al no poseer —pertenece a sus ancestros, a la tierra, a los animales, etc.— no puede ser asimilado por completo. Algo del don pasa a su vez al receptor que a su vez se ve alterado por el don de otro que le es transmitido y le compromete, sin que a su vez ese don pueda ser apropiado. Esta alteración está relacionada con la inapropiabilidad de *mana* que, como hemos dicho, circula, precede y excede *y los transforma* a ambos. Así, aunque B devolviera el don a A en lugar de pasárselo a C, el taonga ya no regresaría al origen porque ni A ni B ni el don serían exactamente los mismos. Estrictamente hablando, entonces no hay retorno al origen porque todo se transforma. La «circulación» de mana es mucho más compleja y abierta de lo que Mauss ve.

Podríamos incluso ir más allá. Si la identidad solo puede establecerse difiriendo de lo que somos y nos constituye, en-

48 *Ibid.*, p. 89.

tonces hay otras identidades que nos preceden y exceden y que forman un contexto necesario y necesariamente *anterior*. En el caso de los humanos, pensemos en todas las huellas de fuerzas materiales, biológicas y sociales, en las historias, tradiciones, lenguas y antepasados que nos constituyen. Los contextos codeterminan entonces las identidades, de modo que estas llevan dentro de sí factores contextuales. Sin embargo, si algo hemos aprendido desde y del tiempo es que los contextos precedentes no cierran ni determinan la identidad de forma concluyente. La identidad no está encerrada en un horizonte dado porque el contexto solo está formado por los procesos de diferenciación en curso. Los propios contextos cambian con cada autoafirmación repetida de una identidad. Una identidad solo existe transformándose, y nunca «es», en ese contexto.[49]

A través de las historias y los contextos podemos, por ejemplo, rastrear los dones hasta sus donantes. Pero dentro de cada fuente identificada (este o aquel antepasado o este o aquel territorio) hay una fuerza imposible de rastrear que multiplica las genealogías y las abre a impugnación. La herencia solo puede retener a los donantes porque no pueden agotarla, solo puede retenerlos en la medida en que los rastros del pasado se abren al futuro. La naturaleza, entonces, no se refiere aquí al origen, ni a los muchos y problemáticos intentos de derivar de su estado el contrato social. En la lectura de Mauss (pese a Mauss), la naturaleza es un nombre que sirve para aludir a lo inapropiable de todo lo que está hecho de tiempo.

---

49 Cf. J. Derrida, «Firma, acontecimiento, contexto», *Márgenes de la filosofía, op. cit.*, pp. 347-372. Derrida no niega, como ciertas lecturas caricaturescas que aluden a su «no hay fuera de texto» manifiestan, que exista el contexto. Lejos de negar la existencia de un contexto, apunta precisamente a rechazar la separación del adentro y del afuera, pues ambos están indisolublemente enmarañados. Le interesa centrar la atención más viva y amplia posible sobre el contexto y, por consecuencia, sobre el movimiento incesante de la recontextualización, lo que he descrito aquí como procesos de diferenciación en curso.

Alude al exceso de inmanencia, alude a *mana*, que gira y vuelve a girar, *aunque no cíclicamente*, en todos los dones.

LA VIOLENCIA DEL IMAGINARIO Y LA PRODUCCIÓN DE VALOR

Cuando Mauss (y Hubert) escriben sobre *mana*, tienen mucho interés en subrayar que no están sustituyendo el misticismo psicológico por una variante sociológica. Las fuerzas colectivas de la sociedad son el depósito, el recurso que alimenta tanto el engaño como la razón. Toda la sociedad, señalan, sufre las falsas imágenes de su sueño. Al mismo tiempo, «esas fuerzas colectivas que intentamos develar producen manifestaciones que son siempre, al menos en parte, de naturaleza racional e intelectual».[50] *Mana* vuelve a proporcionarnos indicios relevantes en torno a la teoría del valor. A los 25 años, Marx queda impresionado por la lectura de *Frankenstein*, de Mary Shelley, y de *Vampiro*, de Polidori. Estas obras se componen bajo la influencia de *Fantasmagoriana, ou Recueil d'Histoires d'Apparitions de Spectres, Revenans, Fantômes*, etc. Las fantasmagorías son también los *fantômes artificiels* que Robertson crea mediante linternas mágicas en plena Revolución francesa, imágenes que se disipan. Evocada por Marx en la sección del primer capítulo del volumen I de *El capital* sobre el carácter fetiche de la mercancía, la fantasmagoría es una categoría de la derrota del racionalismo ilustrado. Constituye *el negativo* de la racionalidad moderna: no su negación, sino su *huella*.

En la fantasmagoría, los sentidos «nos engañan» de manera objetiva. De manera objetiva, estamos en una realidad en la que «la vigilia nunca puede distinguirse del sueño». Un mundo invertido de hechizos y espectros. Marx no propone una crítica al estilo de la Ilustración. No pretende negar la existencia de

---

50 M. Mauss, «Esbozo de una teoría general de la magia», *Sociología y antropología, op. cit.*, p. 137.

los monstruos, sino demostrar cómo los monstruos *reales* producen *realmente* un imaginario monstruoso. De ahí el proyecto de *El capital* anunciado en el prefacio de 1867: tenemos que quitarnos el «yelmo mágico» de Perseo, con el que nos tapamos los ojos y los oídos para creer que no hay monstruos.[51] Walter Benjamin es uno de los pocos que localiza en la crítica de Marx a la fantasmagoría un elemento para ir más allá del concepto ilustrado de crítica.

Marx caracteriza el valor como una sustancia social, de hecho, como una sustancia oculta y espectral, extraída/abstraída de los cuerpos de los trabajadores y transferida a los objetos como plusvalía. Recordemos que, en el nivel más general, *mana* es esa fuerza anónima, difusa e impersonal, a la vez física y moral, que funciona para efectuar todo. Es de hecho lo que produce el acuerdo en la forma de vida. Lo que permite atisbar cómo se hacen, sostienen y deshacen los mundos y los sujetos que los habitan. *Mana* reside asimismo en el cuerpo. Puede escapar por la boca, la nariz y cualquier otra apertura, por la respiración, la mirada, el habla, etc. Cuando Marx alude al valor como una sustancia espectral es porque

La mercancía es un fenómeno y una forma tan poderosa que en su misma constitución ya ha cancelado la posibilidad de que se explique, y se manifieste, a través de las leyes del mercado y, a la vez, es un hecho que, en su aparición permanente y cotidiana, confirma que tras ella no hay nada. [...] Al consumir y producir [...] sacrificamos a la mercancía para que surja otra en su lugar y el sistema del capital pueda acumular reservas para producir nuevas mercancías que tienen como finalidad el consumo. En esta *folia* y avance sin sentido del capital, tiene un lugar central el hecho de que todo deba ser transformado en mercancía y que el proceso de consumo sea cada vez más rápido,

51 K. Marx, *El capital*, *op. cit.*, p. 8. Cf. M. Tomba, *Marx Temporalities*, Leiden, Brill, 2013, p. 93.

violento y destructivo; guarda, a la vez, un punto irreductible el hecho de que […] generemos nuestra identidad como fuerza de trabajo, como capacidad de ejercer una labor productiva y consuntiva en el capitalismo.[52]

Cuando Marx habla del valor como una sustancia social pero espectral, extraída de los cuerpos de los trabajadores y transferida a las cosas como plusvalía, podemos entender que el valor es una forma de apropiar, canalizar y transformar la fuerza vital que es «espectral» por lo intangible y volátil. Los aborígenes australianos a los que se refiere Durkheim lo hacen sensificando a *mana*, dándole una imagen, una apariencia sensible, en el *tótem*. Marx entiende el valor como la energía de las fuerzas del cuerpo trasferida a las cosas. El valor se sensifica en la imagen del *dinero* (como medio de circulación y atesoramiento de las fuerzas *productivas* abstraídas del cuerpo) y de la *libido* (la investidura libidinal, el deseo, la fuerza *reproductiva* del cuerpo-mercancía). El valor materializado por el dinero es descrito por Marx como la «puta universal»,[53] una referencia que nos conduce a la vinculación entre dinero y libido en el mercado global. *Dinero* y *libido* producen hoy resonancia, mueven el mercado global contemporáneo.

A diferencia de Marx, pienso que hay una «fuerza» inscrita en los cuerpos, pero también más allá de ellos, que el Soberano Moderno intenta capturar a favor de la producción de valor. Marx concibe al cuerpo en esa biología específica transformada en ontología que criticamos con anterioridad. La vida como resonancia *nerviosa*, que hace y deshace con su exceso nuestras formas de vida, tiene que ver también con los niveles infra y supraindividuales, con procesos que van más allá de la media-

52 C. Oliva Mendoza, «La forma espectral del capital», 25 de noviembre de 2017 [http://ru.ffyl.unam.mx/handle/10391/6557].

53 K. Marx, *Manuscritos económicos y filosóficos*, Madrid, Alianza, 1968, p. 179.

ción lingüística y social que involucran a lo humano y lo no humano y que forman parte de los cuerpos mismos, *pero no se agotan en ellos*. A ello es a lo que me refiero cuando aludo al *exceso de inmanencia*. El ser que somos no viene de nosotros: nos fue transmitido por formas de vida y de materia del pasado que, inscritas en lo que existe, se transmiten al futuro. Lo que existe, no existe «fijo» o «congelado» en «tiempo real», existe difiriendo de sí en múltiples imágenes o formas de aparición sensible. Diferir implica diferir temporalmente. Es a esto a lo que llamamos fuerza vital, aunque pueda manifestarse en la materia y en *geos*, y hacerlo de muchos modos. Además, hay que añadir, el sistema nervioso ni siquiera está contenido por los límites del cuerpo. La resonancia con lo otro y con los otros está repleta de impulsos vitales y mortales, en una palabra, impracticables. Nacemos con estos fragmentos de materia y vida que no hemos creado. Vivimos dándoles forma, formas que adquirimos de los demás (pensemos en el *habitus*). Sin embargo, sobrepasan siempre nuestro ser, y morimos cuando finalmente nos desbordan. Este exceso de inmanencia es lo que el Soberano Moderno, el *habitus*, o la economía del don, intentan atrapar en circuitos (abiertos o cerrados), o adoptando formas que lo mantengan a raya.

Mana, en su propia indeterminación conceptual entre lo social y lo que va más allá de lo social, nos permite intentar aludir a este exceso de inmanencia. Marx atisba, con la teoría del valor, que el capital contempla esta fuerza como lo que puede ser abstraído del cuerpo para transferirlo a las cosas en la plusvalía que en realidad se basa en nada porque la mercancía no cuenta con ningún *plus*; no es sino el proceso que generamos al consumir y producir. Marx tiene razón al advertir que esta es la imagen que forja el capital. Sin embargo, la plusvalía es posible porque todo lo que existe tiene un *plus*. El cuerpo, sin ir más lejos, lo tiene. No es la presencia en el presente de la fuerza de trabajo. No solo porque todos los átomos que lo constituyen, antes de hacerlo, han constituido miles de vidas —humanas, vegetales, bacterianas, virales, animales—, cuyas huellas se inscriben en él. Tampoco porque el circuito que va de la percepción sensorial a la respuesta motora no queda contenido en sus límites y comienza y termina más allá. No lo es por el ciclo reproductivo y sexual exaltado por el *imaginario del carbono*. Es más bien que el cuerpo existe proyectando huellas del pasado al futuro que, por definición, siempre está indeterminado. En retraso y dislocado, nunca es idéntico ni está plenamente presente a sí mismo, esto es el *plus* que hace imposible saber exactamente de antemano, por ejemplo, «qué es lo que puede o no, un cuerpo».[54]

Este es, de hecho, el dilema de la *biopolítica* y el de las fuerzas y cuerpos de seguridad. Pensemos en cómo la diferencia toma la forma de vigilancia de signos corporales diacríticos que abastecen, por ejemplo, la obsesión de hacer legibles los cuerpos de ciudadanos que son considerados *potencialmente* amenazadores. Estas prácticas intensas de legibilidad a menudo fracasan en su tentativa y producen más opacidad. Los agentes de seguridad trabajan con estereotipos, de modo que pueden ver todo y nada al mismo tiempo. Ello no evita, sin embargo, que los efectos que se extienden en el campo social como en un juego de espejos produzcan el terror y sean dañinos y perversos. Si el fantasma puede considerarse en el sentido variable de «aparición o imagen fantástica; recuerdo obsesionante; idea fantasiosa; o fantasía coherente, momentánea o permanente, consciente o inconsciente», entonces puede decirse que tales aspectos fantasmales atraviesan una miríada de pensamientos, percepciones y encuentros hoy. ¿Qué fantasmas lee la gente en las apariencias de ciertos cuerpos, tejidos con mil detalles, anécdotas, historias? ¿Qué imaginaciones dan forma a una vida? Para el *sensorium* nervioso, cuando se ha producido una absorción mutua de lo violento y lo ordinario, las percepciones se agudi-

---

54 B. Spinoza, *Ética demostrada según el orden geométrico*, Madrid, Trotta, 2000, parte III, proposición 2, escolio b, pp. 128-129.

zan fácilmente, se intensifican, se sesgan, se tiñen de delirio. La vida conlleva una temporalidad de vacilación e interrupción. El tiempo en sí mismo es inestable, tenso.

Cuando el 28 de abril de 2022 un militar asesinó a un estudiante de la Universidad de Guanajuato, la Guardia Nacional emitió un breve comunicado indicando que los hechos ocurrieron en el marco de la estrategia nacional para combatir el robo de hidrocarburos *(huachicoleo)*. Efectivos de la Guardia Nacional realizaban «reconocimientos disuasivos» en el municipio de la universidad cuando se percataron de la presencia de dos vehículos y no pudieron identificar a los ocupantes. El agente, según el comunicado, disparó porque sintió «desconcierto e incertidumbre».[55]

Los cuerpos de los estudiantes son, para la Guardia Nacional, «algo más» que lo que ven. Ese «algo más» se debe al hecho de que las imágenes de nuestro cuerpo están menos unificadas de lo que tememos o nos gustaría creer. El cuerpo es una yuxtaposición de imágenes de tiempos heterogéneos que son irreductibles entre sí. Hay diferentes formas de imaginar u organizar un cuerpo. Esta indeterminación existe en el imaginario del agente como un «peligro» que le permite suturar la «brecha de la incertidumbre» y determinar el cuerpo del estudiante como blanco a abatir, articulando su deber sentido como miembro de la Guardia Nacional, su valoración de la lucha contra el *huachicoleo*, su concepción de lo que es una situación «normal» frente a una «riesgosa», así como su valoración de las condiciones en las que tiene derecho a usar la fuerza letal. En un sentido ontológico, los cuerpos de los estudiantes existen no solo en la imagen que ellos perciben de sí o en su lenguaje, sino en los cuerpos, las imágenes y códigos de otros que, a través de ellos, intentan lidiar con aquello que en el cuerpo *es siempre más que el cuerpo*.

55 Redacción/Animal político, «Guardia nacional mata a estudiante en Irapuato», *Animal político*, 27 de abril de 2022 [www.animalpolitico.com].

El valor es la forma moderna de entender el *mana* que circula en los cuerpos ciñéndolos a la capacidad de actuar y transformar (que se asocia a la imagen del *poder* del *dinero*) y a la investidura libidinal (que es vinculada a la imagen del *sexo*). La teoría del valor permite aclarar cómo las personas se convierten efectivamente en «oficiantes» de un culto dedicado a una sola cosa, la autovalorización del valor (con esta locución, Marx subraya la naturaleza impulsada, cuasi autónoma, del proceso de valorización: el hecho de que *siempre debe haber más dinero*). Para utilizar el evocador término de Émile Durkheim, el mercado global se convierte en el lugar de una efervescencia colectiva, cuyas excitaciones producen un ajetreo maníaco que ahora dura veinticuatro horas al día los siete días de la semana.

En *Las formas elementales de la vida religiosa*, el propio Durkheim nos vuelve a proporcionar una pista cuando sugiere que, en la sociedad secular moderna, los límites entre lo sagrado y lo profano —en última instancia, formas y funciones diferentes de la efervescencia colectiva— se han difuminado en gran medida. Comparando la vida de las sociedades australianas con la de los europeos modernos, escribe que «la vida piadosa del australiano pasa, pues, por fases sucesivas de completa atonía y, al contrario, de hiperexcitación, y la vida social oscila según el mismo ritmo. Esto pone en evidencia el vínculo que une una a otra mientras que, en los pueblos llamados civilizados, la continuidad relativa de una y de otra disfraza en parte sus relaciones».[56] Walter Benjamin también tiene esto en mente cuando en «El capitalismo como religión» intenta radicalizar la explicación de Max Weber sobre el espíritu del capitalismo. Allí caracteriza el capitalismo como una especie de actividad de culto sin remordimientos, en la que no hay «días de la semana». El capitalismo es «la celebración de un culto *sans rêve et sans merci*. No existe en él ningún "día ordi-

---

56 E. Durkheim, *Las formas elementales de la vida religiosa*, *op. cit.*, p. 206.

nario", ningún día que no sea día de fiesta en el terrible sentido del despliegue de la pompa sacra, de la tensión extrema del
adorador».[57]
 Imaginamos entonces una lógica capitalista del valor que
se ha apoderado del mundo. Sin embargo, hay que advertir
que el valor de la mercancía capitalista se crea en todas partes
aprovechando y transformando temporalidades no capitalistas,
por ejemplo, las del ecosistema (como el coste de mantener y
reproducir las interdependencias multiescalares entre los rei-
nos *animalia*, *fungi*, *plantae*, etc.), cuyos ritmos temporales no
son los del mercado ni los de la producción de valor. El tiempo
es una herramienta colonizadora muy eficaz. El capital instaura
un imperio del tiempo. Un orden temporal abstracto, impersonal y extremadamente preciso en aras de la producción de
valor. Sin embargo, tiene grietas.
 El capitalismo pone a humanos y no humanos a producir
para la acumulación de capital, pero asigna un valor monetario
solo a ciertos tipos de tareas y productos en esta división del
trabajo colaborativo, mientras devalúa los demás, que ofrecen
transferencias de energía gratuitas por el trabajo que realizan.
Así, establece lógicas de demarcación entre las formas de tra-
bajo/energía que son diferencialmente pagadas y compensadas
dentro de la economía monetaria, y por tanto separables de su
medio de vida, y aquellas que no. Para hacerlo invisibiliza el
tiempo concreto, el tiempo vivido, y recurre a su matematización
abstracta.
 Se trata de hacer imperceptibles ciertas transferencias de
energía dentro y entre los ecosistemas y la especie humana en
favor de la extracción cuantificada de recursos naturales y
humanos listos para usar en un entorno intercambiable (como
los cultivos comerciales o monocultivos). De hecho, se trata de

---

57 W. Benjamin, «El capitalismo como religión», *El Viejo Topo*, 26 de septiembre de 2017 [https://www.elviejotopo.com/topoexpress/el-capitalismo-
como-religion/].

replicar en varias escalas de magnitud formas de organización del trabajo y extracción de recursos naturales basadas en elementos autónomos, estandarizados y alienados que interactúen en relaciones cuantificables, medibles y predecibles, que puedan ser sometidos al cálculo y a las expectativas racionales (tecnoestructuras como prototipos de plantaciones o fábricas).[58]

El capitalismo es capaz de utilizar, entonces, las relaciones temporales no capitalistas en aras de su propia agenda. Lo hace mediante sistemas mediáticos e imaginarios colonizados por «fetiches» (la imagen del blanco, la imagen del negro, la imagen del cuerpo de la mujer, la imagen del dinero). Así, los relegados, las categorías más oscuras de la jerarquía simbólica, fascinan ahora al mundo hasta el punto de deslumbrarlo. ¿Cuál es la naturaleza del espacio en el que se produce la mutación de la oscuridad en luminiscencia? Es la luminiscencia poscolonial, que resulta de interacciones entre partículas cargadas eléctricamente y que debe distinguirse de la incandescencia de la Ilustración, en la que la luz se difunde a partir de un foco central. Tonda describe esta fascinación por los relegados —incorporada en su imaginario por los relegados mismos— como la «violencia del imaginario del Soberano Moderno». La violencia que se ejerce sobre los cuerpos y las imaginaciones por medio de imágenes (iconos, símbolos, índices), gestos corporales, palabras, y que debe su eficacia a los consentimientos y a las connivencias paradójicas de estos cuerpos e imaginaciones.

La violencia del imaginario consiste en el uso mediático, en el mercado global, de las imágenes del imaginario colonial congelado. Es memoria social congelada (del mismo modo que para Marx la mercancía es trabajo congelado) porque se im-

---

58   Cf. J.W. Moore, *Capitalism in the web of life. Ecology and the accumulation of capital*, Londres, Verso, 2015; A.L. Tsing, *The mushroom at the end of the world. On the possibility of life in capitalist ruins*, Princeton, Princeton University Press, 2015.

pone como imaginario de deseo de colonizadores y colonizados
sin contemplar la genealogía de relaciones que ese deseo trama
y vertebra. Efectivamente, los pueblos colonizados son un producto del proceso de colonización y también lo es su imaginario. Colonizados y colonizadores están atrapados en ese imaginario como en un juego de espejos, aunque los primeros paguen
el precio más alto.

Las imágenes del imaginario colonial congelado se presentan de manera atemporal como investidura libidinal, vinculada además a la imagen de sujeto como libre-emprendedor. Su
tiempo es el tiempo de un bucle infinito, «pseudocíclico», que
ha olvidado su relación con la memoria, ajeno al conflicto de
tiempos que se desencadena en cada presente. Así, para Tonda,
la imagen de África (y de lo negro como cuerpo) se convierte
en un testimonio del talento deportivo en el cuerpo de los
atletas africanos. En Francia y en Estados Unidos, el deporte,
el gasto de fuerza y energía, es uno de los medios privilegiados,
si no *el* medio, de huir de la condición de ser negro: utilizar el
propio cuerpo, los propios músculos, para escapar de la precariedad. Esta condición se vincula a la trata de esclavos,
durante la cual el negro solo es considerado por su fuerza de
trabajo, por sus capacidades físicas. Esta mitología no solo
coloniza el inconsciente del blanco euroamericano, sino también el de los negros: les sirve de energía, de fuerza para salir
de lo «negro».

Veamos otro ejemplo que él mismo nos da. Sigmund Freud
compara el cuerpo de la mujer con África. Pues bien, Nicki
Minaj es una artista negra, se supone que está ondulando con
su cuerpo sensual en una selva profunda que podría ser africana
o amazónica (en el vídeo *Anaconda*). Está en un bosque, un
espacio de oscuridad, de fantasías, de pesadillas, de sueños.
Un espacio sinónimo de salvajismo. Hay una asociación entre
este cuerpo negro que ondula y despierta el deseo sexual en un
bosque negro que podría ser entonces el bosque del continente
oscuro de la sexualidad. Lo que hace el capitalismo para vender

su producto es que Nicki Minaj a su vez venda su inconsciente más sombrío, la parte del inconsciente más colonizada por las imágenes producidas por la trata de esclavos y la colonización. Se trata de despertar esas imágenes y hacer que la gente quiera el producto, que es una mercancía. Hacer que todo el mundo lo quiera. Para Tonda, esto es profundamente perverso.[59]

Otra forma en la que funciona esta violencia del imaginario en el Soberano Moderno es aludiendo al fetichismo del origen. Autores o artistas latinoamericanos —con vínculos laborales en Estados Unidos y Europa—, para pensar en América Latina hoy, se ven obligados a referirse a pueblos originarios, paisajes naturales; el desierto, la selva, los cerros. La imagen del indio como el ser de la selva, del desierto, de las montañas, el salvaje que nunca ha entrado en la historia y, por tanto, lógicamente, que nunca ha sido esclavizado, colonizado, neocolonizado. Estas imágenes del buen salvaje y de la Naturaleza son explotadas por el *marketing* exotizante del capitalismo para producir valor.

Eso sucede con la película *Black Panther* y su secuela, *Wakanda Forever*, de gran éxito en África y América Latina. Es en torno a un meteorito, el vibranium, que se basa el secreto del poder de Wakanda, ese país negro que nunca ha sido colonizado, ese país, por tanto, completamente imaginario. El vibranium, mineral precioso que no es producto del trabajo de los africanos, sino del azar y, por tanto, de la naturaleza, es la materialización de la inteligencia de los negros que no crean nada, pero que lo esperan todo de la Naturaleza o de aquellos que son sus sustitutos, símbolos, transfiguraciones: los espíritus, Dios, los antepasados, los blancos, los chinos, etc. Lo mismo ocurre con los atlantes, reinterpretados en la secuela como mayas que habitan bajo el mar gracias a una planta mágica que les otorga la ca-

---

59 Cf. J. Tonda, *L'impérialisme postcolonial. Critique de la société des éblouissements*, París, Karthala, 2015; *id.*, *Afrodystopie. La vie dans le rêve d'Autrui*, Karthala, París, 2021.

pacidad de hacerlo. Los negros, los indios, aparecen —como en las lecciones de Hegel de la historia universal— identificados como Naturaleza y la Naturaleza se identifica con lo «dado». Si es en el deslumbre de un fetiche (el vibranium, la planta) que orbita la película, es en los deslumbrantes fetiches de Marvel y el capitalismo en general que los espectadores de África y América Latina buscan el remedio a la herida, el despojo y la desigualdad producidas por las heridas de la colonia y la poscolonia. Es ahí «que pierden, por el deslumbramiento al que aspiran, y por las invasiones e imaginarios y temporalidades que invisibilizan y que lo caracterizan».⁶⁰

El Soberano Moderno utiliza pues el imaginario colonial, que se sitúa en una temporalidad diferente. Hay que advertir, sin embargo, que incluso cuando el capital les da forma y las reorganiza, estas diferencias dejan huellas de su disyunción temporal. El capital las reconfigura y saca provecho de ellas al sincronizarlas a su agenda. Pero, al mismo tiempo, no puede evitar que haya rastros de «desajuste», de «anacronismos» o «asincronía» y que, en fricción con el tiempo abstracto de la producción de valor, puedan abrir pasajes tanto constructivos como destructivos (y a veces estas dos vertientes se entrecruzan). Asimismo, las relaciones temporales no capitalistas pueden asemejarse a la economía del don. Aportan algo personal, atraen al receptor a un campo social y sirven de recordatorio continuo de la necesidad de reciprocidad. Un sistema de mercancías se orienta a la producción de valor. Un sistema de dones lo hace hacia las obligaciones sociales y las conexiones. En este sentido, la temporalidad que despliegan tiene distintos ritmos, es distinta. En el mercado global, las relaciones de intercambio realmente existentes se enmarañan y mezclan. Sin ir más lejos, la enseñanza, incluso remunerada, es un don

60 A. Bocandé, «Joseph Tonda, les ondulations de Nicki Minaj et l'impérialisme colonial de la valeur», *Africultures. Les mondes en relations*, 22 de febrero de 2022 [africultures.com].

si la profesora establece un compromiso con el aprendizaje de la alumna que va más allá de las horas de asesoría o de clase.[61]

Si pensamos en la violencia laboral, en el capitalismo de la cadena de suministro, empresas como Amazon y Walmart sostienen relaciones laborales propias del modo de producción esclavista y concentran todas sus energías en el inventario; todo lo demás simplemente facilita su control siempre y cuando estas relaciones no capitalistas se sincronicen con la producción de valor. Este es un hecho propio «de *El corazón de las tinieblas* de Conrad, donde se pone al descubierto el horror de cómo funciona la mercantilización capitalista. Nos damos cuenta de que las relaciones no capitalistas constituyen mercancías capitalistas. Están integradas en los "precios bajos de todos los días" en Walmart».[62] Hay huellas de la temporalidad del modo de producción esclavista en el modo de producción capitalista. Pero el proceso es irregular. Las distintas temporalidades dejan *rastros*, dejan *restos*.

A pesar de todo el aparato de la propiedad privada, los mercados, el fetichismo de la mercancía y demás, purificar las relaciones de temporalidad no capitalista en aras de la mercancía nunca es fácil. Es una tarea que hay que repetir una y otra y otra vez. La condición ordinaria de la mercantilización capitalista es que nunca es una forma pura, sino que siempre está entretejida con relaciones sociales no capitalistas. La producción de valor no puede acotar esta temporalidad múltiple, esta resonancia *nerviosa* de cuerpos y cosas, que se hacen y deshacen por exceso. A través de la incorporación de relaciones temporales no capitalistas, el capitalismo alcanza su fuerza como sistema. Sin embargo, tal incorporación no es algo terminado de una vez por todas y bajo control; más bien, es

61 A.L. Tsing, «Sorting out commodities: How capitalist value is made through gifts», HAU: *Journal of Ethnographic Theory* 3 (2013), p. 23.
62 *Ibid.*, p. 38.

2. Nervios: para una imaginación política

un problema cotidiano. Los vestigios temporales que se inscriben en las tentativas de sincronización abren trayectorias que se han y no se han tomado.

Volvamos a la insidiosa *violencia del imaginario del Soberano moderno* y su fascinación por los relegados. El capital utiliza las diferencias existentes, y a veces promueve otras nuevas, para crear nuevos diferenciales de plusvalía. Hay así, por ejemplo, una mercantilización del reciente resurgimiento del activismo feminista que podemos entender mejor través del concepto del «activismo feminista de mercancías». La comercialización masiva de productos feministas está relacionada con la construcción de la feminista como sujeto económico y de elección, así como con el rápido aumento de nuevas empresas especializadas en la venta al por menor de mercancías feministas que también describen su actividad (aunque a veces vagamente) en términos de activismo.

El «activismo feminista de las mercancías» instiga tres cambios más: la mercantilización de la experiencia estética de la protesta feminista callejera a través del *marketing* publicitario; la transferencia de la agencia activista feminista a empresas, organizaciones de la sociedad civil y de derechos humanos o a fundaciones empresariales; y la marca de la feminista como sujeto de valor.[63] Veamos un ejemplo. Las protestas de las mujeres de Irán se viralizaron mediáticamente y actrices y presentadoras de televisión se «solidarizaron» filmándose en sus redes sociales cortando las puntas del cabello. Recibieron una crítica contundente por parte de las mujeres iraníes: «Las mujeres de Irán no necesitamos que se corten el cabello, queremos que corten sus lazos con nuestros asesinos. Así es como se ve la verdadera solidaridad».[64] Sin embargo, el *marketing* de la pro-

63 Cf. J. Repo, «Feminist Commodity Activism: The New Political Economy of Feminist Protest», *International Political Sociology* 14(2) (2020), pp. 215-232.
64 Redacción, «La feroz crítica de una iraní a las mujeres occidentales que

testa no es lo único que la viralización de las imágenes mediáticas de la revuelta suscitaron.

Al respecto, son necesarias dos aclaraciones. No es que los profesionales de los medios o de la publicidad tengan realmente el control, sino que deben convencerse a sí mismos, a los demás y al resto de nosotros, de que lo tienen. Esta es, por ejemplo, la razón por la que la perspectiva de que un candidato presidencial tenga éxito sin la ya habitual maquinaria de mensajes microgestionados aterroriza a los profesionales de la publicidad, del mismo modo que los ejecutivos del *marketing* de consumo temen más el éxito inexplicable que el fracaso (que siempre puede explicarse). Sobre esto cabe señalar que no se entiende que la teoría social, que piensa todo el tiempo que está realizando una crítica de la ideología, colabore involuntariamente con la autorrepresentación totalitaria de los expertos en medios y publicidad que estos quieren dar de sí mismos.[65]

En segundo lugar, el hecho mismo de que la publicidad mediática y el *marketing* de la violencia del imaginario no sean una máquina estanca y engrasada no es necesariamente un motivo de alivio, sino, y al mismo tiempo, la fuente más importante de la capacidad de resonancia que los medios son capaces de activar. El elemento sobrante, lo que no está totalmente integrado, la intrusión íntima, es el señuelo que seduce:

> Este poco de excedente es finalmente el motor de todo edificio ideológico, su combustible, el premio que se ofrece elusivamente al sujeto para que entre en la confusión ideológica. El problema estructural de la ideología es, en última instancia, que este combustible no puede integrarse en el edificio, por lo que resulta ser al mismo tiempo su fuerza explosiva.[66]

---

se cortan el pelo», *Memo. Política, economía y poder*, 8 de octubre de 2022 [www.memo.com.ar].

65 Cf. W. Mazzarella, *The Mana of Mass Society*, *op. cit.*, p. 168.

66 *Ibid.*; M. Dolar, «Beyond Interpellation», *Qui Parle* 6(2) (1993), pp. 75-96.

La ideología de consumo pone en primer plano a los sujetos que actúan de forma autónoma, cuyas elecciones están moduladas por «sus» preferencias culturales, políticas, sociales etc. Sin embargo, no se trata de preferencia, sino de *resonancia*, de la capacidad de afectar y ser afectado por las imágenes que, como enseña *mana*, no expresa un motivo originado en el individuo, sino la activación de la pertenencia latente del individuo al otro (y a lo otro). La pregunta sobre la violencia del imaginario colonial de Tonda sería por qué, y cómo exactamente, las imágenes del cuerpo negro ligadas a la trata y a la esclavitud, las del indígena como reserva espiritual de resiliencia, exótica y folklórica, o las del salvaje caníbal capaz de asesinar y decapitar, por ejemplo, producen resonancia a ambos lados del Atlántico. Los momentos de resonancia con nuevas personas, lugares y cosas son, en efecto, memorias y activaciones de huellas del pasado que son múltiples y equívocas, pueden adoptar formas regresivas y perjudiciales, y también abrirse a futuras transformaciones.

En octubre de 2022 se publicó un texto en inglés traducido del persa: «Figuring a Women's Revolution: Bodies Interacting with their Images».[67] L, la autora, participó en las protestas masivas que sacudieron Irán y encendieron a multitudes en todo el mundo en otoño de 2022, después de que una joven kurda, Zhina Amini, fuera asesinada bajo custodia. Las protestas se centraron en la vigilancia patriarcal del cuerpo y la vestimenta de las mujeres, en particular el velo obligatorio en público. Pero mi interés en dicho artículo tiene que ver con su título, con cómo imaginar se vincula a la interacción con el cuerpo y la

---

67   L, «Figuring a Women's Revolution: Bodies Interacting with their Images», *Jadaliyya*, 5 de octubre de 2022 [www. Jadaliyya.com]. Todos los fragmentos que cito a continuación pertenecen al texto de L. William Mazzarella reflexiona de forma muy útil sobre L, en relación con la ansiedad que tiene la teoría democrática sobre la «encarnación política» en una época de populismo global en su texto «Political Incarnation as Living Archive: Populist Symptoms» [https://chicago.academia.edu/WilliamMazzarella].

imagen, qué tiene esto que ver con el tiempo y cómo la relación de L con la imagen es distinta a la del activismo feminista de las mercancías.

El texto de L muestra cómo la cuestión de la resonancia vital *(mana)* con la avalancha de imágenes de mujeres protestando es la que conduce a la *participación*. Para L estas imágenes de fotografías y vídeos *online* son «un espejo histórico para las mujeres». Espejo es una palabra que retiene mi atención. Porque mi imagen en el espejo devela la condición de toda imagen. La imagen del espejo soy y no soy yo. La imagen en el espejo es de mi cuerpo pero no es mi cuerpo. Cuando L habla de que las imágenes son un espejo histórico para las mujeres, no habla de *identificación*. Entre la imagen del espejo y las mujeres hay un intervalo que impide la identificación. L insiste en que cuando el fuego de las protestas se extiende por Irán y llega a su ciudad, la revuelta no se trata de consignas, se trata del deseo de sus compañeras de convertirse en las imágenes que han visto. Describe algunas de ellas: la imagen de las mujeres kurdas en el cementerio de Aychi, agitando sus pañuelos en el aire, la fotografía de la lápida de Zhina. La figura de la mujer con antorchas del bulevar Keshavarz. La figura de la mujer sola en la calle, frente al cañón de agua en Vali Asr Circle. La figura de la mujer sentada. La figura de la mujer de pie. La figura del círculo de baile alrededor de una hoguera en Bandar Abbas.

En la calle, advierte L, el intervalo se mantiene. Así señala que el espacio entre ella y las imágenes que desea ser se hace muy pequeño, pero no obstante existe. Si, como veíamos, hay diferentes formas de imaginar u organizar un cuerpo y con ello cierta indeterminación en lo que el cuerpo es, L, a diferencia del miembro de la Guardia Nacional que disparó contra los estudiantes en Guanajuato, sostiene esa indeterminación, sostiene el intervalo, no tiene ninguna intención de suturarlo. Al mismo tiempo, se contempla *en retraso* con relación a ella misma:

En la calle, de repente piensas que deberías correr y te das cuenta de que ya has empezado a correr. Te dices a ti misma que deberías encender un cigarrillo y ves que estás «ahí», entre la gente, fumando un cigarrillo. El cuerpo se ha movido más deprisa que la percepción y ambos aún no se han sincronizado.

Según L, lo que la imagen propicia es un nacimiento. El de un cuerpo colectivo, el de una historia compartida y silenciosa y silenciada. Una historia de cuerpos que ahora hablan. Esto es también lo que significa el deseo de convertirse en esa imagen de las mujeres que protestan. No para conformarse a esa imagen, sino para que la imagen active los recursos que los cuerpos portan. Ella nos aclara:

> Aunque este deseo fue estimulado a través de una imagen, se convirtió en un floreciente deseo revolucionario en virtud de la historia que portaba el cuerpo. [...] El estallido de una historia reprimida. El alumbramiento de un cuerpo del que hemos estado embarazadas durante años.

Las imágenes de las mujeres que luchan *participan* de los cuerpos de las mujeres que se manifiestan y las mujeres que se manifiestan *participan* de las imágenes de las mujeres que luchan. El cuerpo grabado en imágenes se convierte en el disparador y eslabón de una cadena de deseos, de extraer, cada una del propio cuerpo, *su* imagen luchando. La cuestión, una vez más, es la resonancia con la imagen más que la identidad con ella. Hasta tal punto que L ya no habla de una protesta feminista, sino *feminista y femenina*. Escribe:

> ¡Oh, qué deseos se han liberado durante estos días de la prisión de nuestros cuerpos! [...] Lo que ha extendido este levantamiento de forma femenina y feminista y ahora despierta los deseos de las mujeres en todo el mundo, son los puntos de estimulación plurales y figurativos en los cuerpos que protestan.

Si las imágenes provocan el nacimiento de un nuevo cuerpo es porque ese nuevo cuerpo es ya una vieja historia, que se lleva en el cuerpo de las mujeres en forma de fragmentos de memoria, de vestigios de pasado. No se trata entonces solo del poder de la agencia: del poder de hacer, se trata también del poder de haber sido y estar siendo hecha por otras historias. L se pregunta por su fascinación por las fotografías: «¿Qué confiere a una fotografía este asombroso poder de estimulación en comparación con un vídeo?». Su respuesta: «El tiempo aprisionado en una foto. El tiempo aprisionado en la fotografía la hace densa, portadora de toda la historia en la que ese cuerpo ha sido subyugado». La imagen de la fotografía no es la imagen ya hecha del imaginario. Es la actualización de los vestigios de la historias inéditas de los cuerpos, del archivo virtual de la forma de vida.

La fotografía es para ella una *imagen-memoria*, privilegia el tiempo. L nos dice que en estas fotografías «es donde el corazón de la historia deja de latir por un segundo». La *imagen-memoria* es una *imagen-memoria* de los ritmos de tiempo del cuerpo femenino. Estas imágenes, escribe L,

> no captan necesariamente la intensidad del conflicto, la crueldad de la represión o el desarrollo de los acontecimientos, sino que son portadoras de la historia de los cuerpos. Una pausa, una detención. Ver este cuerpo, observar la totalidad de esta historia.

Hay una resonancia en el archivo de la forma de vida que activa una fuerza de deseo que está anclada en vestigios de memorias. En la protesta, encuentra la ocasión organizadora de su actualización como un deseo que L puede experimentar como suyo (y del que, por esa razón, aunque no sea aquí el caso, también podría enorgullecerse personalmente de resistir). La resonancia, hay que advertir, no es aleatoria; dada la particular relación social e histórica con el archivo de la forma de vida, algunas formas y relaciones sujeto-objeto son más probables que otras. Podemos decir que la resonancia es contingente, pero no arbitraria. En la matriz del archivo de la forma de vida algunos «destinos» tienen más probabilidades de realizarse que otros. Sin embargo, L nos recuerda que lo probable es solo eso: *probabilidad*. Rechaza la inscripción de las imágenes según los relatos políticos e históricos que puedan estar a mano. Desbarata las maniobras contextualizadoras habituales y «responsables» con las que los teóricos sociales y políticos, no menos que los periodistas, tienden a «explicar» lo que está ocurriendo. Los cuerpos, dice, están hablando. Está naciendo un nuevo cuerpo. Las mujeres de la calle están llamadas a *participar*, no a identificarse sino a activar sus propios recursos a partir de las imágenes de la revolución, la activación masiva de una historia reprimida. Las *imágenes-memoria* exigen que se suspendan los hábitos de creación de significado para que otras historias, *de y en cuerpos*, puedan emerger. Para que otras huellas, vestigios y rastros, sean activados.

SOBERANÍAS EN COMPETENCIA

Para Durkheim, la *memoria* de pertenencia al grupo, el *habitus*, la incorporación en el cuerpo de la forma de vida, se crea al infligir dolor; pero la característica de los rituales a través de los cuales se inflige dicho dolor es que igualan, *en su vulnerabilidad*, a todos los participantes del ritual. Para Mauss, la pertenencia se signa a partir del intercambio y la obligación de reciprocidad. Con base en ciertas imágenes de Nietzsche podemos intentar imaginar el *tiempo mítico* de la relación entre el Estado nación y el individuo, como análoga a la del acreedor y el deudor a partir de un tercer elemento, la *ley*.[68] Este tiempo es mítico porque su genealogía se rastrea como *fuera de tiempo*;

---

68 F. Nietzsche, *Genealogía de la moral*, Madrid, Tecnos, 2003, pp. 104-105.

sin embargo, sobrevive en fragmentos del imaginario del Estado nación. La soberanía del Estado nación moderno descansa habitualmente en el pueblo que emerge del pacto social y, como cuerpo, decide y decreta la voluntad general manifiesta en la *ley*. El individuo está en deuda con el Estado nación, pero en cuanto pueblo, es asimismo acreedor. La memoria de pertenencia se produce socialmente por la ley que se inscribe en el cuerpo del individuo, a través del disciplinamiento (iniciando con los documentos de identidad, el registro civil, etc.). El *habitus* sirve de base conceptual para comprender las formas en que el cuerpo se convierte en un conducto —en el sentido de corrientes eléctricas puntuadas por nodos conductores— para la presencia del Estado nación. Los miembros del Ejército o de la Guardia Nacional, por ejemplo, han adquirido un *habitus* profesional. Recorren las calles y las leen a través de una lente plagada de categorías sociorraciales. Su lectura no solo se expresa a través del discurso —al que podríamos acceder mediante entrevistas o etnografía institucional—, también es explícito en su *habitus*: cómo recorren las carreteras donde avanzan los migrantes; a quién eligen para parar, controlar y registrar; la forma en que palpan un cuerpo y cómo se dirigen a la persona a la que han apresado momentáneamente. Este disciplinamiento funciona por el cuerpo de los agentes de seguridad y por los cuerpos que, vigilados, escrutados o sancionados, actúan como su «caja de resonancia».

Hay tres consideraciones notables por las que un individuo esté en deuda con el Estado nación (y, por tanto, tenga que ser vigilado y disciplinado), además de que, en cuanto pueblo, sea asimismo acreedor (y en su nombre se vigile y discipline a otros). La primera es que se considera justo infligir dolor a una persona que nos ha causado un perjuicio incumpliendo cualquiera de sus obligaciones para con el Estado nación; la segunda, a través del dolor se crea memoria y, lo que es más notable, la dirección de esta memoria no es el pasado, *sino el futuro*; la tercera, faltar al acreedor (al Estado nación) es someter el cuerpo a «todo tipo de indignidad y tortura» (también en los estados democráticos, como veremos). Con el Estado nación se introduce en la ecuación la ley vinculada con la soberanía. Estamos *frente a la ley*. El Estado es la entidad política y administrativa (según la definición clásica de Max Weber), una unidad de carácter institucional que en el interior de un territorio monopoliza para sí el uso de la fuerza. La nación hace referencia a un *sentimiento*: el sentimiento de pertenencia a una comunidad basado en razones históricas, étnicas, lingüísticas o religiosas. Ahora bien, parece irrefutable la paradoja por la que los Estados nación que aseguran ejercer el gobierno en nombre del pueblo delimitan, legítimamente, un terreno en el cual el ejercicio del poder es, velado del escrutinio público, arbitrario y absoluto. El Estado nación es un ensamblaje de instancias más o menos coordinadas que funge como punto neurálgico en la cartografía del poder; una neuralgia en sí misma que produce sus propias parálisis, sacudidas y movimientos nerviosos.[69]

En América Latina, este terreno velado propio de la condición estructural del Estado nación moderno se aúna y exacerba con un parapoder que actualiza los vestigios del *locus colonial*, donde élites criollas siempre propiciaron, según sus intereses personales y familiares, cierta independencia con respecto a la España real e imperial. Este espacio ambiguo de ilegalidad, sin Dios ni ley, es la otra cara de la banda de la legalidad visible y la historia que nos han contado. El sistema de la encomienda en la Nueva España significa, en ese espacio liminal, no la protección de los indios, sino su explotación mediante trabajo forzado y tributo. La limitación al poder de los encomenderos en las Leyes Nuevas de la Nueva España tiene tanto que ver con la disminución demográfica indígena como con el deseo de la corona de hacer valer su poder frente a los señores

69   Cf. M. Taussig, *Un gigante en convulsiones. El mundo humano como sistema nervioso en emergencia permanente*, Barcelona, Gedisa, 2000.

feudales que, en la práctica, comenzaron a proliferar en América. Esta combinación de poder y violencia sigue siendo un legado ineludible del colonialismo y hace de la violencia (legítima o no), incluso en sus formas más crueles, un recurso que permite integrarse o mantenerse en el juego político y no un obstáculo para el poder.

La zona de poder sin control del Estado nación, debido a su propia estructura imposible de domesticar, es no obstante intrínseca a *todos* los regímenes democráticos modernos y tiene que ver con la ilegalidad y el abuso de la propia *ley*. La zona de poder no es, desde luego, todo el poder moderno. Los regímenes políticos y democráticos de masas funcionan en muchos niveles de forma que se encuentran completamente sujetos a controles informales e institucionales. Cuando Max Weber define el Estado como «una institución humana que reivindica (con éxito) el monopolio del uso legítimo de la fuerza física dentro de un territorio dado»,[70] simplemente observa que el monopolio de la violencia por parte del Estado llega a aceptarse de manera gradual y a través de la institucionalización. Nos enfrentamos al problema por el cual, en el caso de que la soberanía popular haga uso de la violencia contra una manifestación masiva de la voluntad popular (por ejemplo, contra la reforma de pensiones o la privatización de la salud pública), se hace cuestionable si la ley que la soberanía mantiene es en sí misma legítima. Cuando la soberanía democrática se enfrenta al pueblo con toda la violencia que monopoliza como la encarnación legítima del pueblo, de hecho está dando fe de su *no-identidad* con el pueblo. Cuando las fuerzas de seguridad, en nombre del pueblo, infligen violencia a los cuerpos de los manifestantes, alegando que estos faltan a sus obligaciones con el acreedor, podemos preguntarnos: ¿no son los manifestantes el pueblo? ¿Quiénes son aquí los acreedores y los deudores? El intento de resolver la contradicción entre la soberanía popular y la

70 M. Weber, *La política como vocación*, Madrid, Alianza 2009, pp. 83-84.

violencia del Estado contra el pueblo, recurriendo en el imaginario a la concepción de la ley como voluntad general, aparece atrapado en un círculo vicioso. Y el efecto de este aspecto circular es el de socavar la misma posibilidad de establecer la distinción entre lo legal y lo ilegal.[71]

Para intentar controlar o disciplinar una sociedad, el Estado no acude entonces solo a las leyes constitucionales. El llamado «gatillo fácil», por ejemplo, es la consecuencia de que el policía en la calle tiene poder de juez. El agente estatal policial tiene poder discrecional para juzgar y evaluar si una situación representa peligro y, como consecuencia de su arbitrio, dar muerte a un ciudadano sin por esto tener que responder ante la ley. Esa «soberanía», ese arbitrio o discrecionalidad que caracteriza el papel policial frente a la población, representa un vacío de legalidad que, sin embargo, es legal y constituye un hiato natural, inextricable e inseparable de la ley. Tal duplicidad de competencia propia del papel policial en la calle no es en sí otra cosa que la personificación de la estructura dual del Estado en la figura del policía, que ejecuta (en ejecuciones sumarias llamadas «extrajudiciales», prácticas «normales» en cualquier país) sin que esta acción represente una ilegalidad, sino una de las formas naturales de la duplicación del accionar estatal a través de sus agentes. La dualidad es entendida como la duplicación de un permanente accionar estatal y paraestatal. Existen varias formas de duplicación y todo un espacio liminal entre lo

71 Cf. la discusión minuciosa de S. Buck-Morss, «La soberanía de masas y la imagen del enemigo», *Mundo soñado y catástrofe. La desaparición de la utopía de masas en el Este y en el Oeste*, Madrid, La Balsa de la Medusa, 2004, pp. 25- 56. También son ineludibles las reflexiones de Rita Laura Segato en torno a la mafialización de la política y sus características en América Latina. Cf. R.L. Segato, *Las nuevas formas de la guerra y el cuerpo de las mujeres*, Argentina, Tinta Limón, 2014, pp. 15-76. Comparto el diagnóstico de Segato. No así su inserción en el giro decolonial ni su propuesta de distinción entre el proyecto histórico de las cosas y el proyecto histórico de los vínculos, que me parece muy problemática.

legal y lo criminal, un verdadero limbo que demuestra la fragilidad *real* del Estado de derecho.[72]

No siempre el Estado —a pesar de Weber— ejerce el monopolio exclusivo de la fuerza y no siempre lo pretende. El Estado mexicano, por ejemplo, no solo no monopoliza el uso de la violencia, sino que no lo busca. No impide el juego violento, puede participar en él de forma activa, y sobre todo busca establecerse como el árbitro capaz de sancionar a los actores con los que interactúa. Vestigios de los señores feudales de la colonia sobreviven en los «soberanos de facto», definidos por su capacidad de gobernar, castigar y disciplinar con impunidad dentro del territorio nacional. En México, los actores violentos no buscan derrocar el sistema político, sino obtener o conservar una posición ventajosa dentro de él. Las crisis actuales de violencia —cada vez más virulentas— no surgen de la presencia de soberanías informales a nivel local: estas siempre estuvieron y son parte del funcionamiento del Estado. Las crisis actuales se vinculan con la acumulación acelerada de capital. La reprimarización de la producción, la megaminería, la agricultura extractivista son los correlatos del régimen de mercado global del Soberano Moderno, en el que los soberanos de facto compiten. De ahí que, a medida que la competencia se intensifica, los conflictos se arreglen mediante prácticas de violencia cada vez más extremas, incluso por parte de las fuerzas públicas. El objetivo ya no es solo ganar una mejor posición dentro del juego, sino obtener la máxima dominación aunque implique aniquilar a los adversarios y sus apoyos a través del amedrentamiento, el desplazamiento o la masacre de poblaciones.[73]

72 R.L. Segato, *Las nuevas formas de la guerra*, *op. cit.*, pp. 89-90; cf. W. Benjamin, «Para una crítica de la violencia», *Para una crítica de la violencia y otros ensayos*, Madrid, Taurus, 2001, pp. 23-45; J. Derrida, *Fuerza de ley. El fundamento místico de la autoridad*, Madrid, Tecnos, 1997.
73 Para entender las soberanías en competencia o las «soberanías milhojas» en México, como él las llama, son imprescindibles las investigaciones sobre terreno de Romain le Cour. Cf. R. le Cour, «Morir por participar en la democra-

Los Estados poscoloniales, advierte Tonda, se basan en el *tiempo del sacrificio*.[74] Si hoy incomoda el uso de la palabra sacrificio es porque se desea olvidar la historia. El precio de pertenencia al Estado nación se cifra en una genealogía colonial de larga data en la que hay que sacrificar todo (el arraigo, la lengua, las formas de vinculación política, los dioses, el oro, la mano de obra) para ser aceptables primero en nombre de Dios y luego del Estado nación. En 1820, a pesar de los estragos de la racialización y el colonialismo, alrededor del 70 % de la población mexicana, por ejemplo, hablaba todavía una lengua indígena. El Estado mexicano redujo esa cifra hasta el 6 % en poco más de doscientos años. Con la idea de «homogeneidad lingüística», sobre todo después de la Revolución mexicana, se castellaniza forzosamente.

Tanto indígenas como mestizos, advierte Yásnaya Aguilar, son producto de una mezcla genética. Indígena y mestizo son categorías políticas, no biológicas. Indígena significa pertenecer a una nación que no formó un Estado. Quienes forman el Estado mexicano tratan de desaparecer a otras naciones mediante un proyecto de «integración» que combate sus lenguas, territorios, cultura, etc.[75] «Mestizo» e «indígena» son categorías producidas por lo que Jacques Derrida llamaría un «modo fantasmático de producción»: una estructura y un *modus operandi* que se producen como *fetiche* la una de la otra.[76] Así, si

cia mexicana», *Gatopardo*, 18 de octubre de 2022 [www.gatopardo.com]; «Los socios violentos del Estado: diez años de autodefensas en Michoacán», *Gatopardo*, 30 de marzo de 2023 [www.gatopardo.com]; «Los socios turbulentos del Estado: la guerra por la intermediación política en México», *Istor* 86 (2021), pp. 49-74.
74 J. Tonda, *Le Souverain moderne*, op. cit., p. 134.
75 Y. Aguilar, «Nosotros sin México. Naciones indígenas y autonomía», *Nexos*, 18 de mayo de 2018 [www.nexos.com.mx]; P. Ferri, «Entrevista a Yásnaya Aguilar: "Los pueblos indígenas no somos la raíz de México, somos su negación constante"», *El País*, 8 de septiembre de 2019 [www.elpais.com].
76 Cf. J. Derrida, *Espectros de Marx. El estado de la deuda, el trabajo del duelo y la nueva internacional*, Madrid, Trotta, 2012.

bien es cierto que México no se asume como un país racista, dado el éxito del proyecto del Estado de dotar a la nación de una «identidad nacional mestiza», el objetivo del mestizaje es el blanqueamiento y la occidentalización. En el momento de su independencia, México, la más grande y rica de las colonias de España en el Nuevo Mundo —advierte Claudio Lomnitz— tuvo verdaderas aspiraciones imperiales, pero como vecino de Estados Unidos fue, sin embargo, el primero en convertirse en botín de esa república perdiendo más de la mitad del territorio nacional.[77] En consecuencia, el mexicano quiere ser lo más blanco posible o tener lo que el hombre blanco tiene.[78] Mira hacia el Norte. Su sueño es el «sueño americano». La consecuencia de este intercambio fatal —que la violencia del imaginario vertebra en aras de la producción de valor— es una obsesión general con las cosas del hombre blanco y con el norte global, como «deuda» que aún no se ha pagado. Los soberanos de facto se erigen como acreedores. Es esta mezcla explosiva de limbo entre lo ilegal de la ley, la alegalidad, la decepción sistemática y el materialismo inquieto lo que los caracteriza.

La violencia, legítima o ilegítima, no es una anomalía, sino un recurso político valorado. Es una herramienta que permite obtener o conservar una posición de poder frente a competidores que no buscan derrocar el sistema, sino abrirse un espacio *dentro* del juego, en contacto con autoridades. El problema es que la competencia es cada vez más atroz, las interacciones más inestables y los quiebres suelen dar lugar a más violencia. Existen decenas de configuraciones locales de violencia, conformadas por redes que permiten a actores violentos interactuar con el sector privado empresarial nacional y trasnacional y con las autoridades (desde el soldado o el policía hasta autoridades municipales, gubernamentales, estatales,

77 Cf. C. Lomnitz, *La idea de la muerte en México*, México, FCE, 2006.
78 Cf. F. Navarrete, *Alfabeto del racismo mexicano*, Buenos Aires, Malpaso, 2016.

etc.), y viceversa. Ahora bien, no basta con que los soberanos de facto tengan un nombre o un territorio. Este nombre tiene que inscribirse en otro territorio, el cuerpo, para que la historia política de su creación se corresponda con otra historia de vestigios de la memoria colonial: la de la memoria secreta del terror. Esta memoria secreta se ha de aunar al *tiempo mítico* que plantea Nietzsche. La soberanía se produce por la ley que, a través del dolor, se inscribe en el cuerpo del individuo para recordarle que está en deuda.

Fragmentos de memoria, cuerpo y ley

Fragmentos de *memoria* se actualizan en una política del cuerpo. El fragmento no es lo mismo que una parte o varias que pueden ensamblarse para formar una imagen de la totalidad. A diferencia de un boceto, que puede ejecutarse a una escala distinta de la del cuadro final que uno dibuja, o que puede carecer de todos los detalles del cuadro y aun así contener la imaginación de la totalidad, el fragmento marca la imposibilidad de tal imaginación. Alude a una forma particular de habitar un mundo en devastación. Hablo de fragmento de memoria y no de imaginario porque no se trata de imágenes ya actualizadas aunque pueda coexistir con estas. La *memoria-hábito* utiliza vestigios del pasado para la acción, mediante la puesta en marcha automática de un mecanismo ya incorporado en el cuerpo a partir del hábito y la repetición, y de un esfuerzo de la mente que actualiza las imágenes para entrar en situación. Por supuesto, no se trata de un proceso reflexivo. Los fragmentos de memoria son los fragmentos de imágenes de la memoria secreta del terror y del ejercicio del poder que se actualizan en una *política de los cuerpos-que-matan*.

Al aludir a fragmentos de *imagen-memoria* advierto que no considero que exista una ruptura absoluta entre conciencia e inconsciente, sino un ir y venir diferenciado entre una y otro.

Nada de represión freudiana.[79] Conciencia e inconsciente tienen que ver con la *imagen-memoria* y la *memoria-hábito* (así como con la relación compleja entre ambas). Lo que importa en este marco dinámico son las diferencias de tensión que pertenecen a cada una a lo largo de una escala que va de la acción al sueño. Los fragmentos memoria a los que hago referencia tienen que ver con la *violencia cruenta* que se mezcla y va más allá de lo meramente *utilitario* que ejercen los soberanos de facto. Se trata de fragmentos de vestigios, pertenecientes a la memoria del poder.

Los fragmentos de memoria que operan políticas del cuerpo se vinculan a los vestigios de imágenes dominantes del ejercicio del poder y la soberanía. El archivo de las formas de vida está cargado de memoria, pero solo puede responder a la apelación nerviosa del presente a través de ciertos procesos de resonancia, de *traslación* y *rotación*. En el primer caso, la memoria se contrae y acude a las huellas de *imágenes-memoria* para lidiar con la acción que se lleva a cabo aunada a una memoria del cuerpo. En el segundo caso, es como si la propia memoria girara para presentarnos una imagen vinculada de algún modo con lo que acaece.[80] La traducción de los fragmentos de memoria en acción, sin embargo, depende de una serie de factores locales: la circulación de imágenes de masculinidad y feminidad, del yo y el otro, de la humillación o la venganza, etc.

79   Un problema que atisbo en Benjamin es que hubiera seguido a Freud en su teoría del *shock* y en la tesis de la represión que impide la inscripción de la huella. Mi postura en ese sentido se acerca más a la de Barad y su lectura derridiana. La memoria inscribe incluso la borradura de la huella. Desde la tesis freudiano-benjaminiana es difícil explicar cómo sacar al sujeto del estado de shock. Bergson propone a este respecto en *Materia y memoria* ese ir y venir entre conciencia e inconsciente que proporciona un modelo mucho más fluido. Sobre el shock y Benjamin, cf. S. Buck-Morss, «Estética y Anestésica», *op. cit.*
80   G. Deleuze, *El bersognismo, op. cit.*, pp. 64-65.

La soberanía de facto, hay que aclarar, es masculina. La *libido* del soberano, por ejemplo, se orienta aquí a las imágenes de poder vinculado a una zona de indistinción entre lo legal y lo ilegal y a la obediencia al mandato de masculinidad que exige constantes pruebas de la pertenencia a la clase de los hombres.[81] *La ley de la soberanía de facto es el mandato de masculinidad al servicio de la producción de valor.* La ley «oficial», la que aparece en la Constitución o en las disposiciones oficiales, se mantiene o inoperante o desactivada desde dentro, o en complicidad con la ley de facto. *La ley de la soberanía de facto*, el mandato de masculinidad, se trata del imperativo de la potencia en alguna de sus variantes —sexual, bélica, económica, política, intelectual o moral—, ya que la potencia es el predicado exigido para calificarse viril. Los vestigios que se actualizan en el mandato de masculinidad pertenecen a un tiempo remoto, aunque el mandato de masculinidad no haya sido actualizado siempre igual o con la misma virulencia. Cabe señalar que el estatuto de la virilidad se define por la competencia (en los dos sentidos del término) y no se adquiere de una vez por todas, se tiene que demostrar continuamente. Para entender esta cuestión tenemos que fijarnos en las *ideologías de género* e injertarlas en la teoría del sujeto de derecho de Nietzsche. Un deudor pierde el derecho sobre sus bienes (incluido su cuerpo) a causa de un perjuicio que ha causado al acreedor —esto puede justificar desde el «gatillo fácil» del policía hasta el exceso de fuerza en un interrogatorio o en una manifestación.

El mandato de masculinidad, sin embargo, supone un diferencial jerárquico en la relación acreedor/deudor instaurada en la ley; un diferencial que a su vez se suma e introduce más y más

---

81 Una lectura clásica desde la que se reflexionan estos temas se encuentra en C. Pateman, *El contrato sexual*, Barcelona, Anthropos/UNAM, 1995; también R.L. Segato, *Contra-pedagogías de la crueldad*, Buenos Aires, Prometeo, 2018, pp. 11-14, 44-47. Cf. M. Fernández Boccardo, *Masculinidades y mandatos del patriarcado neoliberal. Una lectura psicoanalítica con perspectiva de género*, Buenos Aires, Entre Ideas, 2018.

desigualdades que pueden manifestarse de forma más o menos cruda. En su forma cruda, el mandato de masculinidad señala que los hombres pagan su tributo por pertenecer a la clase de los hombres sacrificando el cuerpo de quienes no son los hombres o no responden al mandato de masculinidad. Estos cuerpos son considerados deudores por lo que *no son*, o por lo que *no hacen*. A partir de aquí, Nietzsche da un paso realmente importante, pues argumenta que lo que se le pide al deudor que devuelva no es el equivalente material de su supuesta deuda, sino el sometimiento del cuerpo a la indignidad y al dolor. Esta formación jerárquica y marcada por la lealtad a su estatuto como valor supremo es análoga al orden mafioso.

La relación con un territorio que hay que poseer como se posee un cuerpo ha sido colocada, en los fragmentos de imágenes de la memoria colonial, bajo el régimen de la posesión sexual. La violación es el acto alegórico por excelencia de la definición schmittiana de la soberanía: control legislador sobre un territorio y sobre el cuerpo del otro como anexo a ese territorio.[82] En la violación, la víctima es expropiada del control sobre su espacio-cuerpo. Una de las dos raíces etimológicas latinas del término «territorio» significa *terrére*, es decir, asustar y aterrorizar. El cuerpo de las mujeres, *qua territorio*, acompaña el destino de las conquistas y anexiones de las comarcas enemigas, inseminado por la violación de los ejércitos de ocupación. Se trata, además, de la productividad y la normatividad del pillaje como «tomar lo que te corresponde» que, inscrito en los fragmentos de memoria, ahora se aúna a la soberanía extractivista instigada por el mercado global. La rapiña, el saqueo, el despojo se constituyen en vestigios de la economía moral de la colonia y se actualizan en la realidad poscolonial.

82 Para la relación territorio, cuerpo y soberanía, cf. C. Schmitt, *Teología política*, Madrid, Trotta, 2008, pp. 13-59; cf. además R.C. Trexler, *Sex and Conquest. Gendered Violence, Political Order, and the European Conquest of the Americas*, Ithaca, Cornell University Press, 1995.

Con la moralización de la sexualidad, introducida por la asociación entre mal y sexo, entre daño y sexo, el «pecado», el acceso sexual pasa a tener la connotación de profanación y apropiación. En otras palabras, posesión de una tierra considerada como cuerpo, de un cuerpo considerado como mujer, de una mujer considerada como sexo: un cuerpo-sexo, por tanto, imagen del vasto mundo colonizado, naturaleza salvaje y sexo, continente oscuro de la sexualidad. El cuerpo-sexoonírico es entonces esta abstracción que, como tal, puede asumir todas las figuras de la inversión libidinal en un territorio englobante o continente de deseo: dinero, cosas, hombres, mujeres, animales, plantas, en fin, todo lo que se constituye en un vasto todo espacial;[83] todo lo que lo particulariza, lo encarna, lo especifica. La gran aceleración concentradora de capital es la de la refeudalización de territorios gigantescos en los que se designa la violencia no solo utilitaria sino expresiva; se designa el acto de rapiña y de crueldad en el que el poder de facto exhibe, ostentosamente, su discrecionalidad y soberanía jurisdiccional.

URDIMBRES DE VIOLENCIA

En el archivo de la forma de vida y de los fragmentos de memoria vinculadas a la imagen de la soberanía se articulan además imágenes que aúnan el dinero y el poder con la muerte. Marx advierte la vinculación entre dinero y libido en el mercado. Pues bien, el dinero es, para el mercado, *el* sueño. Dinero, poder y muerte operan los cambios políticos cuando los héroes patrios que aparecen juntos, como *Crowdfunding Fathers* en la iconografía nacional, se traicionaron y asesinaron unos a otros; del cura Hidalgo a Villa y Zapata y Obregón, cabezas y

83   La noción de *cuerpo-sexo* proviene de J. Tonda, *Le Souverain moderne*, *op. cit.*, p. 252.

brazos perdidos, cadáveres que se ocultan o son exhibidos ostentosamente. Asesinatos de candidatos presidenciales transmitidos en cadena nacional forman parte del imaginario de la nación. La muerte y el dinero son los que activan la solidaridad nacional e internacional ante los sismos, las desapariciones o la última tragedia que nos aqueje. La imagen de la Festividad del día de Muertos que aparece en el cine de Hollywood es el reclamo y atracción del hombre blanco, del turismo internacional y sus derramas económicas. La muerte y el dinero *como espectáculo* erigen la escenografía del crimen organizado y la del poder *de facto*. El culto a la muerte es inherente a la nación que se basa en rendir tributo a los héroes patrios y a los padres fundadores.

En cuanto tótem nacional, la muerte surge como una secuela de la Revolución mexicana aunada al proyecto nacional del mestizaje y, como vuelve a recordar Claudio Lomnitz, alude a que la unidad y la solidaridad entre los mexicanos surge a pesar del origen de la nación en la violación y el pillaje de la conquista y sus repeticiones cíclicas (por ejemplo, en la Revolución mexicana). En ese contexto, supone el reconocimiento de un *modus vivendi* que alcanzan entre sí los descendientes de enemigos mortales, una reconciliación colectiva provisional y táctica en el entendimiento de que nadie escapa a la muerte. El culto a la muerte signa un sistema fundado en la dialéctica de la violación, es decir, en las consecuencias fértiles y reproductivas de la explotación violenta.[84] Este imaginario no constituye ningún rasgo atávico ni ninguna esencia cultural. Se inscribe en una genealogía política de la violencia y el despojo y queda bien asentado a ambos lados del Atlántico. Su atuendo definitivo termina también siendo americano, el de la obsesión general —y a veces implacable— con las cosas del norte global.

En 2018 dos tráilers con centenares de cuerpos aparecieron en Jalisco. El crimen organizado no los abandonó ahí, lo hizo

84 C. Lomnitz, *La idea de la muerte en México, op. cit.*

el propio Gobierno estatal. Contenían exactamente doscientos setenta y tres cuerpos en descomposición, todos cargados en los vehículos porque la morgue central, a las afueras del estado, estaba desbordada por más de dos centenas de muertos. En México no es la primera vez que se utiliza un tráiler frigorífico como recurso ante la saturación de las morgues. En 2011 se usó un contenedor para guardar y transportar los cuerpos extraídos de las fosas clandestinas de San Fernando, Tamaulipas y hay tráileres-morgue en ciudades como Acapulco, Chilpancingo e Iguala, Guerrero; en Xalapa y Alvarado, Veracruz; y en Tijuana, Baja California.

En un país con más de cien mil personas desaparecidas, la Ley General de Víctimas prohíbe, desde 2015, la incineración de cuerpos. La nueva prohibición deja dos opciones: enterrar los cuerpos o preservarlos. Para la primera se necesitan criptas en los cementerios; para la segunda, cámaras frigoríficas en los servicios médicos forenses (SEMEFO). Ambas alternativas suponen gastos que ninguna institución quiere asumir.[85] La violencia en México no es un acontecimiento del pasado que se proyecte en un futuro que ha dejado de ser violento para hacerse cargo de sus vestigios en nuevas trayectorias. La violencia está en el día a día. No alude a un pasado que el Estado pueda intentar domesticar a través de los lenguajes controlados de la ley, las ciencias forenses y la razón humanitaria porque, por complicidad, acción y omisión, la violencia del día a día es violencia de Estado.

El cumplimiento de la ley de incineración mientras se apilan cadáveres, se almacenan en tráileres sin protocolos ni mecanis-

85 D. Franco, «Jalisco: la verdad de los tráileres de la muerte», *ZonaDocs. Periodismo en Resistencia*, 19 de septiembre de 2020 [www.zonadocs.mx]; Redacción, «"Tráiler de la muerte": el día que una morgue rodante apareció en Jalisco con más de 270 cadáveres», *Infobae,* 1 de abril de 2021 [www. infobae.com]. Rodrigo Parrini hablará en un trabajo de próxima aparición de lo que escapa al control de la vida de la biopolítica y al dejar morir de la necropolítica, como el «dejar pudrir».

mos nacionales de identificación, señala lo que ya advertimos. La ley «oficial» se mantiene, pero desactivada e inoperante. El director del Instituto Jalisciense de Ciencias Forense lo expresa con crudeza: «Para el Estado no hay dinero para hacerse cargo de los muertos». No estamos en el escenario de las desapariciones en el Cono Sur, donde deshacerse de las víctimas del terror estatal sin dejar rastro, enterrándolas en fosas comunes clandestinas o incinerándolas o arrojándolas a ríos y masas de agua, busca situarlas fuera de la sociedad, incluso más allá de la muerte, para impedir su memorialización política y paralizar la disidencia.[86] Estamos en el escenario en el que la ley que preserva los cuerpos de la incineración se promulga, pero *de facto* se deja inoperante. Los cuerpos se almacenan y apilan sin mayor cuidado. Cuando hieden, el tráiler se muda de lugar. Porque la ley que rige en verdad es la ley de la soberanía de facto, del mandato de masculinidad, el mandato de la competencia al servicio de la producción de valor. En el imaginario del dinero y la muerte, los cuerpos valen por el dinero que tienen, o por el que pueden producir.

El 30 de marzo de 2021, la Comisión Estatal de Derechos Humanos inició una queja contra la Fiscalía General del estado de Veracruz por entregar en el municipio de Las Choapas los restos de una persona reportada como desaparecida dentro de bolsas de basura. Eladio Aguirre Chablé fue localizado gracias a la labor del colectivo Madres en Búsqueda Coatzacoalcos que, atendiendo a un reporte anónimo, inspeccionó un terreno baldío del municipio de Agua Dulce. Después del hallazgo del cadáver desmembrado, la Fiscalía General del Estado acudió para iniciar el levantamiento de los restos. Y, sin más, se los

86   Cf. A. Robben, «Exhumations, Territoriality, and Necropolitics in Chile and Argentina», en F. Ferrándiz y A. Robben (eds.), *Necropolitics. Mass Graves and Exhumations in the Age of Human Rights*, Filadelfia, University of Pennsylvania Press, 2015, pp. 53-75.

entregó a la familia en bolsas de basura.[87] En México se puede ser hegeliano sin saberlo. Hegel subraya el dolor como «el privilegio de las naturalezas vivientes».[88] Esta es la razón por la cual, escribe en la *Enciclopedia*, que la muerte —además de representar la amenaza del desmembramiento del cuerpo vivo (de su desarticulación)— es también su «verdad», puesto que «la muerte de la vitalidad meramente inmediata e individual es la «emergencia del espíritu».[89] El Espíritu que exige la fuerza es otra forma en la que podríamos entender la acumulación de capital. En la *Fenomenología del espíritu*, la muerte desempeña un papel crucial a través de la mediación del «miedo», en su división entre siervos y amos. En la *Lógica*, y aún más en la *Enciclopedia*, se trata de la «emergencia del espíritu». El ejercicio de poder se trata del ejercicio del dinero y de la muerte ya no solo para distinguir entre quiénes son los amos y quiénes los siervos, sino en aras del espíritu. Del comercio del espíritu (del capitalismo) consigo mismo.

La fuerza social necesita transformarse en imagen externa, de modo que aparezca de forma tangible. Durkheim nos advierte de la imagen del tótem y de cómo sus emblemas se dibujan en el cuerpo. El cuerpo humano se utiliza como fuente de verificación y justificación de la autoridad simbólica de las instituciones y los hechos sociales. El hecho de nacer en un mundo social conlleva la aceptación inconsciente de cierto número de postulados incorporados como *habitus* que de suyo no requieren inculcación activa al margen de la que se ejerce por el orden de las cosas. «De todas las formas de "persuasión oculta", la más implacable es la que se ejerce simplemente por

---

87 E. Gómez, «En bolsas de basura entrega la FGE restos de un desaparecido», *La Jornada*, 30 de marzo de 2021 [www.jornada.com.mx].

88 G.W.F. Hegel, *Ciencia de la lógica II*, Madrid, Abada, 2015, p. 328.

89 *Id.*, *Enciclopedia de las ciencias filosóficas*, *op. cit.*, p. 289.

el orden de las cosas», escriben Bourdieu y Wacquant.[90] El
orden social se inscribe en la *hexis* corporal, verdadera «mitología política realizada»: «Aprendemos por el cuerpo. El orden
social se inscribe en los cuerpos a través de esta confrontación
permanente, más o menos dramática, pero que siempre otorga
un lugar destacado a la afectividad y, más precisamente, a las
transacciones afectivas con el entorno social». Bourdieu, ya lo
vimos, habla de la *violencia simbólica*. No se trata solo de la
«normalización ejercida por la disciplina de las instituciones»,
sino también de

> la presión o la opresión, continuas y a menudo inadvertidas, del
> orden ordinario de las cosas, los condicionamientos impuestos
> por las condiciones materiales de existencia, por las veladas con-
> minaciones y la «violencia inerte» (como dice Sartre) de las es-
> tructuras económicas y sociales y los mecanismos por medio de
> los cuales se producen.[91]

Ahora bien ¿qué sucede con la *violencia física*, la que aparece
en la violación, la tortura, el exceso de fuerza para contener
una manifestación, las ejecuciones extrajudiciales, el interrogatorio, etc.? Cuando la memoria incita a ver en la violencia no
un obstáculo, sino la forma del ejercicio de poder, el dolor
humano, el «tejido obscenamente vivo» del cuerpo humano,
contempla el daño como una forma de legitimación porque,
aunque carece de conexiones interiores con la cuestión de este
ejercicio, la herida es capaz de abrir una fuente de realidad que
puede dar a la cuestión fuerza y poder de sujeción. Se recurre a
la pura facticidad material y nerviosa del cuerpo humano para
conferir a esa construcción del ejercicio del poder el aura de

90 P. Bourdieu y L. Wacquant, *Réponses. Pour une anthropologie reflexive*,
París, Seuil, 1992, pp. 142-143.
91 P. Bourdieu, *Meditaciones pascalianas*, Barcelona, Anagrama, 1999,
pp. 186-187.

«realidad» y «certeza».[92] El ejercicio del dinero y de la muerte se transforma aquí en una empresa que agrupa a varios sujetos y que extrae valor de los cuerpos violentados. La función del asesinato y la producción de muerte están ahora relacionadas, como advierte Achille Mbembe, de la misma manera que, según el dogma marxista, solían estarlo el capital, el trabajo y la plusvalía.[93] El valor extraído da asimismo plusvalía a la imagen del soberano de facto. Si el valor del poder soberano se capitaliza en la atrocidad y la muerte, se trata de producir más y más valor para acumular más y más capital. El ejercicio de poder como ejercicio de dar la muerte tiene su fundamento en un proceso de percepción que permite que los atributos extremos del cuerpo —lo que Hegel llama su verdad—, al ser desmembrado, se traduzcan a otro lenguaje, se separen del cuerpo y se reubiquen en otro lugar, el de la reificación de la imagen de la soberanía, en el mismo momento en que el propio cuerpo, *como resto*, es repudiado.

El cuerpo desmembrado, ese cuerpo concreto que desaparece mientras la vida, la materia y la memoria en las que habita continúan, es excomunicado. La capacidad de *ese cuerpo* de comunicar, de resonar, de transformar, de actuar concertadamente con otros, de diferir de sí y de transformarse, es transferida a la imagen del poder soberano en los entresijos del proceso de extracción que hacen posible que la realidad incontestable del cuerpo físico se convierta ahora en un atributo de poder, de una soberanía que, de otro modo, deviene intangible. Ahora bien, la inscripción en el orden normativo de la acumulación del capital funciona generando un exceso de presión que nunca puede ser descargado por ninguna «obra» que responda a las normas establecidas de ese orden; de hecho, es este exceso de

---

92 Cf. E. Scarry, *The Body in Pain. The Making and Unmaking of the World*, Oxford, Oxford University Press, 1987.
93 A. Mbembe, «African Modes of Self-writing», *Identity, Culture and Politics* 2(1) (2001), p. 29.

presión del mercado el que parece impulsar la violencia, volverla compulsiva. Porque los soberanos de facto son frágiles y temen por la competencia cada vez más feroz, tienen que doblar la apuesta de la violencia, nada de lo que hacen parece funcionar definitivamente, nada proporciona un verdadero alivio de ese exceso de presión, la violencia se repite una y otra vez. La acumulación incesante de capital no acaba nunca, la emergencia enloquecida del espíritu (de la acumulación de capital, de la producción de valor) gira sobre sí misma.

Para la Fiscalía General del estado Veracruz, encargada estatal de la procuración de justicia, las bolsas negras de basura en las que ha devenido el cuerpo desmembrado de Eladio Aguirre Chablé señalan lo que no se ve ni debe verse. Que la ley que ella procura no es sino la zona de la alegalidad, de la discrecionalidad y de la indistinción entre lo legal e ilegal en la que rige el mandato de masculinidad. El cuerpo desmembrado en el que esta «ley» se inscribe está oculto públicamente aunque todo el mundo pueda adivinarlo. Ha de ser desplazado a lo doméstico y lo privado. Su familia debe llevárselo. Cada quien debe hacerse cargo de *su* basura. Esta es la especificidad de la violencia que excluye hablar de ella como violencia simbólica, aunque incluya a esta última, que se ve reforzada por sus efectos.

En este desplazamiento a lo doméstico de la bolsa de basura se indica algo importante que permite anudar la urdimbre de la violencia que nos aqueja. ¿Cuál es el lugar de lo doméstico en el imaginario del Estado nación? La imagen de la *nación* se ha proporcionado a menudo a través de la condensación de imágenes que aluden al género y a la familia.[94] Si la imagen del Estado alude a la *performance* y el despliegue militar de la masculinidad, la nación es feminizada en una imagen idealizada

94 Cf. B. Aretxaga, «¿Tiene sexo la nación? Nación y género en la retórica y la política sobre irlanda», *Arenal* 3(2) (1996), pp. 199-216; N. Yuval-Davis, *Gender and Nation*, Los Ángeles, Sage, 1997; M. Lugones, «Heterosexualism and the Colonial / Modern Gender System», *Hypatia* 22(1) (2007), pp. 186-209.

y desexualizada del arraigo a la tierra. La nación es una expresión *específicamente moderna* de la conformación de la identidad colectiva que, sin embargo, apela a un pasado inmemorial.[95] Para resolver esta ambivalencia entre lo inmemorial y lo moderno, en su imagen se alude al género y a la familia, que se identifican —de manera ciertamente problemática— con lo natural, mientras lo natural se identifica con lo fijo. La imagen de una familia mexicana idealizada, con las mujeres firmemente situadas en el papel de madres, sirve como imagen de la cohesión social que intenta trascender las sombrías divisiones de la pérdida del territorio, la guerra civil y de baja intensidad y el borramiento e invisibilización de poblaciones enteras. Al plantearse como imagen central de la nación y como espacio de lo indecible, este modelo de familia tiene el efecto, como habremos de ver, de silenciar tanto la violencia dentro de la familia como la violencia dentro de la nación que ha de presentarse *unida* y no dejar traslucir sus diferencias abismales ni sus luchas cruentas e intestinas.

El progreso entra en este imaginario como un concepto espacial, identificado con la «extensión de la modernidad» o la «expansión del mundo en desarrollo» del Soberano Moderno. Una vez que la historia como tiempo se homogeniza y los ciudadanos son puestos, por así decirlo, en el mismo reloj, es inevitable que, en el panorama, algunos se consideren «puntuales», «adelantados» o «retrasados». Poco importa que las agujas del reloj giren en círculos, se piensa en ellas y se actúa como si fueran ruedas que se mueven por un único camino llamado progreso. Las reivindicaciones por defender otras formas de vida, lenguas o naciones como la ayuujk (mixe), la purépecha o tantas otras, se contemplan como un movimiento hacia atrás, que ralentiza el tiempo histórico. En el modelo de

95 Cf. B. Anderson, *Comunidades imaginadas. Reflexiones sobre el origen y la difusión del nacionalismo*, México, FCE, 2006; Á. Fernández Bravo (comp.), *La invención de la nación*, Buenos Aires, Manantial, 2000.

Estado nación no se niegan las diferencias de clase, sino que se reconocen como una prueba de que la identidad nacional transciende la pertenencia a ellas. De este modo, el hecho de que «ricos y pobres por igual» se sientan del mismo modo mexicanos parece justificar a la nación como la forma natural de la vida colectiva política.

La familia pasa a ocupar un lugar central en las nuevas políticas legislativas nacionales. Este proceso se fortalece porque el orden de estatus y la solidaridad familista colonial penetra en el Estado nación independiente y moderno, creando redes corporativas y *parentelas* que atraviesan el espacio público. Al situar a la familia en el centro de la nación, se fija como naturaleza y esencia de lo mexicano y queda *fuera del tiempo*. La familia como esencia de la nación escapa a cualquier debate político. Se erige como lo incuestionable. La capacidad del nacionalismo mexicano para establecer una relación identitaria entre la familia y la nación les permite relegar el espinoso problema de las guerras intestinas, las disimetrías y desigualdades abismales entre sus miembros. El secreto de la violencia de la nación es un secreto de familia, queda fuera del lenguaje, oculto tras un velo de aislamiento doméstico. De este modo, la violencia nacional adquiere el estatus de violencia doméstica, algo de lo que todo el mundo sabe pero se calla, y a la inversa, la violencia sexual o la violencia «doméstica», la que al concernir a la familia queda *fuera del tiempo* y del debate público, acaba convirtiéndose en el gran silencio de la nación. Los hombres que sienten la relatividad de su posición masculina en relación con el hombre blanco exhiben su potencia y capacidad de control cada vez más cuestionada —e inherente al mandato de masculinidad— en el espacio en el que pueden hacerlo: el doméstico.[96] La obsesión general con las cosas del

---

96 Este proceso es descrito, en relación con la colonia y los Estados nación emergentes en América Latina, por R.L. Segato, «Género y colonialidad: del patriarcado de bajo impacto al patriarcado moderno» en M. Belausteguigoitia

norte global se articula en los fragmentos de memoria como
frustración y «deuda», como un agravio insatisfecho que se
busca restituir. En primer lugar, para demostrar que se es hombre. En segundo lugar, para instaurar la soberanía en el territorio que les queda: la casa y el cuerpo de quienes, bajo su techo,
no son los hombres o no responden a la verdadera ley, el mandato de masculinidad. La forma de restitución es, como nos
advierte Nietzsche, la violencia que se ejerce sobre esos cuerpos.
Y la basura, claro está, se entierra y se quema *en casa*.

LO QUE NO ES INFIERNO

Al hablar de los fragmentos de *memoria* del Estado nación que
incorporan vestigios y distintas temporalidades, vemos que no
solo vivimos en muchos mundos al mismo tiempo (el del «origen sin origen» de la ley y el género, el del mercado global, el
de la colonia, el de la modernidad...), sino también que esos
mundos están todos en el mismo lugar. Así pues, lo Uno —en
este caso el Estado nación— no excluye necesariamente la
multiplicidad, ya que nunca se expresa en una sola forma, ni
en la uniformidad. Sin embargo, a la luz de lo escrito, hay que
preguntarse por la lectura de las relaciones sociales y del sujeto
colectivo a través de cierta estética de la violencia. El acuerdo
no contractual que en la forma de vida alude a lo que distingue
a la vida misma como vida ya no existe. No existe cuando hay
más de trescientas cincuenta mil personas asesinadas, más de
cien mil desaparecidas que sus familiares buscan sin ayuda,
cuando los cadáveres se apilan en tráileres abandonados o son
entregados en bolsas de basura.

El presente no se articula sin los vestigios o huellas del
pasado. A veces los vestigios del pasado son recreados, preser-

---

y M.J. Saldaña-Portillo, *Des/posesión. Género, territorio y lucha por la determinación*, México, UNAM, 2015, pp. 125-162.

vados y reciclados por el Estado nación, que intenta institucionalizar la memoria colectiva. No se trata solo de las maquinaciones del Estado, sino también de las comunidades, que en el proceso de su emergencia como actores políticos intentan controlar y fijar la memoria de una forma muy parecida.[97] Pero este control no es total. Incluso en las más apasionadas presentaciones públicas del discurso militante de derechos humanos o de memoria histórica, las referencias a la violencia a veces llegan a enmarcarse en la ambigüedad y son comparables a un tartamudeo en el habla y a la fatiga en el trabajo, señalando quizá las áreas en las que el lenguaje se encuentra con sus límites. Ahora bien, ¿qué sucede cuando ni siquiera esto es posible? ¿Qué ocurre cuando la violencia se experimenta sin más como la temporalidad del futuro procedente del pasado?

La pregunta es qué sucede cuando lo que se pone en duda es la vida misma y la vida social debe continuar con el conocimiento de estas violaciones en un entorno de sospecha, miedo y escepticismo generalizado sobre la verdad de las propias relaciones. Las imágenes se domestican (parcialmente) cuando las captamos en palabras y en conceptos; sin embargo, las palabras pueden quedar congeladas, entumecidas, sin vida. Así, hay hombres y mujeres que hablan y, si se les pregunta, cuentan historias sobre la violencia que han visto o soportado en su cuerpo, con palabras impregnadas de una cualidad mecánica, o que parecen estar animadas por una voz ajena e impersonal. Se puede perder el contacto con las palabras, convertirse en máquina, utilizar cualquier palabra que pueda hacer eficazmente el trabajo, independientemente de que sea una palabra viva, que responda a la imagen dentro de una forma de vida, o una palabra congelada y muerta, desconectada de lo sensible, por la repetición sin sentido. La pregunta del filósofo camerunés Achille Mbembe es aquí particularmente ilustrativa: «¿Cómo

---

97 Cf. J. Derrida, *Mal de archivo. Una impresión freudiana*, Trotta, Madrid, 1997.

se puede redimir la vida, es decir, rescatarla de esta operación incesante de lo negativo?».[98]

Mbembe se hace esta pregunta a la luz de lo que él considera el fracaso del imaginario africano a la hora de producir un sujeto colectivo. En las fatídicas descripciones de África como lugar de Estados fallidos, de guerras y nuevas epidemias, advierte, la escritura de un sujeto colectivo se ha visto bloqueada por la forma en que se ha desplegado el discurso de la victimización para hacer valer la experiencia histórica de la esclavitud, la colonización y el *apartheid*. Para Mbembe, la primera cuestión que debe identificarse a este respecto se refiere al estatus del sufrimiento en la historia: las diversas formas en que las fuerzas históricas infligen daño psíquico a los cuerpos colectivos y las maneras en que la violencia da forma a la subjetividad. Es aquí donde considera apropiada la comparación con otras experiencias históricas. El Holocausto judío proporciona una de ellas. En efecto, tanto el Holocausto como la esclavitud y el *apartheid*, la propia vida humana y la vida misma son derogadas:

En su propio fundamento, estos acontecimientos atestiguan contra la vida [...]. De ahí la pregunta: ¿cómo pueden ser [las vidas] redimidas, es decir, rescatadas de la incesante operación de lo negativo?[99]

En su lectura de Mbembe, la antropóloga india Veena Das advierte que a pesar de la referencia que hace a los acontecimientos del Holocausto, la esclavitud y el *apartheid* como testimonio contra la vida, la *vida* queda relativamente inexplorada.[100] En su lugar, Mbembe crea un discurso en el que los

98 A. Mbembe, «African Modes of Self-writing», *op. cit.*, pp. 1-39.
99 *Ibid.*, p. 19.
100 V. Das, *Life and Words. Violence and the Descent into the Ordinary*, Berkeley, University of California Press, 2007, p. 215.

obstáculos a la recuperación de la identidad del sujeto colectivo en el imaginario africano se remontan a una serie de negaciones. La más poderosa de estas negaciones, para él, es la incapacidad de autorrepresentación, basada a su vez en una obsesión por recuperar una auténtica identidad «africana» sustentada en una u otra versión del «origen». Mbembe advierte que el privilegio del victimismo sobre la escritura de un sujeto colectivo radica en que, a diferencia de la memoria judía del Holocausto, no existe propiamente una memoria africana de la esclavitud, que en el mejor de los casos se experimenta como una herida cuyo significado pertenece al dominio del inconsciente, lo que la sitúa fuera de la historia. Entre las razones de la dificultad del proyecto de recuperar la memoria de la esclavitud, identifica la zona de sombra en la que la memoria de la esclavitud esconde una grieta enmascarada por la ficción (o ilusión) de que las temporalidades de la servidumbre y la miseria fueron las mismas a ambos lados del Atlántico:

> Esto no es cierto. Y es esta distancia la que impide que el trauma, la ausencia y la pérdida sean siempre los mismos a ambos lados del Atlántico. En consecuencia, la apelación a la raza como base moral y política de la solidaridad siempre dependerá, en cierta medida, de un espejismo mientras los africanos continentales no se replanteen la trata de esclavos y las demás formas de esclavitud, no solo como una catástrofe, sino también como el producto de una historia en la que han participado activamente por la forma en que se han tratado unos a otros.[101]

Hay aquí varios supuestos importantes sobre la obligación de restituir el significado originario de la memoria para forjar la identidad colectiva que tienen relevancia. En primer lugar, está claro que el Holocausto se proyecta como un modelo con referencia al cual se plantea el «fracaso» del proyecto africano del

---

101 A. Mbembe, «African Modes of Self-writing», *op. cit.*, p. 20.

imaginario colectivo. Con ello Mbembe introduce todos los supuestos de la teoría del trauma porque es a partir de esa teoría que se ha pensado la memoria del Holocausto. *Trauma* es un término de origen griego (τραῦμα) que significa «herida». Basándose en los trabajos de Freud (o al menos en una interpretación de ellos), los teóricos del trauma advierten que es una herida que no puede ser asimilada plenamente como experiencia y que, por tanto, pertenece al inconsciente.[102] El trauma es siempre la historia de una herida que grita, que se dirige a nosotros para intentar hablarnos de una realidad o de una verdad que no está disponible de otro modo. La imagen del trauma contempla que, en la incapacidad de dar expresión a la herida (por ejemplo, a la herida de los campos de concentración, la de la colonia o a la esclavitud), es en la compulsión repetitiva en forma de pesadillas, conducta autodestructiva o de violencia, que la herida encuentra «voz». En el trauma hay un pasado que retorna sin dejarse elaborar y un futuro bloqueado que nos abocan a la dilatación social del presente. El tratamiento psicodinámico del trauma a menudo se conceptualiza como liberar a los sujetos de patrones de actuación en los que han intentado, de modo imposible, resolver la violencia del pasado en el presente, y enviar a los fantasmas de vuelta al pasado al que, supuestamente, pertenecen.[103] La construcción de la identidad colectiva pasa entonces por la tarea de hacer que la historia sea visible o conocible para que sea historia y deje de manifestarse en la repetición compulsiva e inconsciente en el presente.

Para Mbembe, el fracaso en esta recuperación colectiva de la memoria africana se debe a la insistencia en la victimización

---

102 Cf. C. Caruth, *Unclaimed Experience. Trauma, Narrative and History*, Baltimore, The Johns Hopkins University Press, 1996; D. LaCapra, «Trauma, Absence, Loss», *Critical Inquiry* 25 (1999), pp. 696-727.

103 A. Young, *The Harmony of Illusions. Inventing Post-Traumatic Stress Disorder*, Princeton, Princeton University Press, 1995, p. 201.

y en la identidad originaria que impide hacerse cargo de las complicidades bajo las cuales operó la esclavitud como parte de la estrategia de venta. Así, la genealogía de las guerras modernas en África se remonta a las apariciones fantasmales producidas por culpas no resueltas y no mediadas por las fuerzas contemporáneas de la vida y el trabajo. Nuevas formas de subjetividad bélica, en lugar de erigirse como excepción, forman parte de la realidad cotidiana:

> En el acto que consiste en dar muerte a innumerables víctimas, el agente de la masacre busca también trascenderse a sí mismo e inventar un nuevo yo. Temblando de embriaguez y violencia, se convierte en una especie de obra de arte modelada y esculpida por la crueldad. En este sentido, la guerra se convierte en parte de las nuevas prácticas africanas del yo. A través de la guerra, el sujeto africano transforma su propia subjetividad y produce algo que no pertenece al ámbito de una identidad perdida que hay que reencontrar a toda costa, sino algo radicalmente distinto, algo que puede cambiar y cuya teoría y vocabulario están por inventar.[104]

Surge así, escribe Mbembe, un imaginario original de la soberanía cuyo campo de ejercicio es la vida en su generalidad.

> Esta puede ser objeto de una muerte empírica, es decir, biológica. Pero también puede ser hipotecada, del mismo modo que las cosas. El poder de dar muerte, la función de asesinar y la voluntad de mutilar al enemigo, si no de destruirlo, hacen más difícil de responder que antes la cuestión del valor de la vida y cómo medirla, sobre todo cuando masacres y carnicerías se relacionan ahora como, según el dogma marxista, el capital, el trabajo y la plusvalía solían estar relacionados.[105]

---

104 A. Mbembe, «African Modes of Self-writing», *op. cit.*, p. 29.
105 *Ibid.*

Hay aquí tres problemas en los que me gustaría detenerme. En primer lugar, para Mbembe la vulneración de la vida está vinculada al fracaso del proyecto de identidad africana que produce subjetividades ebrias y modeladas en la crueldad. Sin embargo, no es evidente que lo que esté en juego cuando la vida es derogada, la preocupación más inmediata, sea el fracaso de un proyecto de identidad. En segundo lugar, el archivo de la forma de vida actualiza, con los vestigios del pasado, formas inéditas de subjetividad «cuya teoría y vocabulario están por inventar». No obstante, hay en esta forma inédita un determinismo de la crueldad. Esto se debe a que la única forma en la que Mbembe contempla la relación con el pasado es, o a partir del pasado como origen irremisiblemente perdido, o a partir de la memoria traumática. El pasado es, sin embargo, a la vez tan irreversible (de él solo nos quedan vestigios) como indeterminado; la multiplicidad de sus huellas se proyecta al futuro. Tampoco nos relacionamos solo con el pasado como memoria traumática ni lo crucial es necesariamente un proyecto de identidad colectiva basado en la obligación de restituir el significado originario de la memoria.

Cuando el acuerdo no contractual sobre el que descansa la forma de vida desaparece, y lo que se pone en duda es la vida misma, lo que se quiebra no es la identidad. Es la posibilidad de *resonar* con los otros. La resonancia siempre pasa por los nervios y la semántica de los nervios es inestable. Combina vigor, fuerza y determinación con excitación, agotamiento, debilidad, timidez y quiebre. La pregunta entonces es cómo se experimentan las diferentes vías de existencia que existen y cómo estas abren o clausuran modos de habitar el mundo. En este escenario, más que encontrar criterios universales para separar *a priori* lo bueno de lo malo, es crucial comprender cómo funciona el proceso de habitar la devastación, cómo ante la violencia que testimonia en contra de la vida misma las personas habitan el lugar de las ruinas y anudan la vida hilo a hilo. ¿Cómo es que la vida, en toda su precariedad y crudeza, sigue? ¿Cómo es que vuelve a algo parecido a un ritmo coti-diano? Mbembe tiene razón al advertir que la guerra ha deja-do de ser un estado de excepción y se incorpora en lo cotidiano en muchas partes. Sin embargo, su descripción —y he ahí mi impaciencia con su *necropolítica*— tiene un carácter unitario: no se rompe nada en ese suave fluir del momento de conver-tirse en una especie de obra de arte modelada y esculpida por la crueldad, porque no hay temporalidad en esta creación de sujetos.

Voy a aludir a otras formas de relacionarse con el tiempo que no son ni las del presente como nostalgia del origen de la que hay que desconfiar, ni la memoria como ejercicio deli-berado y crítico, ni la memoria traumática. Estas formas seña-lan una relación distinta con el tiempo y el archivo de la forma de vida. Es necesario hacer una aclaración. Ninguna de estas formas es simple, ni apela al gesto ejemplarizante ni heroico, ni a la *resiliencia*. A menudo están densamente cargadas de ambivalencia y suponen el margen de maniobra entre lo malo y lo peor. Tienen que ver con modos de habitar la devastación sin ignorarla y con maneras de señalar, veladamente, las formas en las que se juega qué es lo más importante de la vida para las personas. Es evidente, pues, que no considero que la «comu-nidad» o la subalternidad sean necesariamente un lugar de «resistencia» o redención, ni siquiera cuando una comunidad es la más castigada por un estado de sitio. Hay discursos co-munitarios, incluso en estos casos, que imitan en ocasiones la violencia del Estado. Para mí, nadie tiene el monopolio de los pronunciamientos éticos. Esto no quiere decir que no haya legitimidad ética o política posible, solo significa que el inten-to de alcanzar una proximidad a las vicisitudes y complejidades de la vida pesa más que las posturas políticas (aunque estas no carecen de importancia por cuanto nos orientan).

La violencia a la que aludo en estas páginas pone en tela de juicio la idea misma de la vida. Para mí, la posibilidad de ha-bitar y re-anudar la vida no proviene, o no principalmente, de

2. Nervios: para una imaginación política

los proyectos identitarios, la reconstrucción de la memoria pública, los imaginarios nacionales ni los rituales públicos de duelo y reparación. Más bien, la posibilidad radica en la vida de aquellos cuyos cuerpos soportan la carga de esta violencia. Junto con un lugar de redención predecible, otra característica que se exige al gesto militante es que el modo de acción debe ser heroico la mayoría de las veces. Se subraya entonces el papel de las víctimas que asumen un activismo público. Lo que me interesa señalar, al invocar lo cotidiano como modo de habitar la devastación e ir hilando la vida, es que lo que oculta la querencia por lo ejemplarizante es el impulso «a pensar en la agencia en términos de escapar de lo ordinario en lugar de descender a él».[106]

Digamos, pues, que hay quien ve la política, o la política más significativa, como agonística. Por encima de todo, anhelan una agonística socialmente progresista, por ejemplo, una rebelión en alguna de sus formas. Llamemos a esto el impulso agonístico de la política. Digamos ahora que existe otro impulso político, llamémoslo reparador, que nace tras una catástrofe o incluso en el seno de las amenazas que se ciernen sobre la vida ordinaria, y que está animado por la pregunta de cómo podemos seguir viviendo juntos. Es este otro impulso, a menudo desdeñado, el que me parece importante atender aquí. Aunque no quisiéramos proponer un acercamiento entre los impulsos agonísticos y los reparadores, no considero que los primeros o los segundos reclamen una primacía sobre el alma de lo político. Un acontecimiento (incluida una revolución, independientemente de cómo se defina) crece a partir de lo cotidiano y debe volver a él, y a los ritmos de la vida ordinaria que dan vida y la envenenan.

No siempre, entonces, las personas que sufren violencia la viven como memoria traumática, como una experiencia inconsciente que no puede ser asimilada y que los lleva a la

---

106 V. Das, *Life and Words, op. cit.*, p. 7.

compulsión. A veces la experiencia de la violencia significa, por el contrario, *saber demasiado*. Veena Das habla del «conocimiento venenoso». Este conocimiento solo puede abordarse a través del sufrimiento porque el sufrimiento es el reconocimiento apropiado de la forma en que, en estos casos, la vida es. El conocimiento venenoso a menudo supone silencio. El silencio no es necesariamente negación de la vida ni indica una incapacidad de duelo. Lejos de ser una carencia o un recuerdo traumático no reconocido, este silencio supone el gesto de absorber y contener este conocimiento cuando las relaciones con otros se ven sumamente erosionadas y fragilizadas.[107] Así, se impide que el veneno corrosivo circule y se disperse en el campo social, digiriéndolo y conteniéndolo en uno mismo y concentrándose en los actos de atender a lo ordinario: tener un techo bajo el que cobijarse, poder enviar a los hijos a la escuela, poder hacer el trabajo de cada día sin el miedo constante a ser atacado... La *imagen-memoria*, podríamos decir, opera a favor de la restitución de la *memoria-hábito*. No se trata de negar o escaparse del pasado de violencia. Al contrario. Porque se conoce desde el dolor, porque se palpa la fragilidad de los lazos, porque se sabe en qué medida este pasado es irrevocable y sin embargo se sigue proyectando en el futuro, es que exige ingerir y contener el conocimiento venenoso. De lo que se trata es de lo urgente: reconstruir un *habitus* para habitar lo inédito.

En el archivo de vida, los vestigios del pasado están virtualmente presentes en cualquier momento, pero solo hay determinadas huellas a las que potencial o realmente tenemos acceso. Sin embargo, no sabemos de antemano a qué regiones del pasado puede conducirnos la vida o expresarse a través de nosotros. Das describe otra forma de articular la relación de la memoria con el tiempo en una de sus primeras visitas a Sultanpuri, cuando se encontró con un grupo de mujeres sentadas en

---

107 *Ibid.*, p. 221.

silencio frente a sus casas quemadas, solo dos días después de la matanza, en un momento en que un muro de silencio oficial todavía franqueaba estos acontecimientos en la ciudad.

> Cuando las mujeres de Sultanpuri se sentaron en posición de quietud, dejando que sus cuerpos se ensuciaran y desaliñaran, negándose a peinarse, encarnando así, desafiante y dolorosamente, la contaminación y la suciedad, se me ocurrió pensar que era algo parecido a la figura de Draupadi en el *Mahabharata*, que proclamaba su violación mediante la expresión pública de su contaminación. Pero no puedo decir que las mujeres idearan una estrategia o que se tratara de una táctica de la vida cotidiana llevada al terreno de lo político. Más bien tengo que decir que pensar en esto como fragmentos vivos de un mito tiene mucho más sentido para mí. Era como si el pasado hubiera volteado a verlas, no como si ellas hubieran traducido esa historia pasada en una táctica de resistencia presente.[108]

Como si la propia memoria, como ya vimos, girara para presentarnos una imagen vinculada de algún modo con lo que acaece. Lo que la imagen de las mujeres muestra no es una narrativa estandarizada de pérdida y sufrimiento, sino un proyecto que solo puede entenderse en singular a través de la *imagen-memoria del mito* como un modo de habitar el mundo de la devastación en el espacio público, cuando el discurso oficial niega la matanza y quiere a las mujeres ocultas y encerradas en sus casas.

Otra forma de articular la relación entre violencia, memoria y tiempo la brindan las madres cuyos hijos fueron asesinados y sus cuerpos encontrados en el desierto de Sonora. Ya lograron enterrar a los suyos, pero siguen buscando cuerpos de los hijos de otras mujeres. Su reivindicación no es saber quiénes eran, qué hacían, qué pasó, ni tampoco, para escándalo de

108 *Ibid.*, p. 104.

muchos, la exigencia de justicia. No solo porque saben de la impunidad y del riesgo, sino porque, para ellas, lo que está en juego es algo sin lo cual ninguna justicia es posible. La muerte y su ritualización se convierten en un campo de compromiso con el exceso de atrocidad y con la cuestión relativa a la posibilidad de que las personas vuelvan a vivir juntas. Mientras que el lenguaje jurídico de los derechos humanos da por sentada a la comunidad política y a la forma de vida, ellas interrogan qué comunidad política y qué forma de vida es esta que, al no responder por sus muertos, tampoco lo hace por sus vivos. Así, entre los muertos que buscan hay indistintamente quienes trabajaban para el crimen organizado, migrantes o miembros de las comunidades cercanas. A ellas lo que les interesa es que otras madres tengan el cuerpo de sus hijos para poder enterrarlos y que, si no hay nadie que lo aguarde, ningún muerto quede sin ser velado.

Vestigios de memoria ritual proyectan una articulación que no es la del dinero y la muerte que pueda medirse a través de la ley o del mandato (de masculinidad) y que también va más allá del parentesco o el linaje y de la disputa entre la *polis* (Creonte) y la familia (Antígona). Ellas quieren aludir a lo no contractual del acuerdo en la forma de vida. Las madres hablan de la tierra que oculta los cuerpos, lo que ellas llaman los «tesoros». Siempre que en las brigadas de búsqueda excavan, depositan una ofrenda ritual en un paisaje que habla de la vastedad y la desolación implacable. Al preguntarles por qué siguen buscando si ya encontraron a los suyos, explican que todos son los suyos, que viven en duelo. Que la cuestión de la rememoración y el duelo justo es lo que define al ser humano. No lo dicen para definir su naturaleza como una singularidad particular, arraigando así la historia en el suelo del excepcionalismo y la *scala naturae*. Lo que nos hace humanos, para ellas, no es nuestra supuesta diferencia con respecto a los no humanos, los inhumanos, los infrahumanos, los más-que-humanos, los que no importan, sino nuestra relación y responsabilidad con los muertos, con los fantasmas del pasado y del *futuro* («los que no busca nadie», «y los que desaparecerán», dicen ellas con dolor).

Ninguna de estas formas de anudar la vida y habitar la devastación es simple. No pueden serlo por cuanto aluden a lo que en el acuerdo no contractual de la forma de vida no es ya evidente. Aluden al cimiento, a lo básico, a lo que duele y cala el nervio hasta la raíz. Podríamos decir que hay en ellas una tensión viva que cuestiona la oposición entre vivir y morir (sin colapsar sus importantes diferencias materiales); todas son un dinamismo de indeterminación, un enhebrar el vivir con el morir y el morir con el vivir, una orientación deseante hacia el ser/el llegar a ser que no puede obviar los asuntos de la vida y la muerte.

¿Qué significa vivir en duelo? ¿Qué significa tragarse un conocimiento venenoso? Quizá sea una evocación del *ouroboros*, el símbolo mítico de la serpiente que, como en el círculo de la reciprocidad de Mauss, se muerde la cola, que representa la creación a partir de la destrucción, la vida a partir de la muerte. O quizá signifique, más bien, ingerir la violencia como si fuera veneno: llevarlo al intestino, sentir cómo se filtra en los huesos y muta las entrañas. Siva es un dios cuya piel azul oscuro guarda memoria del veneno que ha ingerido para salvar el universo. No sé si mantener unidas las hebras, recuperar el hilo del tejido que ha quedado inservible para confeccionar otros tejidos nuevos en la devastación, sea «salvar al universo». Quizá se trate de la *im*posibilidad de metabolizar la herida, de transformar el yo de víctima en superviviente. Tal vez sea una forma de deshacer el yo, de tocarse a uno mismo tocando a todos los demás, acogiendo a multitud de otros que componen la materia misma de nuestro ser para transformar materialmente el yo y nuestro sentido material del yo. Tal vez sea la voluntad de arriesgarse, de poner el cuerpo en esta tierra herida, de estar en contacto con ella, de sentir sus texturas, de aceptar una sensación compartida de vulnerabilidad e invisibilidad, de sentir cómo esta tierra, que marca las prácticas continuas del expolio y el despojo, siempre habita ya en el núcleo de nuestro ser.

Sin embargo, no es solo eso. Hay quien escribe que, en el capitalismo tardío, «la impasibilidad y otras relaciones de alienación, frialdad, distanciamiento o distracción, especialmente en las poblaciones subordinadas, son formas afectivas de compromiso con el entorno de la muerte lenta».[109] Yo también me he topado con esta combinación de emociones y, no obstante, he encontrado un compromiso medido que es más que táctica y rabia. Tampoco puedo pasar por alto el sentido del humor y la delicadeza inesperada del gesto. Los afectos que capto no son simplemente los de la alienación, el desapego y la frialdad; ni el tiempo tiene la cualidad que se describe como pasar el día, la semana, el mes… En lugar de generalizaciones, me parece más interesante seguir las rutas abiertas por los enigmas y perplejidades, las improvisaciones y el tejido de expresiones y acciones, como la mejor guía para entender los enigmas filosóficos. La labor de habitar la vida es una forma de pensar en los tipos de proyectos políticos que pueden crear la infraestructura que da a la gente las bases sobre las cuales sostenerse o no.

En una conversación entre la filósofa estadounidense Wendy Brown y la filósofa argentina Verónica Gago sobre la posibilidad de la resistencia en el neoliberalismo, la primera pregunta a la segunda cómo sabemos que es una lucha, cómo sabemos que no «es solo vida […] sino que tiene algún tipo de promesa o conexión con el futuro que es más grande que la lucha».[110] He de confesar que la observación de Brown «solo es vida», y su comprensión de la vida como algo cuya conexión con el

109 L. Berlant, «Slow Death (Sovereignty, Obesity, Lateral Agency)», *Critical Inquiry* 33(4) (2007), p. 779.
110 W. Brown y V. Gago, «Is there a Neoliberalism 'From Below'?: a Conversation Between Verónica Gago and Wendy Brown», *Versobooks*, 21 de noviembre de 2020 [www.versobooks.com].

futuro (no digamos ya con el pasado) habría que explicitar, me deja perpleja. A menudo se trata de una especie de tarjeta de identidad que «localiza» a una intelectual y nos indica el *locus* de sus simpatías y deseos redentores. O incluso en ausencia de tal *locus*, tal identidad puede reivindicarse a través de una especie de intensidad explícita o implícita de indignación. Una vez más, la proximidad a la vida plantea problemas algo más complejos que las posturas y posiciones políticas más distantes. Si algo he querido mostrar es que la vida es más que vida, es exceso de inmanencia, diferenciación de sí en el tiempo. Espacialización del tiempo para *dar lugar a.* Temporalización del espacio, para que «algo» *pueda pasar.* El exceso de inmanencia es una intrincada intersección de ritmos, compases, secuencias, comienzos y finales, crecimiento y decadencia, nacimiento y muerte, noche y día, estacionalidad, memoria, etc., que constituyen la diversidad de temporalidades incorporadas que forman parte de todo: desde los eones que tarda una roca en convertirse en arena, la emergencia y desaparición de una civilización, la duración de la vida de la mosca de la fruta, hasta las vidas o minutos que impregnan un recuerdo o un sueño. La pregunta de Mbembe, que quizá no es la de Brown, sigue siendo para mí *la* pregunta: «¿Cómo se puede redimir la vida, es decir, rescatarla de esta operación incesante de lo negativo?». Quizá la respuesta pase, como escribe Italo Calvino, por la arriesgada *resonancia nerviosa* que exige atención y aprendizaje continuos para «buscar y saber reconocer quién y qué, en medio del infierno, no es infierno, y hacerlo durar, y darle espacio».[111]

---

111 I. Calvino, *Las ciudades invisibles*, Madrid, Siruela, 2022, p. 119.

3. *Deus sive natura*: tríptico de transfiguraciones

Era una cucaracha tan vieja como las salamandras, las quimeras, los grifos y los leviatanes. Era tan antigua como una leyenda.

CLARICE LISPECTOR, *La pasión según G.H.*

Sé que durante aquella larga y agotadora marcha de 36 horas por las ignotas montañas y glaciares de Georgia del Sur, con frecuencia tenía la sensación de que éramos cuatro y no tres. No dije nada al respecto a mis compañeros, pero más tarde Worsley me dijo: «Jefe, durante la marcha tuve la curiosa sensación de que había otra persona con nosotros». Crean confesó tener la misma idea. Uno siente «la escasez de palabras humanas, la aspereza del habla mortal» al tratar de describir cosas intangibles, pero un registro de nuestros viajes estaría incompleto sin una referencia a un tema muy cercano a nuestros corazones.

ERNEST SHACKLETON, *South: 1914-1917*

> Cuando el niño era niño
> era el tiempo de preguntas como:
> ¿Por qué yo soy yo y no soy tú? [...]
> ¿Cómo es posible que yo, el que yo soy,
> no fuera antes de existir;
> y que un día yo, el que yo soy,
> ya no seré más este que soy? [...]
> Era tímido ante los extraños
> y aún lo sigue siendo.
> Esperaba la primera nieve
> y aún la sigue esperando.
> Cuando el niño era niño,
> tiraba una vara como lanza contra un árbol,
> y esta aún sigue ahí, vibrando.

> PETER HANDKE, *La canción de la infancia*

EL «MÁS ALLÁ» O LO EXTRAORDINARIO DE LO ORDINARIO

Javier Marías habla de la «negra espalda de tiempo», aludiendo a Shakespeare, y se refiere a unos versos de las coplas de Jorge Manrique: «Daremos lo no venido / por pasado».[1] Lo «no venido» son las huellas y vestigios del pasado que, aunque no se hayan actualizado, pertenecen al archivo de la forma de vida y a la memoria, se inscriben en el mundo, y pueden por tanto ser recordadas, activadas desde el futuro. Italo Calvino cartografía ciudades invisibles para reconocer una nueva distribución de lo sensible que nos impida aceptar el infierno y volvernos parte de él, hasta el punto de no verlo más. La imaginación, recordemos, es quien, al constituir el modo de lidiar con las imágenes, es decir, con el modo de aparición sensible, puede producir otros montajes y alumbrar lo que aún no vemos.

1   Cf. J. Marías, *Negra espalda del tiempo*, Madrid, Alfaguara, 1998.

Kant y los señores de la Ilustración consideraron por ello que había que ponerle coto. Sus metáforas cartográficas pretenden, aquí, ponerle límites. El entendimiento, dicen, es como una isla rodeada del océano ancho, borrascoso y peligroso de la imaginación. El conocimiento solo ha de señalarlo para demarcar zonas prohibidas y jamás ir «más allá».[2] Quizá el «más allá» sea esto, lo virtual del tiempo sobre lo que escribe Javier Marías. Lo que discurre «por su negra espalda y abismo».[3] Con Walter Benjamin podemos pensarlo como una exposición a la «historia», una historia, a su entender, que no se muestra desde arriba, sino que solo se revela en la iluminación del encuentro concreto con las imágenes materiales, formas sedimentadas de tiempo, abiertas a la reconstrucción genealógica de trayectos inéditos de memoria, «más allá», precisamente, de la teleología y la cronología.[4] En «La poesía no es un lujo», Audre Lorde escribe:

Tan solo existen las ideas viejas y olvidadas; una vez que las reconozcamos en nuestro interior, podemos realizar con ellas nuevas combinaciones, nuevas exploraciones y hacer acopio de valor para ponerlas en práctica [...]. Porque no existen ideas nuevas. Tan solo existen nuevos medios de sentirlas, de examinar cómo se sienten esas ideas viviéndolas un domingo a las siete de la mañana después del desayuno en pleno frenesí amoroso, haciendo la guerra, dando a luz o llorando a nuestras muertas... mientras sufrimos por los viejos anhelos, batallamos contra las viejas advertencias y los miedos a estar en silencio, impotentes, solas, mientras saboreamos las *nuevas* posibilidades y nuestra *nueva* fortaleza.[5]

2   I. Kant, *Crítica de la razón pura, op. cit.*, p. 188.
3   J. Marías, «La negra espalda de lo no venido», *Literatura y fantasma*, Madrid, Alfaguara, 2001, p. 370.
4   Cf. W. Benjamin, *Tesis sobre la historia y otros fragmentos*, México, Ítaca/ UACM, 2008.
5   A. Lorde, «La poesía no es un lujo», *La hermana, la extranjera*, Madrid, Horas y Horas, 2003, p. 18.

Sí existen las ideas nuevas, cabría matizar, solo que son trayectorias insospechadas de vestigios y huellas viejas y olvidadas. Las experiencias del «más allá» a las que vamos a aludir no refieren ni a los episodios que no trastocan la vinculación con la forma de vida, ni a la construcción laboriosa de un método que nos permita pensar desde la *imagen-tiempo*. Son experiencias que se caracterizan por constituir *sucesos*. Los *sucesos* son episodios que no vivimos como anecdóticos, que suponen para quien los vive la transfiguración de la realidad. ¿Qué es la transfiguración de la realidad? La transfiguración de la realidad alude a la transformación de la *figura*, de la forma de aparición sensible que la realidad tiene de aparecérsenos. Es decir, nos referimos a sucesos tan poderosos como para transformar la apariencia sensible de la realidad y tan vulnerables, habremos de verlo, como para pasar absolutamente desapercibidos para los demás. El «más allá» que nos abre a la «negra espalda del tiempo» no ha de contemplarse como un suceso que irrumpe desde «afuera», sino como una función del «más acá». Podemos hablar de lo extraordinario de lo ordinario si pensamos en lo extraordinario (el «más allá») como el exceso en la imagen, y el excedente de formas virtuales o actuales de aparición sensible, que nos hace advertir y cuestionar los límites de los marcos perceptivos y cognoscitivos habituales y preguntarnos por nuestro modo de imaginar el «más acá». Un enfoque del «más allá» desde el «más acá» o de lo extraordinario de lo ordinario no se preocupa tanto por la alteridad de las experiencias como por la represión de su familiaridad inherente.

Lo extraordinario de lo ordinario se vincula con los sucesos cotidianos que apuntan entonces a la transgresión del marco pragmático de la razón y el trabajo en el que ha evolucionado nuestro aparato cognitivo.[6] En estos sucesos se hace evidente la

6 Mi aproximación a lo extraordinario de lo ordinario debe mucho a C. Diamond, «The difficult of reality», en A. Crary y S. Shieh (eds.), *Reading Cavell*, Londres/Nueva York, Routledge, 2006, pp. 98-118. Por supuesto,

limitación del encuadramiento pragmático de lo real y atisbamos el poder del tiempo. Son experiencias *sensibles* que, dentro de la forma de vida, se presentan como recalcitrantes, asombrosas o dolorosas en su imposibilidad de ser inscritas en algo así como un código, que se ajuste a la escala, el alcance y los intereses de la acción. El carácter distintivamente ordinario de este extraordinario es, no obstante, su fragilidad. Estos sucesos transfiguradores pueden perfectamente no presentar este carácter para los demás. En otras palabras, nada nos obliga a considerar extraordinarios ciertos sucesos; para otros pueden pasar fácilmente inadvertidos. Visto desde una perspectiva, son bastante triviales; visto desde otra, perturbadores. Tales encuentros con lo extraordinario de lo ordinario revelan, para quien los vive, el punto en el que la realidad y el marco operativo y cognoscitivo se separan. Localizan grietas en las que los juegos lingüísticos habituales para fijar imágenes en la forma de vida, el *habitus* y el tren de pensamiento, no captan plenamente lo que hay ahí. Para otros, sin embargo, es como si nunca se hubiera perdido el asidero, como si este ni siquiera se hubiera cuestionado.

El «más allá» o lo extraordinario de lo ordinario no alude a ningún infinito o poder que se imponga y ordene un acuerdo universal como respuesta: lo extraordinario de lo ordinario se produce en un gesto vulnerable que es posible pasar por alto o

también a Cavell, cf. S. Cavell, *The Uncanniness of the Ordinary*, 1986 [https://tannerlectures.utah.edu]. No obstante, debo señalar que el énfasis en Diamond es conceptual, es decir, atiende más bien a los limitantes del entendimiento en un sentido bastante kantiano. La importancia para mí radica, sin embargo, en las formas sensibles de aparición y en los modos inéditos de distribución de lo sensible que pueden ser ensanchados. Cabe señalar que el artículo de Diamond constituye un diálogo con Stanley Cavell. En su atención minuciosa a lo ordinario y lo cotidiano en su condición extraordinaria, Cavell ha constituido una guía invaluable y me parece que, a su modo, desde su reflexión sobre la forma de vida, se vincula con mis preocupaciones. No hay ninguna tematización a profundidad en la obra de Cavell acerca del tiempo pero, como me sucede con Derrida (de quien se reconoce afín), creo que en realidad él solo habla de eso.

rechazar. Hay quienes se sienten abordados por lo extraordinario de lo ordinario y quienes no responden a él: los segundos
se instalan cómodamente en el juego convencional de la forma
de vida, mientras que los primeros advierten su carácter parcial,
su fragilidad, y les cuesta reconocerse en él. Para los primeros
la dificultad radica, entonces, en lidiar y transmitir su vivencia.
Estos sucesos desafían los modos establecidos de distinguir lo
real y lo imaginario, lo literal y lo simbólico, lo material y lo espiritual, el yo y el otro. Las imágenes dan forma a los mundos
que habitamos, mundos estrechamente entretejidos a partir de
ellas y dentro de ellas que a su vez, de modos más o menos
inadvertidos, se rehacen y deshacen.

Al no poder reconocerse en el juego convencional, pero tener
que recurrir a las imágenes y palabras proporcionadas por la
forma de vida, quienes se sienten abordados por lo extraordinario de lo ordinario se enfrentan a que no hay medios prefa-
bricados para expresar adecuadamente la experiencia. Más allá
de sus improvisaciones más personales, ni siquiera pueden dar
por sentado el reconocimiento compartido de lo que está en
juego. Las expresiones de lo extraordinario son, por tanto, un
asunto arriesgado: pueden, como la profecía, infundir comunidad y reconocimiento mutuo, pero también conducir al aislamiento, la incomunicación y el delirio.

Los ejemplos que daré son una muestra. Pueden tomarse
como ordinarios o como extraordinarios; para algunas personas
son sobrecogedores, mientras que otras ni siquiera levantan una
ceja. Una de las características más acusadas de lo extraordinario de lo ordinario es que, al mostrar la parcialidad y limitación
de los marcos habituales, señala lo poco ordinario de lo ordinario, ya que la pregunta por lo ordinario es algo que parecemos
propensos a pasar por alto. Ignorar lo ordinario, darlo por
sentado, es ignorar lo poco obvio que es y, con ello, desconocer
su rareza, su carácter extraordinario.

¿Cómo llegamos a ignorar lo ordinario? Podría decirse que
hay por lo menos dos formas distintas en las que lo ordinario,

y junto con ello lo extraordinario, tiende a pasarse por alto; podemos pensar en ellas como *ignorancia pasiva* y *rechazo activo*.[7] La primera proviene de nuestra ansia de escapar de lo común, incluso cuando reconocemos lo común de la ansia. La segunda, de nuestra atracción por permanecer absortos en lo común, tal vez de la misma manera en que presionamos para escapar de ello. Partiendo de este último modo, la fenomenología ha señalado la dificultad de captar aquello que es lo más próximo ónticamente, debido a nuestra absorción en la práctica cotidiana. Nuestro modo primordial de abrir lo que Heidegger llama la mundanidad del mundo es haciéndolo familiar, llevándolo a nuestro dominio práctico, a nuestra disponibilidad. No consideramos primordialmente las cosas como objetos de inspección, sino que las agarramos como equipamientos y las encajamos en nuestras rutinas. Pero esta apertura del mundo tiene un doble filo, ya que precisamente los mismos medios que abren el mundo tienden a nivelarlo. Al no ver la singularidad de las cosas todo se nos hace, de algún modo, equivalente. Lo mismo opera en la vida social, donde los individuos caen en el anonimato de masas, de *das Man*, y en el imperativo social de que lo que «se dice», «se hace».[8] Lo extraordinario de lo ordinario pasa desapercibido.

Otra forma de perderse lo cotidiano es a través de su *rechazo activo*. Exigir que el mundo carezca de fisuras, establecerlo más allá de cualquier duda posible, es una estrategia compensatoria elegida para evitar la acechante sensación de falta de fundamento. En primer lugar, cuando esa sensación de vértigo no puede evitarse, el escéptico siente que la duda ha vencido: la duda que consume el mundo se convierte en negación

---

7 Steven G. Affeldt ha trabajado lo que él llama «ignorancia pasiva y activa»; cf. S.G. Affeldt, «On the Difficulty of Seeing Aspects and the "Therapeutic" Reading of Wittgenstein», en W. Day y V.J. Krebs (eds.), *Seeing Wittgenstein Anew*, Cambridge, Cambridge University Press, 2010, pp. 268-288.
8 M. Heidegger, *El ser y el tiempo*, *op. cit.*, pp. 186-200.

nihilista: para nosotros no hay nada que valga la pena conocer. Esta es una desviación, una distracción voluntaria de lo que se encuentra agonizante en el día a día, es decir, la exposición cotidiana a la realidad.[9] Efectivamente, lo extraordinario de lo ordinario no solo marca el momento en que la realidad resulta ser resistente a nuestros marcos, también puede marcar el momento en que la realidad, en su contingencia, nos derrota. El rechazo activo suele transmutar la experiencia en un enigma intelectual, como si con su incesante actividad del intelecto pretendiera evadirse, *defensivamente*, del qué es estar expuesto «en carne y hueso» del qué es estar a la intemperie.

Lo extraordinario de lo ordinario puede atisbarse, perderse perceptivamente o descartarse intelectualmente, pero también es posible abrazarlo. Por tanto, parece como si el mismo fenómeno, situado en los límites de nuestros criterios, pudiera tanto exiliarnos de lo ordinario como adentrarnos en él. Adentrarse en lo extraordinario de lo ordinario requiere cierta pasividad y capacidad de recepción. Lo extraordinario de lo ordinario no alude a un más allá de lo cotidiano, alude a un *más allá en lo cotidiano*. Tiene que ver con lo que perturba la solidez de lo que parece presente y acabado en sí mismo, con la experiencia de que todo lo que es está habitado por múltiples trayectorias y temporalidades abisales. No necesariamente supone una *imagen-tiempo* claramente reconocida, pero siempre tiene que ver con atisbos del poder del tiempo que transfiguran el día a día. Puede haber muchas respuestas a esta experiencia. Unas, como he advertido, abocan al aislamiento, la incomunicación y al delirio (mucho más ordinarias de lo que estamos dispuestos a reconocer). Otras no, y tampoco significan la retirada de lo cotidiano.

Puede suceder que, en la medida en que nos damos cuenta de que nuestra inteligibilidad común y el sentido del mundo son

---

9   Cf. T. Gould, «Where the Action Is: Cavell and the Skeptic's Activity», en R. Fleming y M. Payne (eds.), *The Senses of Stanley Cavell*, Londres, Bucknell University Press, 1989, pp. 90-115.

frágiles, relativos y pueden perderse, nuestra vinculación con la forma de vida se nutra de un «extraño afecto». La experiencia del «más allá», o de lo extraordinario de lo ordinario, señala una ambigüedad que recae sobre el sentimiento de realidad: no nos lo creemos del todo, pero no podemos dejar de creérnoslo. Lo extraordinario se vuelve posible, ocurre, y lo más sorprendente: encaja. Digamos que lo anómalo se incorpora a la forma de vida sin que salgan indemnes, no obstante, los elementos que han sido conectados. La realidad se transfigura; es y no es la misma. El «más allá» significa que en las imágenes del «más acá», las de la vida diaria, siempre hay más. Atisba en ellas que, entre el cielo y el subsuelo, las trayectorias son infinitas y polimorfas, en la vida y la muerte, en el pasado mítico e histórico entreverados, y en un presente incapaz de coincidir consigo mismo.

Según Freud, lo *Unheimlich* (a veces traducido como lo «ominoso», a veces como lo «siniestro») no puede desvincularse de lo hogareño, de lo conocido, lo próximo *(heimlich)*. Lo *Unheimlich* no sería solo lo contrario de lo familiar y, por tanto, lo insólito, lo novedoso, e incluso lo inesperado; sino precisamente lo familiar que deviene extraño.[10] Lo extraordinario de lo ordinario produce que lo familiar se tiña de extrañeza y que la extrañeza devenga familiar. Lo extraordinario de lo ordinario y lo ordinario de lo extraordinario aluden a sentir, «en el propio pellejo», la extrañeza de existir, la fragilidad y potencia intrínseca a las formas de vida. Estas no se fijan ahí donde las situamos y no se reducen tampoco a hechos ya dados. Nuestro día a día se hace y se rehace constantemente. El hogar se transforma y acaba, podemos hacerlo nuestro y también abandonarlo de muchos modos, por ejemplo, en el aislamiento, la locura, la extinción o la construcción de nuevos modos de habitar.

10   S. Freud, «Lo ominoso», en *Obras completas*, Buenos Aires, Amorrortu, 2006, t. XVII, pp. 217-251.

Ya hemos señalado que adentrarse en lo extraordinario de lo ordinario requiere de cierta capacidad de aceptación de la abisalidad del tiempo. Hablamos, pues, de aceptación más que de reconocimiento. Mientras que este último hace hincapié en un aspecto cognitivo, el primero afirma un acto existencial que socava la estabilidad de los sujetos de conocimiento como sujetos de control y de dominio. Asimismo, hemos advertido que son ciertos *sucesos* los que para unos pueden abocar a lo ordinario de lo extraordinario y para otros no. Aquí solo vamos a dar algunos ejemplos que pueden o no (como es propio de lo extraordinario de lo ordinario) parecer anodinos, pintorescos, triviales o relevantes. El del tiempo del animal desde un lugar que no es el del activismo y la defensa de sus derechos; el del tiempo de los muertos y los dioses, y el del tiempo de la articulación de la propia voz. Los sucesos son sucesos porque suceden. Los sucesos del «más allá» en el más acá, o de lo extraordinario de lo ordinario, son *sucesos* porque, en última instancia, revelan el suceder del tiempo, el poder del tiempo, transfigurando la realidad ante nuestros ojos. Es hora de verlo detenidamente.

El tiempo del animal herido que habla y va vestido

Imaginemos una mujer para quien la aparición sensible de las granjas avícolas, de los mataderos, de la producción industrial y a gran escala de productos de origen animal es la espita cuyo torrente derriba como fichas de dominó, una a una, el modo en que la realidad, en la forma de vida que habita, se le aparece. Esta mujer se llama Elizabeth Costello.[11] Las conferencias que el novelista sudafricano J.M. Coetzee impartió sobre la vida de los animales en la cátedra Tanner de la Universidad de Princeton

---

11 Cf. Cora Diamond, «The difficult of reality», *op. cit.* Mi énfasis, a diferencia de Diamond, como se verá a continuación, tiene que ver con la pasividad del *pathos* y con el tiempo.

en 1999 están escritas como relatos ficticios de una novelista
que ha sido invitada a dar una conferencia en una prestigiosa
universidad, sobre cualquier tema de su elección, ante un auditorio predominantemente filosófico y literato. Para hablar de
La vida de los animales, Coetzee pone en escena a esta escritora,
Elizabeth Costello. Para ella, hay que advertir, las formas de
aparición sensible del sufrimiento de los animales se han des-
vinculado de los conceptos y las palabras con las que intentamos
tamizarlas y domarlas. Lo que le hacemos a los animales está
en todo su horror, ahí, en nuestro mundo. ¿Cómo es posible
vivir con ello? —es la cuestión que la atormenta— ¿Cómo es
posible vivir ante el hecho de que, para casi todo el mundo, sea
como si nada? Elizabeth Costello decide, entonces, y ante la
sorpresa de la audiencia que espera oírla hablar de sus novelas,
hablar de los animales. Es importante aclarar que no lo hace ni
como defensora de sus derechos ni como activista. Elizabeth
Costello da una conferencia, pero una que se aleja de las expectativas del público: «Yo no soy una filósofa de las ideas —les
dice— sino un animal que muestra, aun sin mostrarla, ante una
asamblea de estudiosos, una herida que escondo bajo mi ropa
pero que se hace palpable en cada palabra que pronuncio».[12]

El primer aspecto a considerar es que Elizabeth Costello no
elimina los límites entre el mundo animal y el humano —ella
es un animal, sí, pero un animal herido que habla y va vestido,
un animal que escribe novelas e imparte conferencias—. Costello problematiza los límites, los hace vibrar como en una
cuerda floja que cuestiona el binarismo jerárquico, la manía de
emparejar términos definiéndolos por oposición para considerar
uno tradicionalmente superior. En segundo lugar, hay que ad-

---

12   J.M. Coetzee, *Las vidas de los animales*, Barcelona, Mondadori, 2001,
p. 30. He contrastado esta traducción con el original J.M. Coetzee, *The Lives
of Animals*, The Tanner Lectures of Human Values, 1997 [https://tannerlec-
tures.utah.edu]. Mientras no se indique lo contrario, mi referencia es a la
edición en castellano.

vertir que intenta expresar un dolor indecible que la enerva. La sensación de horror de Costello se ve intensificada por la experiencia de que los demás no comparten, ni siquiera comprenden, ese horror. Está aislada por una sensibilidad hacia los animales que la distancia de sus semejantes y, por tanto, paradójica y dolorosamente, de los animales potencialmente más cercanos a ella. Para el auditorio, escuchar a la mujer herida, la mujer de los nervios a flor de piel, no tiene más propósito que argumentar a favor o en contra de una serie de cuestiones éticas. Lo que ella dice ha de ser traducido en ideas que se puedan abstraer y examinar. Ninguno la ve como un animal herido. Tampoco la ve en relación con sus propias vidas, las vidas de los animales que ellos mismos son.

El auditorio, así, quiere dirimir si los animales tienen capacidad de raciocinio o si por el contrario actúan como autómatas biológicos, si tienen derechos respecto a nosotros o si tan solo tenemos nosotros ciertos deberes con respecto a ellos. Sin embargo, lo que hiere a Elizabeth Costello es justo el modo de pensar comúnmente asumido de que el «cómo debemos tratar a los animales» es una «cuestión ética», a la que se piensa que ella contribuya o pretenda contribuir, con argumentos. Efectivamente, los movimientos de liberación animal suponen una reacción necesaria a la progresiva escalada de violencia industrial, química y genética, al exterminio de infinidad de especies, pero a menudo reproducen las mismas jerarquías que combaten, o pretenden que se establezca para los animales una legislación equivalente a la humana, lo que vuelve a convertir al hombre en rasero y medida de todas las cosas. «¿Qué clase de seres somos para los que el sufrimiento que infligimos sea una "cuestión" a dirimir?», se pregunta perpleja.

Lo que ella intenta es que los demás vean las formas de aparición sensible de la crueldad que subyacen, preceden, ponen entre paréntesis y complican toda la producción de sentido, que descubran que el paisaje es mucho más ancho que el fragmento en el que fijan la vista al caminar. A partir de las formas de expresión recibidas por la forma de vida intenta yuxtaponer imágenes y palabras en modos inauditos de forma que reinventen el ámbito de la sensación, el afecto, la imaginación y el pensamiento. Al yuxtaponer las imágenes de lo que se hace con los animales con lo acaecido en los campos de concentración, quiere hacer evidente que está comparando las afirmaciones de la ignorancia con la que muchos alemanes trataron de exculparse a sí mismos y el tipo de justificaciones que muchas personas dan al no ser conscientes de las crueles prácticas de las granjas de animales y su indiferencia hacia otros humanos que están horrorizados, o heridos por esta indiferencia:

> «Iban como ovejas al matadero». «Murieron como animales». «Los mataron los carniceros nazis». En las denuncias de los campos de concentración reverbera tan profusamente el lenguaje de los mataderos y los corrales [...]. El crimen del Tercer Reich, dice la voz de la acusación, fue tratar a las personas como a los animales.[13]

Elizabeth Costello advierte que la forma en que tratamos a los animales es la forma en que tratamos a otros humanos, es decir, doblegándolos a nuestros propósitos: ya sea para explotarlos, forzarlos a que se parezcan más a nosotros o violentarlos. Al hacerlo, ponemos en riesgo el sentido más amplio de la vida, a lo cual lo humano pertenece. Sin conectar en absoluto con lo que ella intenta transmitir, el auditorio sigue apelando a los argumentos sobre los derechos de los animales, sobre si los animales tienen o no personalidad o sobre cuál sería el modo «más humano» de matar animales... Para Costello, este modo de argumentación escamotea lo que está en juego y, al hacerlo, inflige heridas de otro orden. El desconcierto de su auditorio aumenta porque ella no se dirige ni a la acción ni a la *praxis*: lo que no me ha quedado nada claro —le dicen— es cuál es realmente su objetivo: «¿Pretende insinuar que deberíamos cerrar las granjas

13 *Ibid.*, p. 20.

industriales? ¿Insinúa que deberíamos dejar de consumir carne? ¿Defiende que debería cesar el uso de animales en los experimentos?».[14] «Tenía la esperanza de no verme en la posición de enunciar una serie de principios —les responde ella—. Si lo que desean cosechar de esta charla son unos principios, tendría que responderles que abran su corazón y atiendan a sus dictados».[15] Cuando ellos confunden el «verse concernidos por» con un tipo específico de defensa no solo motivada, sino también teleológica que conduce directamente a la «ayuda», tampoco les propone ningún gesto ejemplarizante: «Llevo zapatos de piel —dice—. Y un bolso de piel. En su lugar, yo no tendría un respeto excesivo [por mí]».[16] ¿Qué es entonces lo que quiere Elizabeth Costello?: «Yo no sé qué es lo que quiero hacer. Lo que no quiero es cruzarme de brazos y quedarme callada».[17] E insiste: «Estar vivo equivale a ser un alma viva. Un animal —todos lo somos— es un alma corporeizada».[18]

Más adelante, haciendo referencia a un poema de Ted Hughes sobre un jaguar, diferencia la poesía, que «es el testimonio de un compromiso con un animal»[19] de los relatos filosóficos que intentan racionalizar, conceptualizar o comprender a los animales. Costello es profundamente crítica de cierta razón filosófica como cúspide de la humanidad, y defiende una inmersión más imaginativa y sensorial como forma de estar con otra criatura sin captarla ni conocerla:

El corazón —dice— es la sede de una facultad, la simpatía, que nos permite compartir [...] el ser de otro.[20]

14 *Ibid.*, p. 46.
15 *Ibid.*, p. 47.
16 *Ibid.*, p. 58.
17 *Ibid.*, p. 83.
18 *Ibid.*, p. 40.
19 *Ibid.*, p. 70.
20 J.M. Coetzee, *The Lives of animals*, p. 113. La edición en castellano traduce «sympathy» por «empatía». Sin embargo, a mi modo de ver, «sympathy» en

La simpatía a la que alude Elizabeth Costello me remite a dos cosas: a la teoría de los elementos que ya vimos y a la mímesis. En el ciclo cósmico de Empédocles, la vida surge solo cuando se produce resonancia. La resonancia (que no excluye la disonancia) se vincula a su vez con la mímesis. ¿Qué significa esto? La mímesis a través de la semejanza sensible es fácil de entender: la resonancia a partir del juego de la semejanza. Sin embargo, hay una resonancia mimética que no se basa en la semejanza que podríamos percibir a través de los sentidos con el otro o con lo otro.[21] Esta resonancia la entiendo como Bergson describe precisamente la simpatía. Es decir, en términos del íntimo entrelazamiento de una enredadera con su huésped o el sentido intuitivo e instintivo de un insecto hacia su presa. La simpatía, en este sentido bergsoniano, es algo mucho más profundo y ambivalente que la forma en que solemos utilizar el término: implica una intimidad y una unión que sin embargo no elimina la alteridad ni la extrañeza.[22]

Elizabeth Costello parece aludir a esta simpatía bersogniana en cuanto, como ella misma señala: «La pregunta que hemos de formularnos no debe ser si tenemos algo en común con los demás animales» para, a partir del recuento de la familiaridad, autorizar la compasión por ellos.[23] El animal del que habla no es necesariamente uno con el que fácilmente pudiéramos identificarnos, sino que puede ser «un murciélago,

inglés puede leerse como «simpatizar», en el sentido de «resonar», y además está vinculada con la compasión, es decir, con el «padecer con». La simpatía no requiere el «ponerse en los zapatos del otro» como lo hace la empatía. El otro y yo padecemos algo juntos. Resueno con él, simpatizo con él, pero sigue siendo otro. Quizá la traducción de *sympathy* por «empatía», tiene que ver con la relación con la que Hume y cierta tradición anglosajona la han vinculado a la imaginación.

21 W. Benjamin, «Sobre la facultad mimética», *op. cit.*, pp. 213-216.
22 H. Bergson, *La evolución creadora*, *op. cit.*, pp. 588-590.
23 J.M. Coetzee, *La vida de los animales*, *op. cit.*, p. 42.

un chimpancé o una ostra».[24] Para ella el problema de su auditorio radica en su *imaginación limitada*:

> Hay personas que gozan de la capacidad de imaginar que son otras; hay personas que carecen de esa capacidad (y cuando esa carencia es extrema, los llamamos psicópatas), y hay otras personas que disponen de esa capacidad, pero que optan por no ejercerla.[25]

Es decir, en la selección de imágenes que los marcos de la percepción y del conocimiento imponen en una distribución particular de lo sensible que les impide imaginar de otro modo. Imaginar de otro modo es posible, aunque es difícil. Particularmente porque supone estar «fuera», a pesar de toda la flexibilidad de la gramática de la imaginación y de la forma de vida, y tener que expresarse más allá de cualquier convención establecida. Puede que ella logre comunicar o puede que no, y eso forma parte de la dificultad de comunicar —imposible de conjurar—:

> En fin, ahora que estoy aquí ante ustedes, ¿qué es lo que me queda por hacer? —advierte— ¿Tengo alguna elección? Si no someto mi discurso a la razón, sea ella lo que sea, ¿qué opción me queda, salvo tartamudear, balbucir, exteriorizar sentimientos o emociones, derribar el vaso de agua y, a la postre, hacer el mono?[26]

Lo extraordinario en lo ordinario ejerce presión sobre las palabras que se utilizan para fijar las imágenes para que dejen de usarse en el sentido habitual, para que se liberen de algún modo de sus limitaciones.

Elizabeth Costello parte de la afinidad con las palabras tal y como las conoce, tal y como las ha heredado, para proyec-

---

24 *Ibid.*, p. 44.
25 *Ibid.*, p. 43.
26 *Ibid.*, p. 25.

3. Deus sive natura: *tríptico de transfiguraciones*

tarlas de manera inaudita aludiendo a las imágenes de los animales que la atormentan. Así superpone las formas de aparición sensible del matadero, de la crueldad con los animales a la animalización de las personas y el silencio al respecto en el Holocausto.

> Cuando digo que les habla un animal y un animal herido —advierte— lo digo completamente en serio: significa lo que dice, y he dicho lo que pretendo decir. Soy una mujer mayor. Ya no tengo tiempo para decir cosas que no he querido decir.[27]

En estas regiones no hay ninguna convención aceptada que deba cumplirse en determinadas ocasiones para que la comunicación se realice con éxito, como quiere J.L. Austin.[28] Más bien, ella se revela en un momento de pasión frente a los otros y los invita a una respuesta del mismo tipo: «Abran su corazón»,[29] les dice.

El horror de Costello ante lo que hacemos a los animales (matarlos en granjas, enjaularlos, experimentar con ellos, etc.) es, asimismo, un horror ante los seres humanos «razonables». La conciencia que tenemos cada uno de nosotros de ser un cuerpo vivo, de estar «vivos para el mundo», conlleva la exposición a la sensación corporal de vulnerabilidad ante la muerte, la pura vulnerabilidad animal, la vulnerabilidad que compartimos con ellos. Esta vulnerabilidad es capaz de aterrorizarnos y darnos pánico. Costello cree que la filosofía, en ese *rechazo activo* al que hemos aludido, a menudo se dedica a combatir o negar la vulnerabilidad, promoviendo un sentido de excepcionalismo humano y una transformación del asunto en un problema intelectual, que la distancie del latido de la vida. Ella, sin embargo, no se presenta como representante de los derechos

---

27 *Ibid.*, p. 17.
28 Cf. J.L. Austin, *Cómo hacer cosas con palabras*, Barcelona, Paidós, 2018.
29 J.M. Coetzee, *La vida de los animales*, *op. cit.*, p. 47.

de los animales. Lo que quiere es ser escuchada en su vulnerabilidad como animal (un animal que resulta ser humano) y que se preste atención a su idiosincrásica forma de expresar una herida; que se la escuche como quien debe expresar, en imágenes y expresiones que perturban, lo que no puede expresar de otro modo. Para el animal herido, el animal vestido y que habla que ella es, el argumento no tiene ni puede tener el peso que le atribuye el tipo de animal que los miembros de su auditorio piensan que son.

Costello no es un vehículo ni un medio para argumentar. Nos enfrenta a que muchas de nuestras formas de leer un texto, una persona, un lugar o una situación son, de hecho, «desvíos», «escamoteos» de apariciones sensibles que no podemos soportar o que no tenemos la capacidad de comprender. Nos aislamos de lo extraordinario de lo ordinario aferrándonos a los hechos o exponiendo un argumento racional, a cualquier cosa que amortigüe la abrumadora sensación de conmoción incomprensible. Sin embargo, ¿qué pasaría si renunciáramos a la seguridad de las razones, los hechos y los argumentos para prestar atención a algo que se resiste a una conceptualización y categorización claras? Es decir, ¿qué pasaría si pudiéramos escuchar a Elizabeth Costello, si pudiera vivir para nosotros no en la imagen de la novelista con los nervios a flor de piel incapaz de argumentar a satisfacción de su auditorio, sino en la imagen de la extrañeza de su voz, distintiva y animal?

Exponerse a esta imagen de Elizabeth Costello como voz animal es exponerse al *poder del tiempo*. Hay que advertir que su herida proviene del hecho de que infligimos daño a los animales, los sometemos al dolor y a la muerte. La simpatía a la que alude pasa por esta intimidad de la vulnerabilidad y la muerte. Elizabeth Costello siente el umbral de sufrimiento compartido íntimamente con ellos como seres en el tiempo, como seres finitos. Esta intimidad, recordemos a Bergson, no elimina la otredad. Ni el murciélago ni la ostra dejan de ser

3. Deus sive natura: *tríptico de transfiguraciones*

otros y ajenos, sin embargo, algo íntimo nos vincula y convoca. No sabemos nada sobre la vida de uno ni de otra. En este caso, la información empírica sobre el murciélago o la ostra no es lo que solicita el «verme concernida por». Tampoco importa lo emparentados que estén con «nosotros». El poder del tiempo se hace presente aquí de varias maneras. La muerte es la forma de finitud compartida por la existencia temporal de los seres vivos:

En algunos instantes —dice Elizabeth Costello— sé cómo es ser un cadáver. Esa certeza me repugna. Me embarga de terror; retrocedo ante ella, me niego a considerarla. Todos nosotros pasamos por tales momentos, en especial a medida que envejecemos. Esa certeza que tenemos no es abstracta («Todos los seres humanos son mortales, yo soy un ser humano, por tanto yo soy mortal»), sino algo corporeizado. En algunos instantes somos literalmente esa certeza. Vivimos lo imposible: vivimos más allá de nuestra muerte, desde allí nos volvemos a mirar atrás, aunque solo como puede mirar atrás una persona ya muerta. Cuando sé, gracias a esta certeza, que voy a morir, ¿qué es lo que sé según el planteamiento de Nagel? ¿Sé cómo es ser un cadáver, o sé cómo es ser un cadáver para un cadáver? Esa distinción se me antoja trivial. Lo que sé es algo que un cadáver no puede saber: que está extinto, que no sabe nada, que nunca más sabrá nada. Por un instante, antes de que toda la estructura de mi conocimiento se desmorone presa del pánico, estoy viva, dentro de esa contradicción, muerta y viva al mismo tiempo.[30]

En segundo lugar, el poder del tiempo aparece cuando Elizabeth Costello actualiza vestigios inusitados de imágenes del pasado del archivo de la forma de vida, que le permiten proyectar en el futuro las imágenes del sufrimiento a gran escala ante la indiferencia generalizada:

30 *Ibid.*, p. 39.

Da la impresión de que me muevo con perfecta facilidad entre las personas, de que mantengo relaciones perfectamente normales. ¿Es posible, me pregunto, que todas estas personas con las que trato estén participando en un crimen de proporciones pasmosas? [...] Es como si fuese a visitar a unos amigos y fuera a hacer un comentario de cortesía sobre la lámpara que tienen en el cuarto de estar y ellos me contestaran: «Sí, ¿a qué es bonita? Está hecha con piel de judío polaco, y hemos tenido la suerte de encontrar incluso la mejor, la piel de las jóvenes vírgenes judías de Polonia». Y luego voy al cuarto de baño y el envoltorio del jabón lleva una etiqueta que dice: «Made in Treblinka. Estearina humana 100%». «¿Será que estoy soñando?, me digo. ¿En qué clase de hogar estoy?». Pero no estoy soñando. Te miro a los ojos, miro a los ojos de Norma, a los de los niños, y solo veo amabilidad, la amabilidad más humana. Cálmate, me digo, estás haciendo una montaña de un grano de arena. La vida es así. Todo el mundo termina por aceptarla en paz. ¿Por qué tú no puedes? ¿Por qué tú no?[31]

El poder del tiempo se liga a lo que es ser en el tiempo por un tiempo, al intervalo inquieto y tembloroso que es la vida. En ese intervalo, en cuanto existencia temporal, el otro nunca se da «como tal». El otro, cualquier otro, es «ya no» y «todavía no». Siempre está desincronizado consigo mismo, siempre retrasado y dislocado, siempre demasiado pronto o demasiado tarde, por eso siempre hay en él un margen de indeterminación. Esto es lo que quiere señalar Elizabeth Costello cuando insiste en dirigirse al tiempo de vida animal, al no dar por hecho que conocemos a los animales, y cuando se rehúsa a quienes quieren demostrar mediante silogismos la existencia de su alma, o admirar sus músculos en un poema. Le interesa la indeterminación de la vida concreta que se rehúsa a ser capturada en el cepo de los significados o conceptos.

31 *Ibid.*, pp. 99-100.

Los animales no creen en la ecología: ni siquiera los etnobiólogos abogarían por lo contrario. Ni siquiera los etnobiólogos dicen que la hormiga sacrifica su vida para perpetuar la especie. Lo que dicen es algo sutilmente diferente: que la hormiga muere y que la función de su muerte es la perpetuación de la especie [...]. Todo el que diga que a los animales les importa la vida menos que a nosotros es que no ha tenido en sus manos a un animal que lucha por no perderla. La totalidad del ser del animal se implica en esa lucha sin reservas [...] todo su ser se encuentra en su carne viviente. Si no les convenzo, es porque aquí mis palabras no tienen el poder de evocar ante ustedes la integridad, la naturaleza no abstracta, no intelectual, de ese ser animal.[32]

Tenemos un problema con reconocer la integridad, la naturaleza no abstracta y no intelectual, con reconocer la vulnerabilidad, porque apela al poder del tiempo, a imaginar —más allá o más acá del argumento— al animal que somos. Para Elizabeth Costello, si somos capaces de pensar en nuestra propia muerte, ¿por qué no somos capaces de llegar a pensar cómo sería la vida misma de un murciélago? Para ello no necesitamos ser capaces de experimentar la vida del murciélago a través de las modalidades sensoriales del murciélago. Ser un murciélago vivo, podríamos decir, equivale a ser, a existir *en el tiempo* como murciélago; ser humano es existir *en el tiempo* como humano. Son dos modos distintos de existencia, pero esas son consideraciones secundarias frente a la existencia temporal que nos vincula.

La pasión es por un lado pasividad y *pathos*, tiene que ver con *padecer* y sufrir sin poderlo evitar. No obstante, la pasión remite también a lo que se experimenta con ímpetu y vehemencia. La pasión, podríamos decir, se asocia a lo que se padece pasivamente: a la muerte, a la vulnerabilidad que, sin embargo, se experimenta vivamente, con ímpetu y vehemencia, trastocando

32 *Ibid.*, p. 75.

nuestras ideas habituales de lo pasivo. Ahora bien, usualmente la vulnerabilidad se vincula a una pasividad que o se opone a la actividad o exige reconocimiento que nos identifica como víctimas. Parece que tenemos grandes dificultades para comprender la vulnerabilidad de otro modo que no sea como un defecto, una situación de excepcionalidad o un preludio teleológicamente constituido de la acción. La simpatía o intimidad en la extrañeza de la que habla Costello se hace concebible, sin embargo, en cuanto la vulnerabilidad deja de ser presentada como una excepcionalidad o una debilidad que hay que reconocer o superar, para convertirse, simplemente, en lo *que hay que compartir* con todos los seres vivos. ¿Qué se comparte con la vulnerabilidad? En primer lugar un no poder, el de estar sometidos al poder del tiempo, a lo que no está en nuestras manos. En segundo lugar, una pasividad, la de la finitud o la muerte, que no está «afuera» o «al final de», sino que se inscribe en el corazón mismo de la existencia temporal o de la vida, desde que miles de millones de nuestras neuronas mueren cada día, y cada día hay descomposición y recomposición de la sangre y las células: «Estamos vivos dentro de esa contradicción —podríamos decir como ella—, muertos y vivos al mismo tiempo». Esta experiencia, que por un lado socava la idea de sujeto como sujeto en control y nos sitúa en un campo de experiencia que nos precede y excede, y que por otro nos lleva a cuestionar la diferencia tajante entre la vida y la muerte, o entre lo orgánico y lo inorgánico, disocia el afecto, la capacidad de afectar y verse afectado, no solo del sujeto antropocéntrico, sino también del tiempo teleológico de la acción directa y de la suposición de que hay que hablar en nombre de un otro (generalmente asumido como inferior).

El «verse concernido por» no se asocia a una temporalidad progresiva, limitando las posibilidades a la acción directa y al cuerpo como un conjunto de fuerzas que pueden activarse: «Madre, ¿de veras crees que las clases de poesía servirán para proceder al cierre de los mataderos?», le pregunta a Elizabeth

Costello su hijo. «No», le responde ella, ante la perplejidad de él que no cesa de preguntarle: «Entonces, ¿por qué lo haces?».[33] La capacidad de afectar y de verse afectado se ha entendido, con demasiada frecuencia, como actividad o fuerza física que hace que el cuerpo entre en acción. Cierto número de teóricos del afecto se basa en la obra de Spinoza, que asocia la afectividad con los afectos del cuerpo por los que el poder del cuerpo aumenta o disminuye. Desde este punto de vista, el cuerpo se representa en términos mecánicos como un conjunto de fuerzas. La teoría de la afectividad de Spinoza está directamente relacionada con la física del movimiento. Los planteamientos neovitalistas asocian la pasividad con la negatividad y el estancamiento, al tiempo que hacen hincapié en la activación afectiva del cuerpo. El objetivo de la ética sería una acción continua que condujera al activismo. En tales planteamientos, solo las actividades orientadas hacia el futuro se asocian a transformaciones positivas.[34] Elizabeth Costello parece indicar otra cosa.

La existencia temporal del otro, su sometimiento al poder del tiempo, al dejar de ser y a la muerte, me afectan y me conciernen íntimamente. No obstante, el otro —el murciélago, el insecto o la ostra— sigue siendo otro. La intimidad, en este caso, recordemos, es la perturbación de una relación que me violenta porque me abre a lo que *no* necesariamente se asemeja e identifica conmigo y, sin embargo, en su existencia, se liga a mí. Este tipo de relación se basa no en la semejanza y el ser, sino en el *no ser* inscrito en el corazón del *ser*.

El *no ser*, la muerte, lo inorgánico que late en el corazón de lo orgánico, marca nuestra *pasividad* respecto al poder del tiempo y el devenir de sus transformaciones. Señala lo que no está en nuestras manos. Señala, asimismo, nuestros parentescos

---

33 *Ibid.*, p. 81.
34 Cf. R. Braidotti, «Affirmation *versus* vulnerability: On contemporary ethical debates», *Symposium: Canadian Journal o/Continental Philosophy* 10(1) (2006), pp. 235-254.

insospechados con otras formas de vida y de materia que nos constituyen y que a la vez son extrañas y ajenas. Este modo de relación parece eliminar la política ambientalista y las simpatías por el animal más popular en busca de *likes*, con las que, los que Elizabeth Costello llama «administradores de la ecología», «tienden a sentirse cómodos».[35] Los administradores de la ecología confían en las emociones que son contextuales. Elizabeth Costello alude a los afectos, a lo que afecta, que es transituacional. En lugar de emociones fugaces en momentos concretos, los afectos se generan a través de tensiones que perduran, se extienden y prolongan en distintos ritmos e intensidades.[36] Además, el afecto también involucra una «intensificación de la sensación», se corporiza y descorporiza simultáneamente. Se corporiza porque se experimenta como reacción física y se descorporiza porque le permite extenderse a través de las especies o de las demarcaciones sujeto-objeto.[37]

Volvamos al modo de compromiso y de relación entre humanos y otros animales que marca un tiempo fuera de la articulación, que conserva una clave que desquicia el presente. Esta intimidad extraña, producida por la pasión pasiva que la vulnerabilidad es, hace que el suelo se retraiga bajo nuestros pies y se abra un abismo. Para el último Heidegger, el «abismo» ya no implica simplemente una distinción ontológica entre animales humanos y animales no humanos, también se refiere a lo que conecta «ese parentesco corporal con el animal que nos sume en un abismo apenas pensable».[38] ¿Hasta dónde llega el parentesco? El abismo se convierte en un *Abgrund*, en abisal e insondable. Este parentesco, en Derrida, es insondable porque se basa en compartir el no ser en el corazón del ser. El no ser en

35 J.M. Coetzee, *La vida de los animales*, *op. cit.*, p. 73.
36 B. Massumi, *Parables for the Virtual. Movement, Affect, Sensation*, Durham, Duke University Press, 2002, p. 217.
37 Cf. E. Grosz, *Chaos, Territory, Art. Deleuze and the Framing of the Earth*, Nueva York, Columbia University Press, 2008.
38 M. Heidegger, *Carta sobre el humanismo*, Madrid, Alianza, 2006, p. 31.

3. Deus sive natura: tríptico de transfiguraciones

los seres vivos se llama muerte, pero el no ser tiene que ver con la materia inerte o lo inorgánico que constituyen la vida misma. Esta articulación entre la vida y la muerte, entre lo vivo y lo no vivo es abismática porque apunta a una multiplicidad de organizaciones de relaciones entre vivos y muertos, relaciones de organizaciones o falta de organización y cuestiona, como ya advertimos, la división entre materia «inerte» y vida, entre animales no humanos y humanos.

Lo que está en juego aquí no es solo la multiplicación de las diferencias en el reino animal o entre el animal humano y el no humano, sino más bien una conceptualización diferente de la diferencia, una interrogación del marco de la organización de las relaciones ahora abisales (abisales en el sentido de sin fondo, o sin fundamento).[39] Estas organizaciones de relaciones dependen de la «distribución de lo sensible», de las configuraciones de las relaciones entre espacio y tiempo. A medida que el suelo se retira de nuestros pies, la figura espacial del abismo se transforma en tiempo abisal en sus múltiples ritmos, intensidades y formas de aparición sensible, disociando así, sacando de quicio, «la presencia del presente». Los tiempos del devenir de todas las transformaciones son los tiempos del Gran Cuervo, dice Roberto Calasso, cuando «todo sucedía en el interior de un único flujo de formas desde las arañas hasta los muertos».[40]

Es importante destacar que aquí la afectividad ya no puede entenderse en el sentido de Spinoza como una «fuerza intrínsecamente positiva que apunta a satisfacer la capacidad del sujeto para la interacción y la libertad».[41] La afectividad se desconecta de la física del movimiento. Inspirar, incitar, efectivizar la afectividad en los otros ya no es solo una cuestión de

---

39 Me baso en las reflexiones sobre el *Abgrund* aparecidas en M. Heidegger, *Aportes a la filosofía. Acerca del evento*, Buenos Aires, Biblos, 2003; y en J. Derrida, *El animal que luego estoy si(gui)endo*, Madrid, Trotta, 2008.
40 R. Calasso, *El cazador celeste*, *op. cit.*, p. 9.
41 R. Braidotti, «Affirmation *versus* vulnerability», *op. cit.*, pp. 243-244.

poder o capacidad de efectivizar en los otros el poder de ser afectado, sino que se relaciona con un no-poder que implica pasión y pasividad. Más que basarse en un devenir como actividad pura, la temporalidad del «verse concernido por» es una copresencia de temporalidades heterogéneas. Traducir el afecto como emoción, como ser movido, sin demora ni vacilación, directamente en movimiento, como un movimiento dirigido en el tiempo, borra la pasividad necesaria e innegable (una vulnerabilidad debida a la mortalidad) dentro del «yo» que nos permite ser afectados en primer lugar. De ahí la respuesta de Elizabeth Costello cuando los demás le piden prescripciones:

> Nunca me han interesado demasiado las prescripciones, ni en la dieta ni en ninguna otra cosa. Las prescripciones, las leyes. Me interesa más lo que subyace a ellas.[42]

De ahí también, mientras los demás quieren orillarla de inmediato a la acción y a la *praxis*, su fatiga al intentar comunicarse, al intentar transmitir la necesidad de vincular de modos distintos las palabras y las imágenes para que otro modo de distribución de lo sensible sea posible. Elizabeth Costello parece «gris, cansada y confundida».[43]

Pensar una intimidad tan abisal en relación con el «verse concernida por» la mantiene suspendida en una zona de indeterminación, vacilante, ralentizada, sin saber exactamente qué hacer: «No sé qué pienso —dice—. A menudo me pregunto qué es pensar, qué es comprender».[44] Así, escucha intensamente lo que aún puede ocultarse delante y detrás de ella, pero también desea actuar con pasión. Recordemos que pasión tiene que ver con *pathos*, lo que se padece, como la finitud y el sometimiento al tiempo, y que tiene que ver con la vehemencia y el ímpetu. Es

---

42 J.M. Coetzee, *La vida de los animales*, *op. cit.*, p. 47.
43 *Ibid.*, p. 59.
44 *Ibid.*, p. 60.

porque está en estas regiones, en las que no hay ninguna convención aceptada que deba cumplirse para que la comunicación se realice con éxito, que ella se revela, precisamente, en *un momento de pasión* frente a los otros y los invita a su vez —sin éxito, al parecer— a *una respuesta apasionada*, a su propio mostrarse.

«Abran el corazón» dice Elizabeth Costello. Es decir, amplíen sus marcos perceptivos y cognoscitivos, abran la médula del yo hacia lo que está (no solo) frente a ustedes y parecerá imposible no «verse concernido por». El gesto de Elizabeth Costello requiere una lógica diferente del tiempo del privilegio del futuro y su demanda de acción inmediata o directa. Con las imágenes del Holocausto, de las granjas, los zoológicos, los murciélagos, los monos y las panteras, quiere conmovernos, pero no necesariamente conmovernos «en tiempo». No nos incita a la (re)acción inmediata, al movimiento literal, como si ya supiéramos de antemano lo que sería correcto hacer. Ella está ahí con sus zapatos y su bolso de piel: «Distintos grados de una misma obscenidad»,[45] dice. No pretende responder a la última pregunta, sino sostenerse en ella. «Verse concernido por» requiere, ciertamente, la toma de decisiones, pero estas ya no se dan de inmediato sin inscribir en el corazón del conocimiento no el poder, sino el no poder del sometimiento al tiempo. Es en el verse suspendida en la pasividad y la indeterminación que se responde y se decide, en modos insospechados, a lo extraordinario de lo ordinario: a la voluntad de vida comprometida, no obstante, con lo que ella misma daña.

EL TIEMPO DE LOS MUERTOS Y DE LOS DIOSES

Una de las características del duelo es la perplejidad dolorosa. Cuando alguien que conocemos muere, lloramos: es imposible

45 *Ibid.*, p. 58.

que haya muerto. Decimos una y otra vez: «No puedo creerlo». A veces acaece de forma más sostenida, otras de manera episódica, por ejemplo, al contemplar por casualidad una fotografía de quien ha muerto, cuando estaba lleno de vida, ajeno al «fin», a la enfermedad o a la decadencia del cuerpo. La perplejidad dolorosa se produce al girar en torno a la presencia incontestable de la vida, contradicha por la ausencia igualmente incontestable de la muerte. En la fotografía de nuestro deudo podemos ver que no hay nada más vivo ni nada más muerto. Desde una perspectiva, esto es bastante trivial; visto desde otra, es profundamente inquietante o misterioso, tal vez un misterio al que, con demasiada frecuencia, no prestamos atención. Algunos lectores podrían pensar que estoy haciendo demasiado misterio de ello, mi sensación es más bien que hemos olvidado lo misteriosas que las cosas son.[46]

He puesto como ejemplo una fotografía. La fotografía es, materialmente, una exposición. Tradicionalmente se expone en un cuarto oscuro, del mismo modo que, quien la ve, se expondrá posteriormente a la luz oscura de los rostros de los vivos en la imagen, a la exposición lenta pero imparable a la realidad de su muerte (también podríamos pensar en las prohibiciones de fotografiar a los muertos o heridos en tiempos de guerra, en la sensación del poder demoníaco de la fotografía para robar el alma de una persona, o en la cualidad totémica y conmemorativa de las fotografías que se llevan en relicarios o se colocan en cementerios y santuarios).[47]

46 Cf. Stanley Cavell, *Senses of Walden*, Chicago, The Chicago University Press, 1992, p. 19.
47 La bibliografía sobre la relación entre fotografía y muerte es copiosa. Subrayo, por ejemplo, R. Barthes, *La cámara lúcida. Nota sobre la fotografía*, Barcelona, Paidós, 1990; S. Sontag, *Sobre la fotografía*, Buenos Aires, Alfaguara, 2006; id., *Ante el dolor de los demás*, Buenos Aires, Alfaguara, 2003; L. Quieto, *Arqueología de la ausencia*, Buenos Aires, Casa Nova Editores, 2011.

El afecto que puede desencadenar la muerte tiende a ser a la vez material (su sensación es *nerviosa*, va del nudo en el estómago o la garganta, la náusea, la ansiedad o la fatiga) y profundamente elusivo. Hace muchos años, cuando iniciaba mis estudios, pregunté a un curandero de la Sierra Norte de Puebla por la diferencia entre el «aire de estrella» y el «aire de muerto». Me respondió: «Sucede así, ¿no? Alguna persona en algún lugar se asusta. Y le ocurre alguna cosa, tiene fiebre, se le va el corazón y se altera de su cabeza. O un aire de muerto le da. La sombra de algo cae sobre alguien». Cuando le pregunté: «¿Como qué es el aire de muerto?», él respondió: «Como cuando un niño tiene harto miedo y un perro ladra y ladra en la oscuridad». Lo describió como un ambiente, aunque un ambiente agentivo, una atmósfera perturbadora.

En el duelo la vinculación con la muerte a menudo no se produce como una forma de recuerdo deliberado, sino más bien por asedio. En la condición de verse abordado de modos inmersivos u oníricos por la presencia de la ausencia, en los que la temporalidad ya no mantiene su cronicidad. Es importante retener los dos elementos a los que me he referido antes: la materialidad y la elusividad. La muerte se inscribe, como todo lo hecho de tiempo, *espacialmente*. Se inscribe corporalmente. Sin embargo, la muerte es un *locus* particularmente privilegiado para observar cómo a su vez esa inscripción espacial, esa materialización en cuerpo, *se temporaliza* y deviene cosas distintas a las de la presencia física a la que nos habíamos acostumbrado. Este desfase entre el estar aquí del cuerpo vivo, su desaparición como tal, y al mismo tiempo su presencia bajo el modo de la ausencia, vuelve a la experiencia de duelo a la vez punzante y escurridiza. Esta experiencia se manifiesta en la necesidad de la mediación ritual que signa precisamente —a través de la cremación o el entierro, del cuidado del lugar donde se deposite el cuerpo o las cenizas— el paso de la inscripción de la persona fallecida como presencia física a otras formas de inscripción como vestigio, espíritu, memoria, recuerdo, etc.

Estas mediaciones rituales y simbólicas, en primera instancia, sustituyen la narración por la intervención corporal, se centran menos en la memoria testimonial que en esta intervención y tratamiento del cuerpo. El sistema nervioso, recordemos, comienza y termina en el mundo y en los otros, y debe registrar la ausencia de la presencia física del otro tal y como lo conocía, en sí y en el mundo: «Lo que la muerte se lleva es un alma que es un cuerpo», escribe Piedad Bonnet.[48]

En las historias de guerra y terror, los muertos despoblados se entremezclan a menudo con el paisaje, al reimaginarse el terreno donde se produjo la violencia extrema. Al hablarme de un lugar en el que habían aparecido fosas clandestinas, la gente me dice que es como un territorio fantasma. Cuando pisas, puedes sentir que el suelo es blando. No es realmente sólido. En aquel lugar los muertos inquietos se dan a conocer a partir de una tactilidad desconcertante. La esponjosidad de la tierra sugiere la presencia de muertos que están fuera del alcance de la civilidad. Los muertos humanos que adoptan la forma de animales o minerales, fundiéndose en el paisaje y emergiendo de él, confunden la división biopolítica entre la vida y la no vida y entre la existencia biológica y la existencia sociopolítica de los seres humanos. A través de esta transmigración situacional, los muertos ejemplifican simultáneamente, como las rocas o los animales, tanto lo ordinario como lo extraordinario de la alteridad ontológica. Son a la vez comunicativos y mudos, pero su *mudez* está determinada menos por la tensión entre inarticulación y habla que por los intercambios en su cuerpo entre materia humana y no humana y nuestra renuncia a verlos.

La imagen se deslinda, una vez más, de las palabras y conceptos que intentan fijarla. El lenguaje de la muerte gravita hacia las imágenes desligadas de forma mucho más notoria. Las imágenes transmiten la densidad de los sentimientos y se niegan a ser reducidas a hechos. Trafican menos con afirmacio-

48 P. Bonnet, *Lo que no tiene nombre*, México, Alfaguara, 2013, p. 23.

nes de verdad que con preguntas. Registran la incertidumbre y la contradicción sin resolverlas. Hay quien contempla la ausencia de la presencia física que conocía, y la presencia de esa ausencia —que se manifiesta al contemplar la fotografía o caminar por el territorio fantasma— como tropos de estados y experiencias intrapsíquicas, aunque sean colectivas. Sin embargo, creo que hay que ser mucho más cautos a la hora de deshacerse de las manifestaciones de los muertos haciendo que provengan del inconsciente. Quizá hay que resistirse a la tentación de desencantar fantasmas y traducirlos como síntomas psíquicos o literarios.

Los muertos, además de ser «un alma que es un cuerpo», o más bien precisamente por ello, forman parte del paisaje terrestre-espacio-temporal-del mundo. La memoria está inscrita en la configuración de la Tierra, que sedimenta las huellas del pasado. Una geo-biografía-material estratificada en el mundo inscribe los vestigios que lo constituyen y nos constituyen. Así, el asedio de los muertos en el duelo tiene el poder de disolver la idea de una subjetividad singular discreta a favor de una agencia más dispersa. Estar asediado por los muertos es estar atrapado por las incertidumbres de la identidad (por ejemplo, en dudar si la agencia de lo que se percibe como señal de comunicación proviene de uno mismo o del otro fallecido). Esta incertidumbre en torno a la identidad caracteriza a los propios fantasmas, que son, después de todo, criaturas particularmente metamórficas. A menudo los investigadores han clasificado a los espíritus en categorías como «antepasados», «fantasmas» o «espíritus del paisaje». Por lo general, se presume que los espíritus de los muertos son humanos. Sin embargo, no es raro oír historias de fantasmas que no son humanos. Además, en muchas comunidades culturales los muertos humanos pueden transmigrar o transmigrar parcialmente apareciéndose a los vivos en forma animal. En México, por ejemplo, lo hacen en forma de colibrí. Los fantasmas también adoptan a veces un carácter teratológico, en parte humano, en parte bestia. Estas imágenes son un modo de operar con imágenes, un modo de imaginación, que nos recuerda que múltiples formas de vida y de materia nos hacen y deshacen, que ni la agencia ni la vida social son empresas exclusivamente humanas.

En su ensayo *Duelo y melancolía*, Freud explora la reacción del individuo ante la pérdida real de un ser querido o la pérdida de un ideal. ¿Por qué, se pregunta Freud, algunas personas responden con el afecto que llamamos «duelo», que se superará al cabo de cierto tiempo, mientras que otras se hunden en la depresión, un síndrome que él denomina «melancolía»? Freud concluye que un progreso favorable del duelo —es decir, hacia su resolución— implica un desapego del «objeto amoroso» y una aceptación de que los actos de amor ya no pueden ser correspondidos. Lo que quiere decir es que prevalece el «principio de realidad» y el doliente acepta la pérdida como irreversible. En ambos casos se infiere la aceptación emocional de que el objeto perdido ya no está ahí para responder a los deseos del doliente, no tiene futuro y, por tanto, no ejerce ninguna influencia. Así, mientras que el pensamiento psicoanalítico acepta que el doliente puede negar durante un tiempo que una pérdida ha tenido lugar realmente y desear que se revierta, más pronto que tarde debe renunciar a esta «fantasía malsana»; acabar con los recuerdos del apego al objeto amoroso perdido, como medio de restablecer la salud mental y volver a la vida.[49]

En el otro extremo del duelo sano se encuentra la persona melancólica, que permanece hundida en su pérdida. Freud lo equipara con la compulsión a la repetición; un extraño impulso a seguir repitiendo recuerdos dolorosos. Para Freud, la repetición es, pues, el medio inadecuado con el que el doliente trata de dominar las fuerzas agonizantes de la pérdida, que escapan a su control. Pero la repetición, advierte, es una reacción

---

49 S. Freud, «Duelo y melancolía», en *Obras completas*, Buenos Aires, Amorrortu, 2006, t. XIV, pp. 235-255.

autodestructiva: en lugar de aceptar la «llamada de la realidad», que bloquea la repetición —por lo demás infinita e ilimitada— de los recuerdos tristes, el melancólico comienza a «identificarse de manera narcisista» con el objeto amoroso perdido, a través de ellos.

Si se derrumba bajo el peso de su propia identificación ambivalente con la persona fallecida —aquella que ama y extraña y que al mismo tiempo odia por «haberse ido»— acaba perdiendo el interés por seguir vivo y puede suicidarse. Freud insiste en que el afligido necesita apartar inmediatamente su atención del recuerdo de la persona fallecida y «retirar su libido», ya que solo distanciándose de cualquier recreación repetitiva de su imagen disminuye su poder para dañarlo. «En el duelo, es el mundo el que se ha vuelto pobre y vacío; en la melancolía eso le ocurre al yo mismo».[50]

Es importante señalar que el estudio de Freud sobre la melancolía y la atracción hacia la muerte que esta conlleva lo puso sobre la pista que lo llevó a descubrir la llamada «pulsión de muerte», es decir, la afirmación posterior, extremadamente controvertida, de que el objetivo de toda vida es morir, anularse a sí misma. Es cierto que Freud no nos da ninguna explicación clara de cómo debe entenderse la pulsión de muerte o dónde se sitúa en relación con el resto de su obra. A veces intenta situarla en la biología, hablando de ella como el impulso del organismo hacia el retorno a un estado inorgánico.[51] Otras veces se refiere a ella como el «principio del nirvana», la reducción de las tensiones psíquicas internas a un mínimo absoluto.[52] En cualquier caso, toda esta imagen del duelo, la repetición y la muerte está atravesada por una imagen espacializada del tiempo, y el duelo —pese a Freud— no debe implicar necesa-

50 *Ibid.*, p. 243.
51 Cf. *Id.*, «Más allá del principio del placer», en *Obras completas*, Buenos Aires, Amorrortu, 2006, t. XVIII, pp. 1-62.
52 *Id.*, «El problema económico del masoquismo», en *Obras completas*, Buenos Aires, Amorrortu, 2006, t. XIX, pp. 163-176.

riamente un distanciamiento del muerto ni una aceptación de que los actos de amor ya no pueden ser correspondidos. Comencemos por subrayar lo siguiente. «Duelo» se deriva del latín, y tiene dos etimologías: *dolus*, que significa «dolor», y *duellum*, que significa «duelo» o «combate». Mientras que habitualmente pensamos en el dolor como parte integrante del duelo, la segunda acepción, la noción más oscura de «duelo» o «combate», ha sido menos explorada. Sin embargo, la connotación de «duelo» o «combate» señala exactamente que el doliente se ve obligado a mantener a la vez dos perspectivas mutuamente excluyentes que, por tanto, llegan a coexistir en una especie de tensión dialéctica no resuelta.

Estas perspectivas son las que tienen que ver con la presencia y la ausencia. Por un lado, el doliente advierte la ausencia de X, por otro, la ausencia de X se hace notar y señala, *de un modo distinto*, su presencia. Este duelo se trata no de no investir libidinalmente y dejar que «los muertos entierren a sus muertos», sino de una *imagen-memoria* que se reescribe durante la vida a partir de la relacionalidad con los muertos y de una *memoria-hábito* en la que incorporo las huellas del otro en mi propio cuerpo (a partir de cómo se inscribió ese otro en mí con su mirada, su cuidado, su escucha, su sentido del humor, etc.). Perder al otro significa, efectivamente, acostumbrar al propio cuerpo a la ausencia del cuerpo que ya no se percibirá y constatar, al mismo tiempo, la presencia de sus huellas en mí, en lo que el otro transformó —y transforma en maneras nuevas en esta ausencia— en mi *habitus*, en mi *memoria-cuerpo*, en mi modo de mirar, de escuchar, de reír, de ver una película, etc. La muerte es irreversible, perdemos un cuerpo físico y un rostro irrepetibles. Esa pérdida, sin embargo, inaugura otro modo de relación con el otro. Esta relación es, de hecho, un proceso contingente, intrínsecamente interactivo y fundamentalmente arriesgado. Hay fuertes emociones en juego y muchas cosas pueden salir mal.

La diferencia de este duelo con la melancolía radica precisamente en que mientras en el duelo la tensión entre la ausencia del cuerpo tal y como lo conocíamos y el modo de una nueva forma de presencia se sostienen, en la melancolía se anhela la reversibilidad del pasado y no se admiten otros modos de presencia ni de relación. Al contrario de lo que muchas veces se piensa, el sufrimiento del melancólico no proviene de relacionarse con los muertos, sino de no poder sostener una relación —y como tal viva, dinámica y radicalmente cambiante, de la que nada ni nadie sale indemne— con ellos. El hábito nos permite aquí rehabitar la vida cotidiana con la ausencia del otro inaugurando una nueva relación desde la memoria del cuerpo que la va incorporando y permite, sin embargo, el trascurrir del día a día mientras salvaguarda, reescribe y actualiza —a medida que vamos viviendo— los vestigios de la *imagen-memoria.* El problema con la concepción de Freud en *Duelo y melancolía* es su relación con el tiempo, con la repetición y con la memoria. El tiempo no solo es psíquico o intrapsíquico, se inscribe espacialmente y se temporaliza en el archivo de la Tierra y de la forma de vida. Por eso no es solo —como ya advertimos cuando hablamos de la rotación y la *traslación*— que reactivemos un vestigio del pasado y lo actualicemos al recordar, sino que, sin que intervengamos en ello necesariamente, el pasado, la *imagen-memoria* se gira a vernos, «se manifiesta», indicando los rastros del pasado activos en el presente. En el duelo nos vinculamos a la irreversibilidad del pasado (en la ausencia del cuerpo de quien muere), pero también a su inacabamiento y a su proyección y actividad, en distintos modos, en el futuro. En cierto sentido, esto dista mucho de la teoría de Freud.

En primer lugar porque, como vimos, la memoria no es solo una facultad humana subjetiva. En segundo lugar, Freud entiende el tiempo como una progresión lineal en la que el pasado precede al presente, lo que le impide reconocer la naturaleza virtual del pasado.[53] En consecuencia, en el modelo de Freud la

---

53 Aunque Freud propone un tiempo no lineal mediante su concepto de *Nachträglichkeit,* el modelo topográfico que invoca en su teoría de la huella de memoria (que, como indica Bergson, podría decirse que se remonta a la

barrera entre el pasado y el presente, entre los vivos y los muertos, es esencialmente intraspasable. Para él, la «prueba de realidad» implica que los muertos ya no existen realmente, excepto en la inestable mente del melancólico, y por esta razón toda libido debe ser retirada de ese apego. Sin embargo, como acabamos de ver, el pasado virtual ejerce su influencia directamente a través de su capacidad de vincularse con el presente y, por tanto, de informarlo. Así pues, el pasado ni quedó atrás ni está cerrado y clausurado. No es tampoco menos real, habita tanto en el mundo material y en la historia biológica y social de los cuerpos como en nosotros. La comprensión de Freud de la realidad como algo que solo incluye la actualidad del presente también lo lleva a desarrollar una teoría discutible de la repetición. Freud concibe la repetición solo como repetición de lo mismo, que no da paso a la diferencia, sino que niega su posibilidad misma. De hecho, esto es lo que lo hace concluir que la compulsión a repetir a través del recuerdo traumático equivale a la pulsión de muerte como deseo de negar la vida y sus transformaciones en aras de restaurar un estado de cosas en el que nada «se mueva». En consecuencia, cada situación renuncia a su novedad y simplemente se repite sobre el modelo de la anterior. De este modo, no ve que las huellas del pasado que se repiten no traen de vuelta el pasado, sino que actualizan sus rastros en un futuro abierto y cambiante, transfigurando esos vestigios en algo nuevo.

Hay que advertir, sin embargo, que en este suceso extraordinario de lo ordinario que es el duelo Freud atisba, una vez más, el poder del tiempo en la relación que sostenemos con la memoria y el pasado. Así, las personas melancólicas son aquellas para las que el pasado tiene más peso del que el presente puede soportar. Para ellos, se trata de que el presente se identifique totalmente con el pasado de modo que el pasado se haga plena-

---

psicofísica de Gustav Fechner), así como en *Duelo y melancolía*, hace que el tiempo sea espacializado y que quede oscurecida la cuestión de su temporalización.

mente presente y el tiempo se detenga y traiga de regreso el cuerpo añorado. En otras palabras, podríamos decir que la capacidad del pasado de no estar acabado también puede dejar a las personas atrapadas en él, en una melancolía sobrecogedora, incapaz de incorporar la irreversibilidad de la pérdida del modo de presencia conocido y, por tanto, incapaz de comprometerse con su día a día y con el futuro. Como advertimos, lo propio de la *imagen-memoria* no es ser una imagen-espacio-mausoleo, es ser una *imagen-tiempo*. Reescribirse con la vida y el día a día, dar pie a otras imágenes y actos de inscripción dentro de las formas de aparición de lo sensible de la vida-muerte. La perplejidad dolorosa en la que nos sume el duelo es un modo nervioso de exponernos, con crudeza, a distintos ritmos temporales más o menos destructivos. Marquemos esto como las intensidades diferenciales que componen una relación y un yo.

¿Cómo podemos pensar entonces en los muertos, los espíritus y las deidades como participantes entre los vivos? ¿Qué concepción de la vida requeriría pensar una participación así? Ciertamente no la «nuda vida» de Agamben, que al utilizar la figura de los muertos vivientes para subrayar cómo la violencia extrema desubjetiviza y elimina toda posibilidad de expresión, parece excluir toda socialidad en las existencias imaginadas para los muertos que devienen sinónimo de lo mudo y lo inerme.[54] En la memoria de la Tierra y el archivo de la forma de vida hay vestigios de los muertos y también de espíritus y divinidades propiamente dichas, cuyas huellas se inscriben y subsisten junto a los vivos. Lo hacen en imágenes, palabras, documentos, códices, paisajes, libros, aguas, fotografías, objetos rituales, máquinas encantadas, espacios sagrados, mercancías salvíficas, instrumentos musicales, cintas de vídeo, telégrafos, reliquias, pan... En una investigación sobre religión y psiquia-

54 Cf. G. Agamben, *Homo sacer I. El poder soberano y la nuda vida*, Valencia, Pre-Textos, 1998; también *id.*, *Lo que queda de Auschwitz. El archivo y el testigo*, Valencia, Pre-Textos, 2000.

tría en el archivo del Manicomio de La Castañeda, fue a parar a mis manos el expediente de María de los Ángeles C, una mujer que ingresó en él en 1922 y que tras pasar ahí más de treinta años, falleció en 1955 en el asilo de ancianos indigentes al que, poco antes de su muerte, al no tener familia, fue trasladada. María de los Ángeles C existió por un tiempo en mis sueños (quién sabe si vuelva a hacerlo algún día); existe hoy, por lo menos, en mi memoria y en un par de publicaciones que pueden ser leídas por otros.[55] Revisar un expediente así requiere de una autorretracción de la investigadora de modo que dé tiempo a que lo que no sabe y lo que no se ve, aparezca. Es el tiempo que permite aparecer lo insospechado. Esta autorretracción no es oponible al juicio crítico, sino que se convierte en su condición de posibilidad, de modo que son los vestigios del expediente los que contribuyen, de forma activa, a sus modos de aparición visible. Los vestigios, que no son sujeto ni objeto, se convierten en «una fuente de involucramiento», dejando intrínsecamente indeterminada la fuente de la actividad y quién se involucra con quién.[56]

55   Cf. Z. Yébenes, *Los espíritus y sus mundos. Locura y subjetividad en el México moderno y contemporáneo*, Gedisa/UAM Cuajimalpa, 2014; *id.*, «El silencio y el archivo: a propósito del Estado alterado», *Versión. Estudios de Comunicación y Política* 37 (2016), pp. 85-96.
56   Véase, si no, lo que escribe Michel Foucault: «Me costaría trabajo expresar con exactitud lo que sentí cuando leí estos fragmentos y muchos otros semejantes. Se trata sin duda de una de esas impresiones de las que se dice que son "físicas", como si pudiesen existir sensaciones de otro tipo. Y confieso que estos "avisos" que resucitaban de repente, tras dos siglos y medio de silencio, han conmovido en mi interior más fibras que lo que comúnmente se conoce como literatura, sin que pueda aún hoy afirmar si me emocionó más la belleza de ese estilo clásico bordado en pocas frases en torno de personajes sin duda miserables, o los excesos, la mezcla de sombría obstinación y la perversidad de esas vidas en las que se siente, bajo palabras lisas como cantos rodados, la derrota y el encarnizamiento […] puesto que existía el riesgo de que se perdiesen, de que mi discurso fuese incapaz de estar a la altura que tales sensaciones exigían, me pareció que lo mejor era mantenerlas en la forma misma en la que me impresionaron […]. Decidí pues reunir simplemente

Los vestigios de los muertos, y también los de los santos y las divinidades inscritos en la costumbre, en la historia y en el reservorio de la cultura, son —en un sentido distinto al de la construcción de conocimiento— umbrales abisales de tiempo si estamos inmersos en ellos o somos potencialmente capaces de recibirlos. Esto puede suceder con distintos grados de intensidad.[57] Al intentar desentrañar las relaciones entre vivos, muertos, espíritus y dioses, Bhrigupathi Singh propone —no por casualidad— volver a Durkheim y, por supuesto, a *mana*.[58] *Mana* es una fuerza impersonal y anónima, y para Singh hay que subrayar que Durkheim advierte que al referirse a *mana* como fuerza no lo hace en su acepción metafórica, sino para poner de manifiesto que «se trata incluso en un sentido de fuerzas materiales que engendran mecánicamente efectos físicos. Si un individuo entra en contacto con ellas sin haber tomado las precauciones convenientes, recibe un golpe que se ha podido comparar a una descarga eléctrica».[59] Para mí, sin embargo, *mana* actúa de muchas formas, a veces de modo mucho más

---

un determinado número de textos en razón de la intensidad que a mi juicio poseen; los he acompañado de algunos preliminares y los he distribuido de modo que preserven —de la forma menos mala posible— el efecto de cada uno de ellos», M. Foucault, *La vida de los hombres infames*, La Plata, Altamira, 1996, pp. 79-80.

57   Toda mi aproximación a esta cuestión se basa en mi lectura de los umbrales e intensidades a partir de Deleuze. Cf. G. Deleuze, *Diferencia y repetición*, *op. cit.* Para una aproximación al análisis religioso desde una lectura deleuziana, cf. B. Singh, *Poverty and the Quest for Life Spiritual and Material Striving in Rural India*, Chicago, The University of Chicago Press, 2015; también A.M. Beliso-De Jesús, *Electric Santeria. Racial and Sexual Assemblages of Transnational Religions*, Columbia, Columbia University Press, 2015. Otra lectura de la relación y la agencia de los muertos la brinda V. Despret, *A la salud de los muertos*, Madrid, La Oveja Roja, 2022.

58   B. Singh, «How Concepts Make the World Look Different: Affirmative and Negative Genealogies of Thought» en V. Das, M. Jackson, A. Kleinman, B. Singh (eds.), *The Ground Between. Anthropologists engage Philosophy*, Durham, Duke University Press, 2014, pp. 159-187.

59   E. Durkheim, *Las formas elementales de la vida religiosa*, *op. cit.*, p. 179.

sutil. Singh señala que Durkheim asevera que esta fuerza, comparable a una descarga eléctrica,

> es la materia prima con la que han sido construidos los seres de todo tipo que las religiones de todos los tiempos han consagrado y adorado. Los espíritus, los demonios, los genios, los dioses de cualquier graduación son tan solo las formas concretas que ha adoptado esta energía, esta «potencialidad».[60]

Desde mi lectura, esta «potencialidad» no es sino el poder del tiempo en sus distintos ritmos de despliegue material, vital y existencial. Es decir, las religiones inscriben espacialmente la vastedad del tiempo en temporalidades humanas y no humanas, en formas materiales, simbólicas y biológicas, en distintas formas de aparición sensible que a su vez se temporalizan. Podemos pensar *mana* como un vasto continuo de tiempo humano y no humano, que incluye y excede lo social. Este continuo temporal se compone de diversos umbrales que se mueven a lo largo de diferentes ritmos de niveles conscientes y no conscientes de tiempo inscrito de diversas formas. ¿Cómo entender entonces la agencia de los espíritus o de los muertos?

Podemos llamarlo umbral de tiempo, con sus propias formas inmanentes de movimiento y flujo. No todos los espíritus están necesariamente sometidos a un *Geist* teleológico hegeliano. Por ejemplo, un espíritu abstracto de modernidad o una educación secular no tienen por qué provocar el «desencantamiento» de umbrales más discretos de vida divinizada y pueden coexistir con la práctica de musitar una plegaria o encender una vela. En ocasiones, cuenta Bhrigupathi Singh, al asistir como investigador «no creyente» a un templo se le ponía la piel de gallina por las intensidades, «la increíble impresión de una Naturaleza desconocida», «el afecto»,[61] al escuchar los ritmos lentos y

---

60   *Ibid.*, p. 187.
61   G. Deleuze y F. Guattari, *Mil mesetas. Capitalismo y esquizofrenia*,

3. Deus sive natura: tríptico de transfiguraciones

deliberados y los tonos exaltados de una canción para invocar a un espíritu en particular. Estas intensidades no eran uniformes. Los médiums espirituales se quejaban:

«Ya no es nada... Tendrían que haberlo visto en tiempos de mi abuelo. En aquella época la gente sabía cantar. A todo el mundo se le salían las lágrimas». Estas afirmaciones no eran mera nostalgia. Yo también podía percibir estos cambios de intensidad, por ejemplo, en la generación siguiente, que se burlaba de los tonos melodramáticos con que se invocaba al espíritu, incluso cuando inclinaban rápidamente la cabeza unos grados o hacían sonar el claxon de la moto al pasar por el santuario.[62]

Desde la perspectiva de la deidad, podríamos llamar a esto no «desencantamiento del mundo» —como quisiera Max Weber—, sino una transformación en el umbral de tiempo, que, sostengo, no es teleológico. Más que una dirección única hacia una «modernidad» espiritualmente empobrecida, hay que prestar mayor atención a los diversos umbrales del tiempo para percibir lo que podríamos llamar intensidades crecientes y menguantes inmanentes a un medio que activa vestigios del archivo de la forma de vida. No hay ningún poder ni fijo ni inmutable. Los dioses y los espíritus que encontramos son, en este sentido, parcialmente mortales, con vidas impredecibles. Las fuerzas que ejercen pueden aumentar y disminuir y ellos mismos se van transformando en el tiempo. La imagen de Cristo, por poner un ejemplo, se ha transformado insospechadamente desde los primeros tiempos del cristianismo en el contexto judío y profético hasta la actualidad. Los umbrales abisales de tiempo tienen la capacidad de transfigurar la realidad al socavar el compromiso cronológico con una secuencia de épocas claramente delineadas,

---

Valencia, Pre-Textos, 2010, p. 246.
62 B. Singh, «How Concepts Make the World Look Different», *op. cit.*, p. 175.

o la insistencia del hiperracionalismo en purgar el afecto del pensamiento en favor de ideas autoconsistentes y tipologías ordenadas, o la suposición del humanismo de una separación entre los mundos social y natural. El suceso extraordinario de lo ordinario que es la muerte, el mundo de los espíritus y los dioses, nos sitúa frente a una *imagen-tiempo* que cuestiona entonces la separación entre vivos y muertos, entre lo material y lo espiritual. El duelo, no en el modo de retirarse del mundo, o de superar dialécticamente la ausencia, se transforma así en una «poética de la exposición». Atisbar el poder del tiempo es evocar un mundo de imágenes cambiantes y polivalentes, es evocar así el poder de la metamorfosis. Dejar que lo extraordinario de la muerte nos devuelva a lo ordinario no es regresar a un lugar que no ha sido tocado por la posibilidad de la pérdida, es abrazar la posibilidad permanente de la pérdida como parte integral de lo ordinario y también de su transformación.

EL TIEMPO DE ARTICULAR LA PROPIA VOZ

Las imágenes, hemos advertido, son las formas de aparición de lo sensible y pueden ser visuales, sonoras, olfativas, etc. La subjetividad, entonces, se expresa en el descubrimiento y la pérdida de esa forma de aparición sensible que es la *voz*, en la propia historia. La voz no es exactamente el discurso, tiene que ver más con la inflexión o el tono que se imprime a las palabras y con el modo de aparecer del cuerpo que la articula. La voz es la forma sensible de aparición que vinculamos aquí con la subjetividad, con el yo. No hay que entenderla ni como origen, ni como siempre idéntica a sí misma; es discontinua, no está ni asegurada ni mucho menos garantizada.[63]

---

63 Cavell reconoce que sus ideas tienen ciertas afinidades con la crítica de Derrida a la metafísica de la presencia, es decir, con la idea de que la identidad

Un aspecto importante de la voz es que debe pertenecerme, ser mía, no en el modo en que poseo una propiedad, sino en el modo en que ha de adquirir vida dentro de mi historia: ¿en qué sentido es *mío* el modo de imaginar y nombrar heredado de otros?[64] El descubrimiento y la pérdida de la voz en cualquier momento de nuestra historia tiene que ver con el tiempo, con el «haber sido niño»: una condición que ninguno de nosotros —por muy diferentes que sean nuestras historias felices o infelices— puede superar nunca, crecer fuera de ella. «"Haber sido niño" no es un hecho del pasado que podamos recordar u olvidar con indiferencia, sino un aspecto interno de nuestra existencia que durará tanto como nosotros».[65] Esto quiere decir que toda nuestra vida está marcada por la condición que aprendimos cuando éramos niños, esto es, la de hallar y articular la propia voz, de distintas formas, a medida que vivimos.

---

constituye una presencia sin fisuras entre el presente y la presencia. Sin embargo, cuestiona las afirmaciones de Derrida sobre la metafísica de la voz, impugnando la afirmación de que los filósofos, sin excepción, han tratado la escritura como una mera extensión del habla identificada con la presencia y con el presente. Para Thoreau, argumenta Cavell, la presencia es una función de la escritura, no del habla, lo cual no es una inversión de la jerarquía del habla y la escritura (donde la escritura se entendería como previa o como la condición de posibilidad del habla), sino un replanteamiento más fundamental. En este sentido, la articulación de la propia voz no se identifica con la inmediatez y la presencia, sino que uno solo llega a sí mismo en una «reconstitución discontinua», un recuento, de lo que ha dicho y hecho. La voz no es ningún origen, es algo a lo que vamos llegando, como cuando de niños vamos aprendiendo y algo que perdemos a menudo en el transcurso de nuestra historia. Hay que advertir que la reflexión de Cavell se enmarca en la polémica que Derrida sostiene con Searle y con Austin, el maestro de Cavell. A mi modo de ver, la respuesta de Cavell a Derrida deja ver cómo este y Austin pueden estar mucho más cerca de aquel, más de lo que él cree. Cf. S. Cavell, *Un tono de filosofía. Ejercicios autobiográficos*, Madrid, Antonio Machado, 2002.

64   S. Laugier, «Voice as Form of Life and Life Form», *Nordic Wittgenstein Review*, 4 (2015), p. 64.

65   P. Marrati, «Childhood and Philosophy», MLN 126 (2011), p. 957.

Lo primero que hay que señalar para dar cuenta de la dificultad en la articulación de la propia voz es que la vida cotidiana está revestida no con la pregunta epistemológica «¿cómo sabemos si el mundo exterior existe?», sino por la pregunta existencial «¿puedo acaso soportar el darme a conocer al otro?». Cuando suponemos la existencia de una suerte de «yo secreto», inaccesible al otro, hay que advertir que este «yo secreto» no es sino eso que no queremos saber o aquello a lo que nos negamos a acceder o a expresar de nosotros, ya sea a otros o a nosotros mismos. El problema no es no poder expresar o exteriorizar lo que tengo «dentro», pensar o sentir algo sin poder decirlo. El problema es, al contrario, un rechazo, incluso un miedo, a significar; un miedo a acceder o exponerse al exterior. De ahí lo seductor de la idea de secreto: preferimos pensar que lo que es privado para nosotros es secreto antes que reconocer la naturaleza misma de esta privacidad, que es estar ligada a una estructura de expresión, es decir, a una imagen, a una forma de aparición exterior y sensible.[66]

Es la expresión, la forma de aparición sensible (visual, sonora, lingüística, corporal, etc.) y su fingimiento lo que define a la subjetividad. El rechazo, el miedo a significar no concierne solo a los otros, sino a uno mismo. Como si el paso al exterior fuera una pérdida de control sobre lo que quiero decir y, por tanto, en última instancia, como si un «sonido inarticulado», inexpresivo, fuera a veces preferible a una expresión de sentido. Pero la voz es desde el inicio a la vez *exterior* e *interior* a mí. *Exterior* porque otros y yo la escuchamos. *Interior* porque yo la articulo. *Exterior* porque proviene de ese modo de imaginar

---

66 Mi reflexión sobre la voz, la exterioridad y el secreto descansa en S. Laugier, «Voice as Form of Life and Life Form», *op. cit.*, pp. 63-82. Para mí, es ineludible la lectura que sobre la articulación de la voz y la expresión en Cavell hace, desde la antropología, Veena Das. Cf. V. Das, «Action, Expression, and Everyday Life: Recounting House hold Events», en V. Das, M. Jackson, A. Kleinman, B. Singh (eds.), *The Ground Between*, *op. cit.*, pp. 279-306.

y distribuir lo sensible transmitido y heredado por la forma de vida. *Interior* porque es mía, tiene una inflexión particular. Es el registro del modo en que mi cuerpo, como imagen que es también centro de acción, imprime las imágenes desde su historia. El hecho de que la voz sea inseparablemente *interior* y *exterior* significa que es una voz que no me asegura ni mi identidad ni mi pensamiento ni nada (en cuanto la voz es voz, es expresión, forma de aparición sensible exteriorizada mía y que se me escapa). Efectivamente, mi voz se transforma en el tiempo, no la reconozco, otros se la apropian, juzgan e interpretan. Lo que te expresa, inevitablemente te expone. El cuerpo humano es la mejor imagen del alma no porque la represente o la posea, lo es en la medida en que es su manifestación.[67] Mi cuerpo, como todo lo que aparece en el mundo, es también una imagen que percibe y es percibida. Esto significa que mis expresiones también me expresan, de hecho son mías, y también, de una u otra forma, estoy en ellas. Tampoco en este caso hay ningún secreto que descubrir, y la propia idea de secreto enmascara esta radical inadecuación, esta ausencia de control sobre nuestro discurso, nuestras voces, nuestra vida, que se exteriorizan, se someten al tiempo, se transforman y en las cuales puedo o no reconocerme (y puedo hacerme responsable o no de aquello incluso en lo que ya no me reconozco). En ciertos aspectos soy tan activa (y también tan pasiva) en mi voz como, por ejemplo, en mi respiración o en mi espiración, y la cuestión ya no es solo poder acceder a la comunidad de interlocutores o a la propia voz; es poder soportar precisamente la inevitable extensión de la voz, que deja huellas que

---

67 S. Laugier, «Voice as Form of Life and Life Form», *op. cit.*, p. 67. Laugier alude a Wittgenstein cuando advierte: «El cuerpo humano es la mejor figura del alma humana», en L. Wittgenstein, *Tractatus Logico-Philosophicus. Investigaciones filosóficas. Sobre la certeza*, Madrid, Gredos, 2009, p. 539.

siempre se me escaparán y siempre pueden volver a encontrar el camino hacia mí para ser reactivadas y hacerme responder por ellas.

Desde esta lectura, lo insoportable no es lo inexpresable o la imposibilidad de ser expresivo, es la expresión misma como forma de vida, una vida que es y no es mía. Al redefinir el sujeto a través de la voz, las dimensiones del fracaso y la vulnerabilidad no le son ni accidentales ni complementarias. Lo que hay que poner de manifiesto no es solo la fragilidad o la pluralidad o la oscuridad del sujeto-voz, sino también su pasividad esencial: el sujeto debe sostener la voz como debe hacerlo con la acción porque ambas constituyen formas sensibles de aparición exteriores a sí mismo y abiertas al escrutinio propio y ajeno; debe hacerlo a través de modos de imaginar y de palabras que vienen de otros. Además, ha de hacerlo sometido al tiempo que lo transforma y lo vuelve indeterminado para sí mismo, y frente a la reescritura, también propia y ajena, de los vestigios y huellas de su propio pasado. La tarea, inevitablemente, le excede. Aquí confluyen el terror de la inexpresividad absoluta y de la expresividad absoluta, de la exposición total, como dos estados extremos de la falta de voz. La voz, mi voz, requiere de la respuesta a lo recibido y transmitido por la forma de vida y de la defensa de mi voz como mía. Sostener mi voz como mía es arduo:

> El escritor —advierte Stanley Cavell— tiene secretos que contar que solo puede revelar a desconocidos. Los secretos no son suyos, y no son confidencias de otros. Son secretos porque pocos desean conocerlos; todos, salvo uno o dos, desean permanecer ajenos. Solo pueden contárselos a quienes se reconocen extraños, porque quienes se creen familiares pensarán que ya han oído lo que dice el escritor. No entenderán que hable en confianza.[68]

---

68 S. Cavell, *The Senses of Walden*, *op. cit.*, pp. 92-93.

«¿Puedo acaso soportar el darme a conocer al otro?». Si la pregunta epistemológica sobre el mundo se define como una cuestión de creencia y de dificultad de conocimiento, la pregunta existencial se inscribe por ejemplo en lugares concretos, puede tener raza, género y, por supuesto, distintos niveles de dificultad. Así, la pregunta puede surgir como «¿cómo sé que no piensa en alguien más?» o «¿soy en verdad yo a quien ama?»; o «¿cómo puedo hacer que alguien me vea y considere valioso lo que soy y lo que hago?». En esta cuestión el exterior y el interior —la imagen o forma sensible de aparición y la subjetividad— están unidas entre sí. La pregunta existencial, la duda en torno a los otros y la forma de vida, no es el tipo de duda que puede extinguirse de una vez por todas. Una de sus amenazas, una que confiere a la vida cotidiana un carácter a veces de trance, es que no puede resolverse aportando más pruebas e información sobre las cuestiones que nos asedian cuando nos encontramos dudando. Y es que la duda, en última instancia, tiene que ver, una vez más, con la temporalidad. En retraso y dislocado, nada de lo que existe, incluidos yo y el otro, es idéntico ni está plenamente presente a sí mismo, esto es el *plus* de indeterminación al que hemos aludido con anterioridad. ¿Cómo confiar en los otros y en todo lo que me rodea? Jacques Lacan advierte:

En la perspectiva freudiana, el principio de realidad se presenta como ejerciéndose de una manera que es esencialmente precaria. Ninguna filosofía hasta ese momento había llegado tan lejos en este sentido. No es que la realidad esté aquí cuestionada, ciertamente no está cuestionada en el sentido en que pudieron hacerlo los idealistas. Comparados con Freud, los idealistas de la tradición filosófica resultan una pavada pues, a fin de cuentas, no cuestionan seriamente esa famosa realidad, la domestican. El idealismo consiste en decir que nosotros damos la medida de la realidad y que no hay que buscar más allá. Es una posición de confort. La de Freud, como por otra parte la de todo hombre sensato, es algo muy diferente. La realidad es precaria. Y precisamente en la medida en que su acceso es tan precario, los mandamientos que trazan su vía son tiránicos.[69]

El acceso a la realidad es precario: los mandamientos no nos protegen de ser asediados por dudas, y aunque estamos de acuerdo en que somos nosotros quienes en cierto modo damos forma a nuestra realidad, esto es solo el principio de la historia y no su final. El papel que desempeñan las defensas en Lacan puede compararse con las defensas que establecemos contra lo cotidiano y que hemos llamado aquí *rechazo activo*, por lo que habitar lo cotidiano desde la articulación de la propia voz es un logro que siempre ha de estarse re-conquistando. Ahora bien, la duda por la fiabilidad del mundo y de los otros es menos un problema cognitivo (el de la posibilidad de conocer su mente, por ejemplo) que un *síntoma*: el síntoma de nuestro rechazo a la expresión. La cuestión del conocimiento del otro duplica y enmascara la cuestión de mi propia accesibilidad (a los demás y a mí misma).

Que la voz sea a la vez *exterior* e *interior* y sometida al tiempo nos advierte una vez más que el pasado no es, desde este punto de vista, simplemente lo que ocurrió, sino lo que aún está ocurriendo y necesita una respuesta por nuestra parte. Efectivamente, debo responder por los modos heredados de imaginar y nombrar con los cuales articulo mi voz, por las huellas y los vestigios de esta en los que puedo o no reconocerme, y por las transformaciones de mis relaciones con los otros. Atender a esta temporalidad múltiple significa prestar atención a la *singularidad* y a la *particularidad*. La *singularidad* significa que ni yo ni el otro ni nada de lo que existe existe «fijo» o «congelado» en «tiempo real», sino que existe difiriendo de sí en múltiples imágenes o formas de aparición sensible. Diferir

---

69 J. Lacan, *La ética del psicoanálisis. Seminario VII*, Buenos Aires, Paidós, 1990, pp. 42-43.

supone hacerlo temporalmente e implica un margen de indeterminación. La *particularidad* significa atender a la forma concreta en que la forma de vida nos fija al otro y a mí en ciertas identidades, por ejemplo. Podríamos decir que la singularidad alude a la *imagen-tiempo* como un proceso constante de alteración de sí mismo y la *particularidad* a la *imagen-espacio* con las imágenes destinadas a fijar, medir y conservar para poder intervenir. Atender a ambas sin negar el poder del tiempo significa atender a mi particularidad y la del otro temporalizándolas, es decir, en su apertura y transformación.

Estamos vinculados por los acuerdos y resonancias que constituyen nuestro modo de imaginar, nuestro lenguaje y el archivo de la forma de vida. Pero no completamente, porque nadie comparte exactamente *mi* experiencia. La imaginación es el modo social e históricamente situado de «enmarcar, conectar y cortar» de un modo u otro las imágenes o las formas sensibles de aparición de las cosas. Estos modos de imaginar se transmiten socialmente, pero cada cuerpo, a partir de ellos, registra sus interacciones con el mundo exterior desde su trayectoria concreta. El modo se vuelve entonces único. Ninguna persona es igual a otra y el «yo» nunca se agota en todas las definiciones o descripciones que el mundo me da de mí misma. Al mismo tiempo, el «yo» solo puede llegar a mí en y a través de relaciones de respuesta con los demás, relaciones en las que, en una medida significativa, me recibo a mí misma del otro y viceversa.

¿Cómo se articula entonces la propia voz? Supone un difícil equilibrio entre la desposesión y la receptividad, por un lado, y el arrogarme la voz como *mi* voz. La desposesión y la receptividad tienen que ver con que el ser que somos no viene de nosotros: nos fue transmitido por vestigios otros y de otros. Por formas de vida y de materia del pasado que, inscritas en lo que existe, a su vez se transmitirán al futuro. Que yo pueda imaginar y hablar, articularme a mí misma como «yo», tiene que ver con múltiples otros (en la impersonalidad de la tercera persona) y con otros concretos (en la intimidad de la segunda). Dejar que los otros y las cosas me importen atendiendo a su *singularidad* y a su *particularidad* es dejar que *su* experiencia de otros de carne y hueso me impresione, se imprima como *suya*, de una u otra manera en mí, lo cual significa que les dé respuesta (así no sea la que quieren o esperan) y que al mismo tiempo advierta su indeterminación en el devenir del tiempo. Ahora bien, responder a un otro requiere que me ponga ante él, lo que significa no solo que debo dejar que me importe, sino también que debo tener una idea de cuál es mi postura, incluso si esa postura está siendo cuestionada, he de arrogarme la voz como *mi* voz. Articular la propia voz es interesarse por las propias experiencias y expresiones y experimentar con ellas. Esto quiere decir ponerlas a prueba con otros, pero también resistirme a las fuerzas de mediación que me separarían de mi propia experiencia:

> Ceder la comprensión de mi experiencia, trivial y crucial [a disciplinas como la historia o la antropología,] requeriría, desde mi punto de vista, un enorme esfuerzo de descarte.[70]

Resistir la tentación de tal descarte y declarar mi propia comprensión de mi experiencia es practicar una forma de receptividad a mí misma, a los demás y a la forma de vida. Articular la propia voz es exponer el yo a los demás. Mi existencia como persona singular no es solo un hecho sobre mí o sobre el mundo, y no es algo que yo pueda simplemente pensar que entiendo con total independencia de las reacciones y respuestas de los otros. No se trata de una búsqueda solitaria e individualista de la «autenticidad», ya que somos fundamentalmente en resonancia (también disonante) unos con otros. Articular la propia voz se liga con el tiempo. En primer lugar, porque mi posibilidad

---

70 S. Cavell, *Philosophy. The Day after Tomorrow*, Cambridge, Harvard University Press, 2005, p. 3.

de hacerlo se basa en el archivo de la forma de vida y en lo que me ha sido transmitido que, sin embargo, yo proyecto en nuevos modos. En segundo lugar, porque mi expresión me exterioriza y abre las maneras en el tiempo en las que puede transformarse e interpretarse desde múltiples puntos de vista. En tercer lugar, porque yo misma me transformo como lo hace mi relación con mi experiencia y mis expresiones por las que, no obstante, he de responder.

Hemos hablado de *sucesos*. Pues bien, la expresión de uno mismo *sucede*: estoy asombrada, impresionada, alterada y por eso enmudezco, hablo, gesticulo o mi cuerpo se erige tenso. Expresarse, si no quiere ser un paso en falso, no es simplemente una cuestión de lo que uno se siente «movido» a expresar, sino más bien el resultado de probar o experimentar con lo que uno se siente movido a expresar para ver si en realidad se deriva de uno mismo o si simplemente se está volcado en hacerse eco de las palabras de otros y, en el proceso, perdiendo la propia experiencia.

La resonancia mimética, observamos cuando vimos el caso de L, no es identificación. L habla del intervalo que hay entre ella y las imágenes de las mujeres que admira. Ese intervalo que ella sostiene y no se esfuerza en suturar es el que permite (sin clausurar) la emergencia de *su* yo, la articulación de *su* voz, permite que la imagen active los recursos que *su* cuerpo porta. Cuando nos volcamos tanto en hacernos eco de las palabras y las formas de expresión de otros que suturamos el intervalo y ni siquiera podemos reconocer qué y cómo es nuestra experiencia, es cuando la perdemos y con ella nuestra voz. Hay que volver a recordar la imagen de Giordano Bruno de la articulación de una multitud de imágenes que alzan su voz, cada una de ellas un microcosmos que refleja el mundo entero. Sin embargo, las cosas son mucho más complejas de lo que parecen, si volvemos a la pregunta inicial: ¿A quién puede uno, *realmente*, darse a conocer? Pensemos en las prácticas de exclusión, invisibilización y silenciamiento incluso a través del ruido. O en

Elizabeth Costello, cansada y gris, exhausta, en el esfuerzo de que los demás la vean como un animal herido que habla. El lenguaje, lo hemos señalado, no existe sin imagen. De hecho, es el medio en el que las formas sensibles de aparición pueden existir como imágenes en completa autonomía de los sujetos, así como de los objetos que las emiten. En este sentido, hay que advertir que, aunque existe una distancia entre el yo que se ve en el espejo y el yo que el espejo me devuelve (una distancia que he llamado «el intervalo»), no se usa «yo» para referir a la imagen de sí mismo como se utilizan otros pronombres para referirse a la imagen de una segunda o tercera persona. Aunque se puede debatir la afirmación de que el «yo» es no-referencial en todas las condiciones, no cabe duda de que no tengo que buscar a quién me refiero cuando utilizo la primera persona para indicarme a mí misma: el yo no es un objeto entre otros. Sin embargo, hay cosas que hacen imposible articular la propia voz, declarar al yo, porque la intimidad de uno con su propio yo se ve severamente entorpecida.

A menudo me ha intrigado el hecho de que ciertas personas se permitan expresar algo de su experiencia a una extraña como yo, sin esperar que llegue a intimar con ellas. Quizá tenga que ver con lo que observamos antes de que los secretos son secretos porque solo pueden ser contados a quienes se reconocen extraños, que no pensarán que ya han oído lo que uno dice. Una persona se te acerca y, con medias palabras y sobreentendidos, te cuenta una historia. Un primo suyo fue secuestrado y asesinado, a él lo dejaron ir. En la familia nadie le preguntó nada y nadie le reprochó nada, en realidad, nadie dijo y dice nada. Sin embargo, en la experiencia de esta persona hay un silencio incrustado en su cuerpo que destruye la intimidad que tiene consigo misma. Ese silencio le impide declarar su yo no solo a los otros, sino a sí mismo: «No pienso mucho, no digo nada, ni a mí me digo, porque sepa entonces qué (pase)», señala. Él no puede desprenderse de ese silencio sin que en la incalculabilidad del tiempo («sepa entonces qué pase») y en la persistencia del pasado (los efectos y huellas del secuestro y asesinato) el universo se ponga patas arriba. En este terrible aprieto su respuesta es no responder. En el silencio impuesto por su familia, él rechaza articular su voz, declarar su yo, pero sabe con claridad que algo de su propia identidad como miembro de esa familia (como hijo, hermano, nieto, sobrino y primo) ha muerto. Las relaciones con los otros se transforman inevitablemente, pero aludir a esta transformación como muerte señala algo más. La muerte, lo acabamos de ver, supone la ausencia irrevocable del cuerpo físico, del modo de estar habitual, de quien muere. La muerte en este contexto señala que hay una forma, un modo de estar, que está irremediable y radicalmente perdido. Expone a la irreversibilidad de un acontecimiento, a lo inexorable, que sin embargo, lejos de estar acabado, sigue cobrando sus efectos.

Si pensamos en la articulación de la voz como declaración del yo que involucra una forma de expresión en la que pongo en juego mi inflexión, mi tono y la imagen de mi cuerpo en el gesto, cabe recordar la distinción entre la forma ilocutiva y perlocutiva del acto de habla.[71] La forma ilocutiva consiste en actos de habla que, en circunstancias apropiadas, consiguen algo al pronunciar ciertas palabras, como «yo declaro» o «yo inauguro». Derivan su eficacia de rituales o convenciones relativamente estables y a menudo institucionalizadas. En la forma perlocutiva, sin embargo, el final no es no es convencional ni previsible. Una declaración como «te amo» no puede depender de una convención común para tener éxito o fracasar, sino que debe reivindicar ser única para el hablante y el destinatario. Aunque dependa de palabras tan convencionales, la expresión apasionada también debe señalar la singularidad de ese momento para la persona que la pronuncia. Además, estas expresiones singularizan al destinatario, la segunda persona a la que se dirigen las palabras, y quien pronuncia una declaración

71 Cf. J.L. Austin, *Cómo hacer cosas con palabras, op. cit.*

apasionada —declarando su amor— se hace vulnerable. Esta característica parece distinguir el efecto perlocutivo de la fuerza ilocutiva. En esta última, la confianza en la convención y la ley permite que se hagan promesas y se contraigan matrimonios. En el efecto perlocutivo, por el contrario, se trata de que no basta con decir «sí, quiero» en el altar para contraer un matrimonio en el que uno pueda confiar no solo en el otro, sino en sí mismo como merecedor de amor; se trata de qué le pasa a uno consigo mismo y con los demás al decir «sí, quiero».

Los actos de habla perlocutivos son aquellos en los que, a partir de las convenciones y de la forma de vida, intento expresar lo que no cabe en la convencionalidad y la generalidad porque alude a la particularidad y a la singularidad de mi experiencia. Lo hago a partir de vestigios y huellas de imágenes y palabras que proyecto en modos inusitados. La forma perlocutiva de expresión es un acto en el que uno expresa lo que está «movido» a expresar como una declaración de sí mismo y a la vez como una invitación al encuentro, es decir, como la exploración y el cuestionamiento de esta declaración en una forma de vida compartida. Por ejemplo: al exponerme y afirmar ante ti, con cierto nerviosismo, que considero tal o cual cosa como valiosa e ineludible, y al reclamar tu acuerdo al respecto, no estoy pidiendo permiso para poder reivindicar lo que considero. ¿Quién puede concederme o denegarme el permiso? La lógica de mi afirmación es que está abierta a ser descartada, tal vez por parte de mí misma. Exponerse es abrirse y convertir mi experiencia en una prueba con otros. Me expongo a mí misma, mi placer, mi alabanza mi sentido de la justicia o del compromiso, con aquellos con quienes comparto la forma de vida. En este contexto, destaca la pasividad de la pasión —«Aquí estoy, esto es lo que me mueve»— y la exigencia de someter la propia pasión y el propio sentido de lo valioso a la prueba de los otros.[72] Desde esta perspectiva, arrogarme la voz, lejos de ser

---

72 Cf. S. Cavell, *Philosophy. The Day after Tomorrow*, *op. cit.*, p. 82.

3. Deus sive natura: *tríptico de transfiguraciones*

una expresión de la pulsión de poder, es un gesto de vulnerabilidad y dependencia. El tono es importante aquí. Declaro mi experiencia, pero lo hago «con cierto nerviosismo». La semántica de los nervios, recordemos, es inestable. Combina vigor, fuerza y determinación con excitación, agotamiento, debilidad, timidez y quiebre. Sé que esta declaración, como oferta de compartir mi experiencia, puede ser corregida y descartada, que incluso puede acabar corregida y descartada por mí. En mi experiencia me declaro yo, y que sea corregida y descartada no significa que ni yo ni mi experiencia seamos desechadas. Mi experiencia me permite revisar, corregir y descartar, es decir, es mi propia relación con mi aprendizaje, transformándose en el tiempo. La fidelidad a mi experiencia supone responsabilizarme por ella sabiendo a la vez que está abierta y que la voy reinscribiendo a medida que vivo. Ahora bien, que yo pueda advertirlo así no depende de una apelación a las convenciones ni a la estructura de la racionalidad humana. Tiene que ver con el modo de escucha y de recepción de los otros y con mi propia forma de expresión y transmisión. Al declarar mi yo me expongo, expongo mi experiencia, haciendo vívido el contexto compartido en el que la experiencia es comprensible o intentando ensanchar los marcos de la forma de vida para que pueda serlo.

En el *suceso* que es articular la propia voz, la duda «¿puedo acaso soportar el darme a conocer al otro?» en ciertas condiciones es mucho más devastadora. Pero, aunque estas condiciones pueden ser mitigadas, la duda no puede desaparecer del todo, dado lo que Lacan llama «la precariedad de la realidad». La duda de cómo darnos a conocer unos a otros, de cómo exponer nuestra singularidad y particularidad en la resonancia, es lo que nos hace ensanchar nuestros marcos y modos de imaginar y de distribuir lo sensible. Los sucesos de lo extraordinario en lo ordinario que suponen la articulación de la propia voz, la declaración del yo, requieren prestar atención a cómo lo hacemos. En lo cotidiano no alcanzamos a ver en toda su extensión lo que nuestro modo de imaginar limita o lo que las imágenes o formas de aparición sensible en nuestra forma de vida tienen de inesperado, o la profundidad, matices, connotaciones y trayectorias que puede alumbrar una palabra o un gesto que active vestigios insospechados en el archivo de la forma de vida. No nos detenemos en las imágenes y las palabras, percibiendo y oyéndolas desde todos los lados, escuchando sus ecos, haciéndolas aparecer y contar de nuevo, poniendo a prueba e impugnando lo que nos ha sido transmitido para atisbar cómo se alumbra lo nuevo. Esta «localización» de la imagen o la palabra para la expresión es siempre un momento de un proceso: siempre se escabulle, nos aleja de ese presente, «comprometiendo la actualidad», ya que hay que contar con sus vestigios de pasado y con que su carácter solo se va determinando desde el futuro. Esta temporalización significa poder soportar, como hemos advertido antes, la inevitable extensión de la voz, que deja huellas que siempre se me escaparán y siempre pueden volver a encontrar el camino hacia mí para ser reactivadas y hacerme responder por ellas. La voz además no puede articularse si no es en las formas recibidas de otros.

En *Mi herida existía antes que yo. Feminismo y crítica de la diferencia sexual*, Laura Llevadot escribe que la lengua que hemos heredado es la del amo y nos impide pensar.[73] Yo no estoy tan segura. En primer lugar, porque pensar que la lengua solo es del amo es concederle demasiado al amo y trabajar a su favor. En segundo lugar, porque la lengua, y en general las herencias, lo hemos visto, son siempre más de una y —como la misma escritura de Llevadot muestra— también son siempre una tarea. Lo crucial aquí es la aceptación de lo que nos hace ser es lo que nos desposee. No existe ningún *homo autotelus* que literalmente se autoproduzca a sí mismo. Nos articulamos a partir de otros y la forma exterior de nuestra aparición sen-

73 L. Llevadot, *Mi herida existía antes que yo. Feminismo y crítica de la diferencia sexual*, Barcelona, Tusquets, 2022, pp. 19-34.

sible se transforma en el tiempo y depende, asimismo, de la recepción y apropiación de otros. La fantasía de una autonomía y de un control total en la identidad y en la expresión es la fantasía imposible de un sujeto narcisista. Pensemos en todas las huellas de fuerzas materiales, biológicas y sociales, en las historias, tradiciones, lenguas y antepasados que nos constituyen. Siempre hay, necesariamente, más de una manera en la que el pasado se lee desde el futuro, abriendo así el espacio para vivir de manera diferente y en relación crítica con las tradiciones que nos forman, sin dejar de reconocer que lo hacen.

Para presionar los límites de la experiencia, debo tanto permitir que los demás me impresionen y desafíen mis palabras como declararme a mí misma, arrogarme la voz. Solo así también mi singularidad se va imprimiendo en el modo social de imaginar, alterándolo y transformándolo, así sea imperceptiblemente. Este es también un modo de ensanchar nuestros marcos de percepción y entendimiento, aunque carezca del rigor del método y del dramatismo espectacular de ciertas revelaciones. Lo que requiero es confrontar mis palabras y mi vida tal como las imagino y persigo, con la vida que mi forma de vida puede imaginar para mí: confrontar la forma de vida consigo misma, a lo largo de las trayectorias y pasajes en las que se encuentra en mí.[74] Dar cuenta de mi experiencia es experimentar cómo mis expresiones, mi forma de transmitir sensiblemente, no refleja de forma automática acuerdos y sintonías con los demás, sino que debe ponerse a prueba con ellos, como si anduviera a tientas con mi voz, para encontrar los lugares precisos del acuerdo y el desacuerdo. Por supuesto, puede ocurrir que lo que yo siento, y llego a determinar como mi experiencia, no sea reconocido o asumido por los otros. Esto puede llevarme a cuestionarme a mí misma o a poner mi distancia: «¿Cuándo ha llegado el momento de declarar que el asunto entre nosotros ha terminado? Mi ansiedad —mis *nervios* tal vez— radica en

---

74 Cf. S. Cavell, *Reivindicaciones de la razón*, Madrid, Síntesis, 2003, p. 189.

que los límites he de trazarlos yo».[75] Las respuestas, pues, no están dadas de antemano, se trazan viviendo. Mis palabras y mi vida tal como las persigo pueden, ciertamente, distanciarme de nuestros acuerdos. O pueden llevarnos a ampliar nuestros acuerdos y a revisar las bases que habíamos creído inevitables, y a ensanchar los modos de imaginar y distribuir lo sensible. En el suceso extraordinario de lo ordinario que es el articular la propia voz quizá lo que cuenta, al fin y al cabo, es la frágil rehabitación de la vida cotidiana que me permite recibir el mundo —marcado como está por la violencia, los desplazamientos forzados, la traición, la pérdida de la voz y su silenciamiento, su articulación y escucha, el amor, la atención y el humor— como un don que, incluso en la disonancia y el distanciamiento, hago mío. Quizá todo consista en saber recibir el espejo de obsidiana que, como el dios Tezcatlipoca con el que abríamos estas páginas, tenemos en el centro del pecho. El espejo de obsidiana permite viajes a otros tiempos y lugares, al mundo de los dioses y de los antepasados. Abre los umbrales de los múltiples tiempos de un mundo-laberinto transfigurado en interminables pasajes, un palimpsesto de tiempo que dibuja y desdibuja mapas y cartografías, *bios* y *geos*. El espejo de obsidiana fragmenta y destella al mundo, ayudándolo a «dejar de ser tan mundo, animándolo a ser más y menos que un mundo» en el devenir insospechado de todas esas transformaciones que son, también, las nuestras.

75 *Ibid.*, p. 177.

Agradecimientos

A Ana, a quien no le hace falta leer nada de lo que escribo para entusiasmarse cada vez que lo ve en un libro. Te agradezco todos los monstruos que me enseñaste a conjurar para derrotar el miedo, cuando yo era pequeña. A mi hermano Yebe, por su modo de ser y de estar, que hace todo liviano. Mis primeros lectores, si puedo elegir, siempre serán Alejandro Araujo y Ángeles Eraña. Alejandro, gracias por caminar conmigo en el proyecto de universidad pública por el que apostamos, y por todo lo que compartimos también en las dificultades. Eres el mejor compañero de aventuras y desventuras que alguien puede tener. Ángeles, gracias por ser como tu casa, cálida y luminosa, refugio reconfortante para quienes tenemos la suerte de ser parte de tu tribu. A Marisela López, Irais García Olvera, Alejandra Ramírez, Natalia Mendoza, Mariela Oliva e Isabel Cabrera. Gracias a las marcianas del círculo de lectura del martes. Parte de lo que escribo aquí tiene que ver con los seminarios «Metodologías dislocadas», «Crisis y contradicción» y «Spinoza: herencias de una intervención» de la Universidad Autónoma Metropolitana (Unidad Cuajimalpa), agradezco a todos y cada uno de sus integrantes. Gracias a Yankel Peralta, y a quienes han tenido la palabra y el gesto justo (ustedes saben quiénes son). A Rodrigo Parrini, Aäron Moszowski, Víctor Márquez Padreñán e Irene Álvarez, les agradezco nuestras conversaciones y su pasión por lo que hacen y comparten. A Herder Editorial, que acogió este libro entre sus filas. Agradezco en especial a Esteban Quirós por el cuidado en la edición. Gracias a Jesús, por todas y cada una de las metamorfosis, por guarecerme en la tormenta, y porque nadie me alentó más para acabar este libro. Y gracias también, por supuesto, al Señor TT, que se esfuerza tanto en que no me olvide de su presencia, que aparece también en estas páginas.

Bibliografía

AFFELDT, S.G., «On the Difficulty of Seeing Aspects and the 'Therapeutic' Reading of Wittgenstein», en W. Day y V.J. Krebs (eds.), *Seeing Wittgenstein Anew*, Cambridge, Cambridge University Press, 2010, pp. 268-288.

AGAMBEN, G., *Homo sacer I. El poder soberano y la nuda vida*, Valencia, Pre-Textos, 1998.

—, *Lo que queda de Auschwitz. El archivo y el testigo*, Valencia, Pre-Textos, 2000.

AGUILAR, Y., «Nosotros sin México. Naciones indígenas y autonomía», *Nexos*, 18 de mayo de 2018 [https://cultura. nexos.com.mx/nosotros-sin-mexico-naciones-indigenas-y-autonomia/].

AGUSTÍN DE HIPONA, «Confesiones», en *Obras completas*, t. II, Madrid, BAC, 1974.

ALIPAZ, D., «Bergson and Derrida: The Question of writing Time as Philosophy's Other», *Journal of French and Francophone Philosophy/Revue de la philosophie française et de langue française*, XIX(2) (2011), pp. 96-120.

ANDERSON, B., *Comunidades imaginadas. Reflexiones sobre el origen y la difusión del nacionalismo*, México, FCE, 2006.

ANDERSON, D.M.; GILBERT, P.M. y BURKHOLDER, J.M.,

«Harmful Algal Blooms and Eutrophication: Nutrient Sources, Composition, and Consequences», *Estuaries* 25(4B) (2002), pp. 704-726.

ARCHER, D., *The Global Carbon Cycle*, Princeton, Princeton University Press, 2010.

ARETXAGA, B., «¿Tiene sexo la nación? Nación y género en la retórica y la política sobre Irlanda», *Arenal* 3(2) (1996), pp. 199-216.

ARISTÓTELES, *Física*, Madrid, Gredos, 1995.

ASAD, T., *Genealogies of Religion. Discipline and Reasons of Power in Christianity and Islam*, Baltimore, The Johns Hopkins University Press, 1993.

AUSTIN, J.L., *Cómo hacer cosas con palabras*, Barcelona, Paidós, 2018.

BARAD, K., *Meeting the Universe Halfway. Quantum Physics and the Entanglement of Matter and Meaning*, Durham, Duke University Press, 2007.

—, «Quantum Entanglements and Hauntological Relations of Inheritance: Dis/continuities, SpaceTime Enfoldings, and Justice-to-Come», *Derrida Today* 3(10) (2010), pp. 240-268.

BARTHES, R., *La cámara lúcida. Nota sobre la fotografía*, Barcelona, Paidós, 1990.

BELISO-DE JESÚS, A.M., *Electric Santeria. Racial and Sexual Assemblages of Transnational Religions*, Nueva York, Columbia University Press, 2015.

BENJAMIN, W., «Para una crítica de la violencia», en *Para una crítica de la violencia y otros ensayos*, Madrid, Taurus, 2001, pp. 23-45.

—, «Sobre la facultad mimética», en *Obras*, vol. i, l. ii, Madrid, Abada, 2007, pp. 213-216.

—, «El capitalismo como religión», *El Viejo Topo*, 26 de septiembre de 2017 [https://www.elviejotopo.com/topoexpress/el-capitalismo-como-religion/].

—, *Tesis sobre la historia y otros fragmentos*, México, Ítaca/UACM, 2008.

BENNETT, J., *Vibrant Matter. A Political Ecology of Things*, Durham, Duke University of Press, 2010.

BENSAUDE-VINCENT, B., «Rethinking time in response to the Anthropocene: From timescales to timescapes», *The Anthropocene Review*, 9(2) (2021), pp. 1-14.

— y STENGERS, I., *Histoire de la chimie*, París, La Découverte, 2013.

— y LOEVE, S., *Carbon. Ses vies, ses ouevres*, París, Seuil, 2018.

BERGSON, H., *Materia y memoria. Ensayo sobre la relación del cuerpo con el espíritu*, Buenos Aires, Cactus, 2013.

—, *La evolución creadora. Obras escogidas*, Madrid, Aguilar, 1963, pp. 433-755.

—, *Essai sur les données immédiates de la conscience*, París, PUF, 1997 [trad. cast.: *Ensayo sobre los datos inmediatos de la conciencia*, Salamanca, Sígueme, 2020].

—, «Philosophical Intuition», en K.A. Pearson y J. Mullarkey (eds.), *Bergson. Key Writtings*, Londres, Bloomsbury Academic, 2014, pp. 285-302.

—, *Memoria y vida. Textos escogidos por Gilles Deleuze*, Madrid, Alianza, 2016.

—, *Las dos fuentes de la religión y la moral*, Madrid, Trotta, 2020.

BERLANT, L., «Slow Death (Sovereignty, Obesity, Lateral Agency)», *Critical Inquiry* 33(4) (2007), pp. 754-780.

—, *Cruel Optimism*, Durham, Duke University Press, 2011.

BHABA, H., «El mimetismo y el hombre. La ambivalencia del discurso colonial», en *El lugar en la cultura*, Buenos Aires, Manantial, 1994, pp. 111-121.

BLANQUET, C.R., «El campo ya no huele a flores», *Vist: Visual is Telling* (2022) [https://vistprojects.com].

BOCANDÉ, A., «Joseph Tonda, les ondulations de Nicki Minaj et l'impérialisme colonial de la valeur», *Africultures. Les mondes en relations*, 22 de febrero de 2022 [africultures.com].

BONNET, P., *Lo que no tiene nombre*, México, Alfaguara, 2013.

BOTTICI, C., *Imaginal Politics. Beyond Imagination and the Imaginary*, Nueva York, Columbia University Press, 2019.

BOURDIEU, P., *El sentido práctico*, Madrid, Taurus, 1991.

—, *Razones prácticas. Sobre la teoría de la acción*, Barcelona, Anagrama, 1999.

—, *Meditaciones pascalianas*, Barcelona, Anagrama, 1999.

— y WACQUANT, L., *Réponses. Pour une anthropologie reflexive*, París, Seuil, 1992 [trad. cast.: *Respuestas. Por una antropología reflexiva*, México, Grijalbo, 1995].

BOUTON, C. y HUNEMAN, P. (eds.), *Time of Nature and the Nature of Time. Philosophical Perspectives of Time in Natural Sciences*, Springer, Boston Studies in the Philosophy and History of Science, 2017.

BRACKEN, C., *Magical Criticism. The Recourse of Savage Philosophy*, Chicago, The University of Chicago Press, 2007.

BRAIDOTTI, R., «Affirmation *versus* vulnerability: On contemporary ethical debates» *Symposium: Canadian Journal of Continental Philosophy* 10(1) (2006), pp. 235-254.

BROWN, W. y Gago, V., «Is there a Neoliberalism 'From Below'?: a Conversation Between Verónica Gago and Wendy Brown», *Versobooks*, 21 de noviembre de 2020 [www.versobooks.com].

BRUKNER, C. y ZEILINGER, A., «Diffraction of Matter Waves in Space and in Time», *Physical Review* 56(5) (1997), pp. 3804-3824.

BRUNO, G., *Cause, Principle, and Unity, and Essays on Magic*, Cambridge, Cambridge University Press, 2004 [trad. cast.: *Causa, principio y unidad*, Buenos Aires, Tor, 1941].

BUCK-MORSS, S., *Mundo soñado y catástrofe. La desaparición de la utopía de masas en el Este y en el Oeste*, Madrid, La Balsa de la Medusa, 2004.

—, «Estética y Anestética», *Walter Benjamin. Escritor revolucionario*, Buenos Aires, Interzona, 2005, pp. 169-222.

CALASSO, R., *El cazador celeste*, Barcelona, Anagrama, 2020.

Callois, R., «Mimetismo y psicastenia legendaria», *Revista de Occidente* 330 (2008), pp. 122-137.

Calvino, I., *Las ciudades invisibles*, Madrid, Siruela, 2022.

Canales, J., *El físico y el filósofo. Einstein, Bergson y el debate que cambió nuestra comprensión del tiempo*, Barcelona, Arpa, 2005.

Canguilhem, G., *Lo normal y lo patológico*, Buenos Aires, Siglo xxi, 1970.

Carpenter, S.R.; Caraco, N.F.; Correll, D.L.; Howarth, R.W.; Sharpley, A.N. y Smith, V.H., «Nonpoint Pollution of Surface Waters with Phosphorus and Nitrogen», *Ecological Applications* 8(3) (1998) pp. 559-568.

Caruth, C., *Unclaimed Experience. Trauma, Narrative and History*, Baltimore, The Johns Hopkins University Press, 1996.

Cavell, S., *Must We Mean What We Say?*, Cambridge, Cambridge University Press, 1969.

—, *The Uncanniness of the Ordinary*, 1986 [https://tannerlectures.utah.edu].

—, «Declining Decline: Wittgenstein as a Philosopher of Culture», en *This New yet Unapproachable America. Lectures after Emerson after Wittgenstein*, Chicago, The University of Chicago Press, 1989, pp. 29-77 [trad. cast.: *Esta nueva y aún inaccessible América. Conferencias «tras» Emerson «después» de Wittgenstein*, Zaragoza, Prensas De la Universidad de Zaragoza, 2021].

—, *Senses of Walden*, Chicago, The Chicago University Press, 1992 [trad. cast.: *Los sentidos de Walden*, Valencia, Pre-Textos, 2011].

—, *Un tono de filosofía. Ejercicios autobiográficos*, Madrid, Antonio Machado, 2002.

—, *Reivindicaciones de la razón*, Madrid, Síntesis, 2003.

—, *Philosophy. The Day after Tomorrow*, Cambridge, Harvard University Press, 2005 [trad. cast.: *La filosofía pasado el mañana*, Barcelona, Alpha Decay, 2014].

COCCIA, E., *La vida sensible de las imágenes*, Buenos Aires, Marea, 2011.

—, *Metamorphoses*, Cambridge, Polity Press, 2021 [trad. cast.: *Matamorfosis*, Buenos Aires, Cactus, 2021].

CODRINGTON, R., *The Melanesians. Studies in Their Anthropology and Folklore*, Oxford, Clarendon Press, 1891.

COETZEE, J.M., *Las vidas de los animales*, Barcelona, Mondadori, 2001.

—, *The Lives of Animals: The Tanner Lectures of Human Values*, 1997 [https://tannerlectures.utah.edu].

COHEN, J.J. y DUCKERT, L. (eds.), *Elemental Ecocriticism. Thinking with Earth, Air, Water and Fire*, Minneapolis, Minnesota Press, 2015.

CORONIL, F., *El Estado mágico. Naturaleza, modernidad y dinero en Venezuela*, Caracas, Alfa, 2013.

CRUTZEN, P.J. y STOERMER, E.F., «The "Anthropocene"», *Global Change Newsletter* 41 (2000), pp.17-18.

DE LA CADENA, M., *Earth beings. Ecologies of practice across Andean worlds*, Durham, Duke University Press, 2015.

DAMASIO, A.R., «Descartes error and the future of human life», *Scientific American* 271 (1994), p. 144.

—, «The somatic marker hypothesis and the possible functions of the prefrontal cortex», *Biological Science* 351 (1996), pp. 1413-1420.

DAS, V., *Life and Words. Violence and the Descent into the Ordinary*, Berkeley, University of California Press, 2007.

—, «Action, Expression, and Everyday Life: Recounting House hold Events», en V. Das, M. Jackson, A. Kleinman, B. Singh (eds.), *The Ground Between. Anthropologists engage Philosophy*, Durham, Duke University Press, 2014, pp. 279-306.

—, *Textures of the Ordinary. Doing Anthropology after Wittgenstein*, Nueva York, Fordham University Press, 2020.

DELEUZE, G., *La imagen-movimiento. Estudios de cine I*, Barcelona, Paidós, 1984.

—, *El bersognismo*, Madrid, Cátedra, 1987.

—, *Diferencia y repetición*, Buenos Aires, Amorrortu, 2002.

—, *La imagen-tiempo. Estudios sobre cine II*, Barcelona, Paidós, 2004.

—, *Dos regímenes de locos*, Valencia, Pre-Textos, 2007.

DELEUZE, G. y GUATTARI, F., *Mil mesetas. Capitalismo y esquizofrenia*, Valencia, Pre-Textos, 2010.

DENNETT, D.C., *Freedom Evolves*, Nueva York, Viking, 2003 [trad. cast.: *La evolución de la libertad*, Barcelona, Paidós, 2004].

DERRIDA, J., «La farmacia de Platón», en *La diseminación*, Madrid, Fundamentos, 1975, pp. 91-215.

—, *De la gramatología*, México, Siglo XXI, 1986.

—, *Márgenes de la filosofía*, Madrid, Cátedra, 1994.

—, *Dar el tiempo. I. La moneda falsa*, Barcelona, Paidós, 1995.

—, *Fuerza de ley. El fundamento místico de la autoridad*, Madrid, Tecnos, 1997.

—, *Mal de archivo. Una impresión freudiana*, Madrid, Trotta, 1997.

—, *El animal que luego estoy si(gui)endo*, Madrid, Trotta, 2008.

—, *Espectros de Marx. El estado de la deuda, el trabajo del duelo y la nueva internacional*, Madrid, Trotta, 2012.

DESPRET, V., *A la salud de los muertos*, Madrid, La Oveja Roja, 2022.

DEVICTOR, V. y BENSAUDE-VINCENT, B. «From ecological records to big data: the invention of global biodiversity», *History and Philosophy of the Life Sciences* 38(13) (2016), pp. 11-23.

DIAMOND, C. «The difficult of reality», en A. Crary y S. Shieh (eds.), *Reading Cavell*, Londres/Nueva York, Routledge, 2006, pp. 98-118.

DIDI-HUBERMAN, G., *La imagen superviviente. Historia del arte y tiempo de los fantasmas según Aby Warburg*, Madrid, Abada, 2009.

DOLAR, M., «Beyond Interpellation», *Qui Parle* 6(2) (1993), pp. 75-96.

DURKHEIM, E., *Las formas elementales de la vida religiosa*, Madrid, Akal, 1982.

—, *Sociología y filosofía*, Buenos Aires, Miño y Dávila, 2000.

DURHAM PETERS, J., *Speaking into the Air. A History of the Idea of Communication*, Chicago, The University of Chicago Press, 2001.

FERBER, D., «Keeping the Stygian Waters at Bay», *Science* 291(5506) (2001), pp. 968-973.

FERNÁNDEZ BOCCARDO, M., *Masculinidades y mandatos del patriarcado neoliberal. Una lectura psicoanalítica con perspectiva de género*, Buenos Aires, Entre Ideas, 2018.

FERNÁNDEZ BRAVO, A. (comp.), *La invención de la nación*, Buenos Aires, Manantial, 2000.

FERRI, P., «Entrevista a Yásnaya Aguilar: "Los pueblos indígenas no somos la raíz de México, somos su negación constante"», *El País*, 8 de septiembre de 2019 [https://elpais.com/cultura/2019/09/08/actualidad/1567970157_670834.html].

FOUCAULT, M., *Las palabras y las cosas*, México, Siglo XXI, 1996.

—, *La vida de los hombres infames*, La Plata, Altamira, 1996.

—, *Historia de la sexualidad I. La voluntad de saber*, México, Siglo XXI, 2006.

—, *El nacimiento de la biopolítica*, Buenos Aires, FCE, 2007.

FOX KELLER, E., *The Century of the Gene*, Cambridge, University of Cambridge Press, 2002.

FRANCO, D., «Jalisco: la verdad de los tráileres de la muerte», *ZonaDocs. Periodismo en Resistencia*, 19 de septiembre de 2020 [www.zonadocs.mx].

FREUD, S., *Obras completas*, Buenos Aires, Amorrortu, 2006.

GÓMEZ, E., «En bolsas de basura entrega la FGE restos de un desaparecido», *La Jornada*, 30 de marzo de 2021 [www.jornada.com.mx].

GOULD, T., «Where the Action Is: Cavell and the Skeptic's Activity», en R. Fleming y M. Payne (eds.), *The Senses of Stanley Cavell*, Londres, Bucknell University Press, 1989, pp. 90-115.

GRIFFIN, D.R. (ed.), *Physics and the Ultimate Significance of Time. Bohm, Prigogine, and Process Philosophy*, Albany, State University of New York Press, 1986.

GROSZ, E., «Deleuze, Bergson and the Concept of Life», *Revue Internationale de Philosophie* 3(241) (2007), pp. 287-300.

—, *Chaos, Territory, Art. Deleuze and the Framing of the Earth*, Nueva York, Columbia University Press, 2008.

GUDYNAS, E., *Extractivismos. Ecología, economía y política de un modo de entender el desarrollo y la naturaleza*, La Paz, CLAES-CEDIB, 2015.

GUERLAC, S., *Thinking in Time. An Introduction to Henri Bergson*, Ithaca, Cornell University Press, 2006.

HÄGGLUND, M., *Radical Atheism. Derrida and The Time of life*, Stanford, Stanford University Press, 2008.

HAN, C., *Seeing like a Child. Inheriting the Korean War*, Nueva York, Fordham University Press, 2020.

HARAWAY, D.J., *Staying with the Trouble. Making Kin in Chthulucene*, Durham, Duke University Press, 2016 [trad. cast.: *Seguir con el problema. Generar parentesco en el Chthuluceno*, Bilbao, Consonni, 2020].

HEGEL, G.F.W., *Fenomenología del espíritu*, México, FCE, 1966.

—, *Ciencia de la lógica II*, Madrid, Abada, 2015.

—, *Enciclopedia de las ciencias filosóficas*, Madrid, Alianza, 2005.

HEIDEGGER, M., *El ser y el tiempo*, México, FCE, 1993.

—, *Aportes a la filosofía. Acerca del evento*, Buenos Aires, Biblos, 2003.

—, *Carta sobre el humanismo*, Madrid, Alianza, 2006.

KANT, I., *Crítica de la razón pura*, Madrid, Taurus, 2013.

KIRBY, V., «Tracing Life: "La vie, la mort"», *CR: The New Centennial Review* (2009), pp. 107-126.

L, «Figuring a Women's Revolution: Bodies Interacting with their Images», *Jadaliyya*, 5 de octubre de 2022 [www. Jadaliyya.com].

LABATUT, B., *Un verdor terrible*, Barcelona, Anagrama, 2020.

LACAN, J., *La ética del psicoanálisis. Seminario VII*, Buenos Aires, Paidós, 1990.

LACAPRA, D., «Trauma, Absence, Loss», *Critical Inquiry* 25 (1999), pp. 696-727.

LATOUR, B., *Nunca fuimos modernos*, Buenos Aires, Siglo XXI, 2007.

—, «Why has critique run out of steam? From matters of fact to matters of concern», *Critical Inquiry* 30(2) (2008), pp. 225-248.

LAUGIER, S., «Voice as Form of Life and Life Form», *Nordic Wittgenstein Review* 4 (2015), pp. 63-82.

LE COUR, R., «Los socios turbulentos del Estado: la guerra por la intermediación política en México», *Istor* 86 (2021), pp. 49-74.

—, «Morir por participar en la democracia mexicana», *Gatopardo*, 18 de octubre de 2022 [www.gatopardo.com].

—, «Los socios violentos del Estado: diez años de autodefensas en Michoacán», *Gatopardo*, 30 de marzo de 2023 [www. gatopardo.com].

LÉVI-STRAUSS, C., *Saudades do Brasil. A Photographic Memoir*, Seattle, University of Washington Press, 1995.

LINGENFELTER, R.E., *Death Valley and the Amargosa. A Land of Illusion*, Berkeley, University of California Press, 1986.

LINGIS, A., «The Elements», *The Imperative*, Bloomington, Indiana University Press, 1998, pp. 13-24.

LLEVADOT, L., *Mi herida existía antes que yo. Feminismo y crítica de la diferencia sexual*, Barcelona, Tusquets, 2022.

LOEVE, S., «Point and Line to Plane: The Ontography of Carbon Nanomaterials», *Cahiers François Viète* III(2) (2017), pp. 183-216.

— y BENSAUDE-VINCENT, B., «The multiple signatures of carbon», en B. Bensaude-Vincent, S. Loeve, A. Nordmann y

A. Schwarz (eds.), *Research Objects in their Technological Setting*, Nueva York, Routledge, 2017, pp. 185-200.

LOMNITZ, C., *La idea de la muerte en México*, México, FCE, 2006.

LORDE, A., *La hermana, la extranjera*, Madrid, Horas y Horas, 2003.

LUGONES, M., «Heterosexualism and the Colonial / Modern Gender System», *Hypatia* 22(1), (2007), pp. 186-209.

MARCOLONGO, A., *Etimologías para sobrevivir al caos*, Barcelona, Taurus, 2021.

MARDER, M., «The Sense of Seeds, or Seminal Events», *Environmental Philosophy* 12(1) (2015), pp. 87-97.

MARGULIS, L. y SAGAN, D., *¿Qué es la vida?*, Barcelona, Tusquets, 1995.

— y —, *Captando genomas. Una teoría sobre el origen de las especies*, Barcelona, Kairós, 2003.

MARÍAS, J., *Negra espalda del tiempo*, Madrid, Alfaguara, 1998.

—, *Literatura y fantasma*, Madrid, Alfaguara, 2001.

MARRATI, P., «Childhood and Philosophy», *MLN* 126 (2011), pp. 954-961.

MARTÍNEZ, O., *Los muertos y el periodista*, Barcelona, Anagrama, 2021.

— y MARTÍNEZ, J., *El Niño de Hollywood*, Barcelona, Debate, 2019.

MARX, K., *Manuscritos. Economía y filosofía*, Madrid, Alianza, 1968.

—, *El capital*, vol. I, t. I, México, Siglo XXI, 2008.

MASSUMI, B., *Parables for the Virtual. Movement, Affect, Sensation*, Durham, Duke University Press, 2002.

MAUSS, M., *Sociología y antropología*, Madrid, Tecnos, 1979.

—, *Ensayo sobre el don. Forma y función del intercambio en las sociedades arcaicas*, Buenos Aires, Katz, 2007.

MAZZARELLA, W., *The Mana of Mass Society*, Chicago, The University of Chicago Press, 2017.

—, «Political Incarnation as Living Archive: Populist Symptoms» [https://chicago.academia.edu/WilliamMazzarella].

MBEMBE, A., «African Modes of Self-writing», *Identity, Culture and Politics* 2(1) (2001), pp. 1-39.

—, *Necropolítica*, Barcelona, Melusina, 2011.

McCORMACK, D.P., «Elemental Infrastructures for Atmospheric Media: On Stratospheric Variations, Value and the Commons», *Environment and Planning D: Society and Space* 35(3) (2017), pp. 418-437.

McNAMARA, P., *Mind and Variability. Mental Darwinism, Memory, and Self*, Londres, Praeger, 1999.

MITCHELL, T., *Carbon Democracy. Political Power in the Age of Oil*, Nueva York, Verso, 2011.

MOOR, M. y VAN DE SANDT, J., *El lado oscuro del carbón. La violencia paramilitar en la zona minera del Cesar, Colombia*, Utrecht, Pax, 2014.

MOORE, J.W., *Capitalism in the web of life. Ecology and the accumulation of capital*, Londres, Verso, 2015 [trad. cast.: *El capitalismo en la trama de la vida. Ecología y acumulación de capital*, Madrid, Traficantes de Sueños, 2020].

— (ed.), *Anthropocene or Capitalocene? Nature, History and the Crisis of Capitalism*, Oakland, PM Press, 2016.

MOSHINSKY, M., «Diffraction in Time», *Physical Review* 88(3) (1952), pp. 625-631.

NAVARRETE, F., *Alfabeto del racismo mexicano*, Buenos Aires, Malpaso, 2016.

NIETZSCHE, F., *Genealogía de la moral*, Madrid, Tecnos, 2003.

OLIVA MENDOZA, C., «La forma espectral del capital», 25 de noviembre de 2017, [http://ru.ffyl.unam.mx/handle/10391/6557].

PAPADOUPULOS, D., PUIG DE LA BELLACASA, M. y MYERS, N. (eds.), *Reacting Elements*, Durham, Duke University Press, 2021.

PARDO VEIRAS, J.L., «Una tonelada de carbón», *El País*, 3 de noviembre de 2021. [www.elpais.com].

PATEMAN, C., *El contrato sexual*, Barcelona, Anthropos/UNAM, 1995.

PATTON, P. y PROTEVI, J., *Between Deleuze and Derrida* (eds.), Londres, Continuum, 2003.

PEARSON, K.A., *Philosophy and the Adventure of the Virtual: Bergson and the Time of Life*, Londres, Routledge, 2002.

POVINELLI, E., *Geontologies. A Requiem to Late Liberalism*, Durham, Duke University Press, 2016.

PRIGOGINE, I. y STENGERS, I., *Order out of Chaos*, Nueva York, Bantam Books, 1984.

— y —, *Entre le temps et l'éternité*, París, Flammarion, 1992 [trad. cast.: *Entre el tiempo y la eternidad*, Madrid, Alianza, 1990].

PROUST, M., *A la sombra de las muchachas en flor*, Madrid, Alianza, 2011.

PUIG DE LA BELLACASA, M., «Divergences solidaires Autour des politiques féministes des savoirs situés», *Dans Multitudes* 2(12) (2003), pp. 39-47.

QUIETO, L., *Arqueología de la ausencia*, Buenos Aires, Casa Nova Editores, 2011.

RANCIÈRE, J., *El reparto de lo sensible*, Santiago de Chile, LOM, 2009.

REDACCIÓN, «"Tráiler de la muerte": el día que una morgue rodante apareció en Jalisco con más de 270 cadáveres», *Infobae,* 1 de abril de 2021 [www.infobae.com].

REDACCIÓN, «La feroz crítica de una iraní a las mujeres occidentales que se cortan el pelo», *Memo. Política, Economía y Poder*, 8 de octubre de 2022 [www.memo.com.ar].

REDACCIÓN/ANIMAL POLÍTICO, «Guardia nacional mata a estudiante en Irapuato», *Animal político*, edición digital, 27 de abril de 2022 [www.animalpolitico.com].

REDACCIÓN/SIN EMBARGO, «La marea roja se expande por el Pacífico mexicano: causa daños y pérdidas económicas», *Sin embargo*, 28 de abril de 2022 [www.sinembargo.mx].

REPO, J., «Feminist Commodity Activism: The New Political

Economy of Feminist Protest», *International Political Sociology* 14(2) (2020), pp. 215-232.

RHEINBERGER, H.-J., «The notions of regulation, information, and language in the writings of Francois Jacob», *Biological Theory* 1(3) (2006), pp. 261-267.

RICŒUR, P., *La memoria, la historia, el olvido*, Madrid, Trotta, 2003.

ROBBEN, A., «Exhumations, Territoriality, and Necropolitics in Chile and Argentina», en F. Ferrándiz y A. Robben (eds.), *Necropolitics. Mass Graves and Exhumations in the Age of Human Rights*, Filadelfia, University of Pennsylvania Press, 2015, pp. 53-75.

ROSALDO, R., *The Day of Shelly's Death. The Poetry and Ethnography of Grief*, Durham, Duke University Press, 2013.

ROSENFIELD, I., *The Invention of Memory. A New View of the Brain*, Nueva York, New York Basic Books, 1988.

ROUSSEAU, I., «Mexico's Energy Policies During the Presidency of Andrés Manuel López Obrador: Sovereignty and Security» [https://www.ifri.org/sites/default/files/atoms/files/rousseau_mexico_energy_policies_2021.pdf].

RUEDA, M.I., «Al final del mundo. Especulaciones sobre posibilidades de vida entre las ruinas de un mundo que pareciera muerto» [http://alfinaldelmundo.xyz/index.php/Mesa_parlante].

SACCHI, E., «Umbrales biológicos de la modernidad política en Michel Foucault», *Daimon. Revista Internacional de Filosofía* 68 (2016), pp. 19-35.

SACKS, O., *A Leg to Stand On*, Londres, Picador, 1991.

SALLIS, J., «The Elemental Turn», *The Southern Journal of Philosophy* 50(2) (2012), pp. 345-350.

SANTNER, E.L., «The Rebranding of Sovereignty in the Age of Trump: Toward a Critique of Manatheism», en W. Mazzarella, A. Schuster y E.L. Santner, *Sovereignty inc.*, Chicago, The University of Chicago Press, 2020, pp. 19-112.

SCARRY, E., *The Body in Pain. The Making and Unmaking of the World*, Oxford, Oxford University Press, 1987.

SCHMITT, C., *Teología política*, Madrid, Trotta, 2008.

SCHRADER, A., «Responding to Pfiesteria piscicida (the Fish Killer): Phantomatic Ontologies, Indeterminacy, and Responsibility in Toxic Microbiology», *Social Studies of Science* 40(2) (2010), pp. 275-306

—, «The Time of Slime: Anthropocentrism in Harmful Area Research», *Enviromental Studies* 9(1) (2012), pp. 71-94.

—, «Microbial Suicide: Toward a Less Anthropocentric Ontology of Life and Death», *Body and Society* 23(3) (2017), pp. 48-74.

SEGATO, R.L., *Las nuevas formas de la guerra y el cuerpo de las mujeres*, Buenos Aires, Tinta Limón, 2014.

—, «Género y colonialidad: del patriarcado de bajo impacto al patriarcado moderno», en M. Belausteguigoitia y M.J. Saldaña-Portillo, *Des/posesión. Género, territorio y lucha por la determinación*, México, UNAM, 2015, pp. 125-162.

—, *Contra-pedagogías de la crueldad*, Buenos Aires, Prometeo, 2018.

SEGOVIA, C.A., «El nuevo animismo: experimental, isomérico, liminal y caósmico», *Thémata. Revista de Filosofía* 60 (2019), pp. 41-58.

SINGH, B., *Poverty and the Quest for Life Spiritual and Material Striving in Rural India*, Chicago, The University of Chicago Press, 2015.

—, «How Concepts Make the World Look Different: Affirmative and Negative Genealogies of Thought», en V. Das, M. Jackson, A. Kleinman, B. Singh (eds.), *The Ground Between. Anthropologists engage Philosophy*, Durham, Duke University Press, 2014, pp.159-187.

SISKO, J.E., «Anaxagoras and Empedocles in the Shadow of Elea», en J. Warren y F. Sheffield (eds.), *The Routledge Companion to Ancient Philosophy*, Nueva York, Routledge, 2014, pp. 48-64.

SLOTERDIJK, P., *¿Qué sucedió en el siglo XX?*, Madrid, Siruela, 1998.

SMALLEY, R., «Discovering the fullerenes», discurso Premio Nobel de Química, 7 de diciembre de 1996 [https://www.nobelprize.org/prizes/chemistry/1996/smalley/lecture/].

SONTAG, S., *Ante el dolor de los demás*, Buenos Aires, Alfaguara, 2003.

—, *Sobre la fotografía*, Buenos Aires, Alfaguara, 2006.

SPINOZA, B., *Ética demostrada según el orden geométrico*, Madrid, Trotta, 2000.

SVAMPA, M., «El Antropoceno como diagnóstico y paradigma. Lecturas globales desde el Sur», *Utopía y Praxis Latinoamericana* 24(84) (2019), pp. 33-53.

STIEGLER, B., *La técnica y el tiempo. I. El pecado de Epimeteo*, Hondarribia, Hiru, 2003.

TER SCHURE, L., *Bergson and History. Transforming the Modern Regime of Historicity*, Albany, State University of New York Press, 2019.

TAUSSIG, M., *Shamanism, Colonialism and the Wild Man*, Chicago, The University of Chicago Press, 1987 [trad. cast.: *Chamanismo, colonialismo y el hombre salvaje*, Bogotá, Norma, 2002].

—, *Mimesis and Alterity*, Nueva York, Routledge, 1993 [trad. cast.: *Mímesis y alteridad. Una historia particular de los sentidos*, Popayán, Editorial Universidad del Cauca, 2022].

—, *Un gigante en convulsiones. El mundo humano como sistema nervioso en emergencia permanente*, Barcelona, Gedisa, 2000.

TOMBA, M., *Marx Temporalities*, Leiden, Brill, 2013.

TONDA, J., *Le Souverain moderne. Le corps du pouvoir en Afrique centrale (Congo, Gabon)*, París, Karthala, 2005.

—, *L'impérialisme postcolonial. Critique de la société des éblouissements*, París, Karthala, 2015.

—, *Afrodystopie. La vie dans le rêve d'Autrui*, París, Karthala, 2021.

TREXLER, R.C., *Sex and Conquest. Gendered Violence, Political Order, and the European Conquest of the Americas*, Ithaca, Cornell University Press, 1995.

TSING, A., «Sorting out commodities: How capitalist value is made through gifts», HAU. *Journal of Ethnographic Theory* 3 (2013), pp. 21-43.

—, *The mushroom at the end of the world. On the possibility of life in capitalist ruins*, Princeton, Princeton University Press, 2015.

TYLOR, E.B., *Primitive Culture. Researches into the Development of Mythology, Philosophy, Religion, Language, Art, and Custom*, Nueva York, Henry Holt, 1874 [trad. cast.: *Cultura primitiva. 1/Los orígenes de la cultura*, Madrid, Ayuso, 1981].

ULLOA, A., «Dinámicas ambientales y extractivas en el siglo XXI: ¿es la época del Antropoceno o del Capitaloceno en Latinoamérica?», *Desacatos* 54 (2017), pp. 58-73.

VALENCIA, S., *Capitalismo gore*, Barcelona, Melusina, 2010.

WALLON, H., *Les origines de la pensée chez l'enfant*, París, PUF, 2015 [trad. cast.: *Los orígenes del pensamiento en el niño*, Buenos Aires, Lautaro, 1965].

WEBER, M., *La política como vocación*, Madrid, Alianza, 2009.

WILSON, D.M., *The Lost Photographs of Captain Scott*, Nueva York, Little Brown, 2011.

WITTGENSTEIN, L., *Tractatus Logico-Philosophicus. Investigaciones filosóficas. Sobre la certeza*, Madrid, Gredos, 2009.

YÉBENES, Z., *Los espíritus y sus mundos. Locura y subjetividad en el México moderno y contemporáneo*, Gedisa/UAM Cuajimalpa, 2014.

—, «El silencio y el archivo: a propósito del Estado alterado», *Versión. Estudios de Comunicación y Política* 37 (2016), pp. 85-96.

YOUNG, A., *The Harmony of Illusions. Inventing Post-Trau-*

matic Stress Disorder, Princeton, Princeton University Press, 1995.

YUSOFF, K., «Geologic Life: Prehistory, Climate, Futures in the Anthropocene», *Environment and Planning D: Society and Space* 31(5) (2013), pp. 779-795.

YUVAL-DAVIS, N., *Gender and Nation*, Los Ángeles, Sage, 1997.